Aiman Mazyek

Was machen Muslime an Weihnachten?

Aiman Mazyek

Was machen Muslime an Weihnachten?

Islamischer Glaube und Alltag
in Deutschland

C. Bertelsmann

Verlagsgruppe Random House FSC® N001967

1. Auflage
© 2016 by C. Bertelsmann Verlag, München,
in der Verlagsgruppe Random House GmbH,
Neumarkter Str. 28, 81673 München
Umschlaggestaltung: buxdesign München
Satz: Uhl + Massopust, Aalen
Druck und Bindung: CPI books GmbH, Leck
Printed in Germany
ISBN 978-3-570-10280-0

www.cbertelsmann.de

Inhalt

Vorwort 9

Stimmen der Solidarität: Aufbruch 13
Terror hat keine Religion – 9/11 und der Islam 15

Verlorenes Glück: Erinnerung 23
Das Land meines Vaters – Syrien 25

**Tausendundein Geschenk aus dem Morgenland:
Geschichte** 37
Göttliche Botschaft und menschliche Geschichte –
Islam in Orient und Okzident 39
»Lies!« – Mohammed und die Offenbarung 51
Interpretationen – Rechtsschulen des Islam 59
Alhambra, Aprikose, Algebra –
Schatzkammer muslimischer Weltkultur 66
Abendland Morgenland – ein Plädoyer 69

Das Prinzip Barmherzigkeit: Glauben 75
Was glauben Muslime? Grundsätze des Islam – ein Überblick 77
Struktur und Stütze – die fünf Säulen des Islam 84
Es gibt nur einen Gott – die erste Säule:
das Glaubensbekenntnis (Shahada) 85
Zwiesprache mit Gott und Entschleunigung –
die zweite Säule: das Gebet (Salat) 87
Solidarität mit den Bedürftigen – die dritte Säule:
die Pflichtabgabe (Zakat) 97
Glück im Verzicht – die vierte Säule: Ramadan 101
Auf Reisen zu Gott – die fünfte Säule: Hadsch 106

Der Barmherzigkeit Gottes verpflichtet – der Koran 109
Gott ist größer – kein Gottesbild 118
Wegweiser und Lebenshilfe – Scharia und Fatwa 119
Anstrengung für Gerechtigkeit und Frieden – Dschihad 123
Weder Rippe noch Verführung noch Erbsünde – die Genesis 127
Hölle und Paradies – Jenseitsvorstellung 133

Döner, Zuckerfest und Co.: Alltag 143
24 Stunden Muslim – Leben als Gottesdienst 145
Wird jeder Mensch als Muslim geboren? – Geburt 148
Islamische Tradition – Streitpunkt Knabenbeschneidung 150
Zwischen Religion und Gesellschaft – Heirat und Ehe 153
Khadidschah – Frauen und Männer sind im Islam gleich 155
Wir machen die Toten lebendig – Tod und Beerdigung 166
Und tötet euch nicht – Sterbebegleitung als Aufgabe und Gebot 168
Halal und haram – Alltagsgebräuche 173
Würde des Tieres? – Reizthema Schächten 175
Anno Hidschrae – lunarer Kalender der Muslime 179
Zwischen Weihnachten und Ramadan – Feste im Islam 182

Ein Teil von uns: muslimisches Leben 187
In der Mitte der Gesellschaft – Islam in Deutschland 189
Vor Gott und den Menschen – muslimische Gemeinden 191
Kirchenstatus umstritten – Rechte und Pflichten 195
Wer baut, will bleiben – Moscheen und der Muslime Heimat 197

Freiheit des Denkens: Widersprüche 209
Menschenrechte sind nicht verhandelbar –
Menschenwürde und Islam 211
Zwischen Wunsch und Wirklichkeit – Friedensauftrag des Islam 224
Arabischer Frühling als Versprechen – Islam und Freiheit 230
Angst, Menschenverachtung, Machtgier –
Gewalt und Versöhnung 237

Hoffnung als Motor: Perspektiven 255
Binde dein Kamel fest, und dann vertraue
auf Gott – Hoffnung heißt nicht Fatalismus 257
Wir haben nur einen Gott – interreligiöser Dialog 270
»Generation Allah« – Prävention, Integration, Toleranz 278
Der muslimische Citoyen – Ummah statt Leitkultur 283

Mut zum »Gutmenschen«: Ausblick 291
Blick auf eine unruhige Welt 293

Dank 297

Anhang 299
Muslime stehen auf gegen Hass und Gewalt 301
Der Zentralrat der Muslime in Deutschland 309
Islamische Charta 313
Literaturhinweise 314
Register 316

Vorwort

Der Islam ist binnen kurzer Zeit zum Reizthema geworden – allgegenwärtig und als medialer Spitzenreiter. Doch diese öffentliche Omnipräsenz steht in keinem Verhältnis zum tatsächlichen Wissen. Selbst gewöhnlich gut informierte Medienleute hantieren mit Begrifflichkeiten wie Dschihad oder Scharia, ohne deren Bedeutung und Hintergrund zu kennen. Und in weiten Teilen der deutschen Bevölkerung sind die Kenntnisse über die Religion von mehr als 4 Millionen muslimischen Mitbürgern gering, aber umso ausgeprägter sind die Vorstellungen. Viele Menschen glauben zum Beispiel, dass der Islam grundsätzlich fortschritts- und demokratiefeindlich, frauenfeindlich und gewaltaffin ist. Al-Kaida oder der sogenannte Islamische Staat und jeder Terroranschlag festigen dieses Bild. Hastig werden dann sogenannte Kriegsverse aus dem Koran bemüht und zusammenhanglos als Beweis für muslimische Doppelzüngigkeit zitiert. Obgleich sich Menschen seit Jahrzehnten für Völkerverständigung und interreligiösen Dialog engagieren, wohlgemerkt auch und gerade muslimisch motiviert, geht es vielfach nur darum, die jeweils andere Seite der Unglaubwürdigkeit zu überführen. Die Forderung nach Dialog wird zur Farce. Angst geht um, und Sündenbock-Spielereien ersetzen die wachsende Sprachlosigkeit.

Aber soweit muss es nicht kommen. Dieses Buch will ein wenig Abhilfe schaffen, indem es versucht, nicht akademisierend und nicht im Duktus eines lslamexperten von Geschichte und Gegenwart des Islam, von Alltag und Glauben der Muslime zu erzählen. Als gläubiger Muslim mit vielfältigen Wurzeln (deutschen, syrischen, hugenottischen) will ich dazu beitragen, Missverständnisse gegenüber dem Islam auszuräumen und Basics zu erklären. Dabei werde ich stets meine eigene Erfahrung genauso im Blick haben wie die großen Herausforderungen, denen sich Muslime heute generell, ähnlich wie die Angehörigen anderer Religionen, zu stellen haben.

Erinnert sei in diesem Zusammenhang daran, dass vieles, was die Menschen im Westen heute über den Islam zu wissen meinen, auf Eindrücke zurückgeht, die die Kreuzzüge und die sie begründende Weltanschauung hinterlassen haben. Der Schock war gewaltig, und die Traumata wirken bis in die heutige Zeit nach. (Wie lebendig diese tausend Jahre zurückliegenden Ereignisse sind, mag man aus einer Äußerung der Attentäter von Brüssel schließen. Von ihnen wurde Belgien als »Land der Kreuzzüge« bezeichnet.) In diesem Kontext bringen lapidare Äußerungen wie,»damals hatten wir die Kreuzzüge, die wir aber längst überwunden haben, heute haben die Muslime Al-Kaida«, nicht weiter. Sie wiegen gegeneinander auf, was nicht aufzuwiegen ist. Sie vergleichen, was nicht vergleichbar ist – und emotionalisieren ganz im Sinne der Fundamentalisten jedweder Couleur. Ja, Al-Kaida und die daraus erwachsensenen noch brutaleren Phänomene wie der IS sind menschenverachtend, bestialisch und faschistoid. Und ja, eine über Jahrzehnte mit Heeresführern und Hunderttausenden Untertanen ins Morgenland einbrechende, gnadenlos Blut vergießende und brandschatzende Kirche ist damit nicht zu vergleichen. Diese Demütigung ist in Bewusstsein und Geschichtsverständnis präsent, doch eine simple Aufrechnung löst keine Konflikte und behindert den Dialog.

An die muslimischen Adresse sei hier gesagt: Die alleinige Rückbesinnung auf die Ideale islamischer Frühzeit, die reine Reproduktion der eigenen Geschichte wird für Gegenwart und Zukunft nicht weiterhelfen. Vielmehr müssen die ethisch-religiösen Werte des Islam mit den Instrumenten der Moderne – das heißt auch und gerade Demokratisierung und Säkularisierung – eine schöpferische Verbindung eingehen und neue Formen entwickeln. In dieser Entwicklung steht die islamische Welt, ohnehin in Teilen in einer tiefen Depression mit mannigfaltigen Erschütterungen gefangen, noch am Beginn.

Bisher versuchen muslimische Bewegungen, auf die Entfremdung durch Kolonialismus und Nationalismus mit diversen die westlichen Werte ablehnenden Entwicklungen zu antworten. Ein Holzweg. Die salafistischen Bewegungen sind beredtes Beispiel dafür. So wichtig und richtig es im »Arabischen Frühling« auch war, für Freiheit, Demokratie und Rechtsstaatlichkeit auf die Straße zu gehen – eine echte Versöhnung der Protestbewegung mit der muslimischen Intelligenzia, die von Bedeutung ist, hat es nicht gegeben. Forderungen nach Demokratie und der Beachtung von Menschenrechten allein wird nicht ausreichen, die Kommunikation zwischen den Kulturen herbeizuführen und die Eskalationen der Konflikte zu verhindern. Sie können eher als folgerichtige Fortsetzung des Dialogs verstanden werden, nachdem die Gefahr der Sprachlosigkeit, der gegenseitigen Verteufelung und eines möglichen Waffengangs überwunden ist.

Nur der Dialog der Kulturen wird letztlich dazu führen, die Welt auch mit den Augen des Anderen zu sehen, dessen Perspektive in das eigene Denken einzubeziehen und gemeinsame Lösungswege für die Zukunftsprobleme der Weltgesellschaft zu finden.

Der Titel dieses Buches entstand in dem Wissen, dass Sprachlosigkeit vielfach der Angst vor dem Unbekannten geschuldet ist. Dabei steht der Islam oft als Synonym für dieses Unbekannte.

»Was machen Muslime an Weihnachten?« Für mich persönlich beantworte ich diese Frage im Folgenden ganz konkret. Allgemein aber will dieser Titel sehr viel mehr ausdrücken: Wir Menschen sind uns ähnlicher, als wir es wahrnehmen - wenn wir in der Familie sind, wenn wir Feste feiern, wenn wir Tisch- und Ehegemeinschaften eingehen. Weihnachten, Chanukka, Ramadan – das heißt vor allem Begegnung, etwas, das uns heute oft fehlt.

Stimmen der Solidarität: Aufbruch

»O ihr Menschen, wir haben euch aus Mann und Frau erschaffen und euch zu Völkern und Stämmen gemacht, auf dass ihr einander erkennen möget« (49:13).

Terror hat keine Religion –
9/11 und der Islam

Der 11. September 2001 war in Deutschland ein ungewöhnlich warmer Spätsommertag. Die Hitze staute sich im Dachgeschoss unseres Hauses, wo ich damals noch mein Büro hatte. Denn ich war erst seit einem knappen Jahr Pressereferent beim Zentralrat der Muslime in Deutschland (ZMD). Nachdem der ZMD und ich in meiner Eigenschaft als Pavillondirektor bei der Expo 2000 in Hannover den Islampavillon abgewickelt hatten, bot mir der damalige Vorsitzende einen Job als Pressereferent beim Zentralrat an. Ich willigte ein, war ich doch ohnehin schon durch die Arbeit als Öffentlichkeitsreferent in meiner Heimatgemeinde in Aachen in diesem Bereich geschult.

An diesem 11. September, der als 9/11 in die Geschichte eingehen sollte, hatte ich zum Glück keine auswärtigen Diensttermine. Lediglich am Abend stand die wöchentliche Runde des LionsClub Euregio Maas an, die der Präsident in einem hektischen Anruf wegen nachfolgender Ereignisse bestürzt absagte. Was war passiert?

Ich erinnere mich genau. Mein Schwager rief an und sagte nur: »Seht fern!« Dann legte er auf. Meine damalige Frau rief von unten nach mir. Ich rannte die Treppe runter ins Wohnzimmer – und was ich auf dem Bildschirm sah, schien unwirklich, zu grausam, um wahr sein zu können. Ein versteinert wirkender Ulrich Wickert stammelte Worte wie: »Und jetzt stürzt der zweiter Turm ein!« Er, ich, wir alle rangen um Fassung. Schnell breitete sich das Erklärungsmuster aus: Osama bin Laden steckt dahinter. Diese Bilder brannten sich in das kollektive Gedächtnis ein. Mir war bald klar: Die nächsten Jahre werden die Muslime weltweit im Kontext dieses Ereignisses betrachtet, und es wird ungemütlich werden. Ich sah unsere Arbeit, das Bemühen um Völkerverständigung, Integration und um den Dialog der Religionen um Jahre, wenn nicht Jahrzehnte, zurückgeworfen. Noch am selben Abend verständigte sich der Vorstand des Zentralrats und verfasste eine Pressemitteilung, in der wir die Tat scharf verurteilten. Eine harte Zeit brach an.

Imageschaden für die Muslime

Seitdem ist viel zum Thema gesagt worden. Wir haben viele Erklärungen verfasst, haben Terror und Gewalt verurteilt und immer wieder betont, dass der Islam friedlich ist und die überwältigende Mehrheit der Muslime in Frieden leben möchte. Wir sind auf die Straßen gegangen, um zu demonstrieren, und haben die fehlende Trennschärfe zwischen Extremismus auf der einen Seite und Islam auf der anderen Seite eingeklagt.

Wir Muslime haben bis heute unzählige Male und in vielen Zusammenhängen deutlich gemacht, uns nicht von Extremisten missbrauchen lassen zu wollen. Viele Menschen haben uns geglaubt, nicht wenige haben uns das aber nicht abgenommen. Und hier liegt das eigentliche Problem: Muslime haben einen gewaltigen Imageschaden erlitten. Der 11. September hat das Vertrauen in die Muslime erschüttert, er hat den Muslimen maßgeblich geschadet – und vor allem hat der Anschlag bis heute viele tausend mittelbare Opfer gefordert, darunter Juden, Christen, Nichtgläubige und sehr viele Muslime. Die Folgen des sogenannten Krieges gegen den Terror und das Böse waren und sind schrecklich – insbesondere für den Irak, für Afghanistan und Syrien. Die Welt ist seitdem nicht wieder zur Ruhe gekommen: Kriege wurden vom Zaun gebrochen, und noch immer meinen nicht wenige Menschen, der 11. September sei ein Triumph des Islam über den Westen gewesen. Völlig verrückt. Auch das Gegenteil ist übrigens nicht der Fall, wie man bis heute beobachten kann. Durch den späteren Waffengang hat auch die westliche Welt nichts gewonnen. Nein! In Wahrheit hat die gesamte Menschheit verloren, denn überall auf der Erde leiden Menschen unter menschenverachtendem Terror mit seinen vernichtenden Folgen – in Nigeria genauso wie in Paris, in Kabul genauso wie in Aleppo, Istanbul oder Brüssel.

Während unmittelbar nach dem 11. September führende Politiker und auch die Kirchen noch besonnen reagierten und davor warnten, die Muslime und den Islam ständig in den Kontext von Gewalt und Terror zu bringen, die Muslime damit unter Generalverdacht zu stellen, änderte sich die Einstellung gegenüber Muslimen mit der Zeit eher zum Schlechteren. Sicherheitsgesetze, Rasterfahndung und vieles andere verstärkten diesen gesellschaftlichen Trend. Und heute kommt kaum eine Islamdebatte ohne das Sicherheitsthema aus. Die aktuelle Flüchtlingskrise verschärft diese Entwicklung weiter und macht Islamfeindlichkeit weit über den rechten Rand der Gesellschaft hinaus salonfähig.

Ich erinnere mich, wie es kurz nach dem 11. September spontane und auch organisierte Solidaritätsdemonstrationen in Teheran, Riad, Rabat und Beirut gab. Im Iran eine Demonstration für den »Satan« USA! Beinahe unvorstellbar. Leider entschied sich die amerikanische Administration damals für die denkbar schlechteste Alternative im Umgang mit dem Terror, nämlich für den Einmarsch in Afghanistan. Man braucht keine prophetischen Gaben zu besitzen, um sich vorzustellen, wo wir heute stünden, hätte man alle diese Solidaritätsadressen in einem Dialogprozess gebündelt und für den Frieden in der Welt politisch kapitalisiert. Hätte, hätte … Oder, wie der Koran es ausdrückt: »Kein Unglück trifft (jemanden), außer mit Gottes Erlaubnis. Und wer an Gott glaubt, dessen Herz leitet er recht« (64:12).

Als Folge des 11. Septembers weigert sich manch führender Politiker bis heute hartnäckig, eine integrative Islampolitik zu formulieren. Möglichkeiten, wie der Islam in das deutsche Staatsgefüge integriert werden kann, werden erst ganz vorsichtig in kleinen Schritten, aber nicht gänzlich ohne den Aspekt der Sicherheitspolitik und nicht selten immer noch an den Muslimen vorbei, diskutiert. Überhaupt – auch gestärkt durch das Islambashing mancher Islamkritiker, die hinter ihrer Kritik geschickt rassistische Einstellungen zu verbergen wissen, wurde die Islamdebatte zur Folie für viele Themen unserer Gesellschaft, die nicht unmittelbar den Islam betreffen. Sei es die eigentümliche deutsche Befindlichkeit gegenüber ihrer jüngeren Geschichte, seien es die Fragen, wohin unser Land demografisch steuert oder wie patriotisch wir Deutschen eigentlich sein dürfen. Und zu guter Letzt die negativ unterlegte Erörterung darüber, wie viel Religion unser Land verträgt, wie dies ein Bundesverfassungsrichter anlässlich des folgenreichen Kopftuch-Urteils provokant diskutierte. Um die Anliegen und Sichtweisen der Muslime geht es dabei in Wahrheit nur am Rande – dafür sind ihr Alltag und ihr Glauben, sind ihre Ängste und Wünsche viel zu wenig präsent. So fungiert die Islamdebatte nach dem 11. September meist als Eyecatcher, und sie erweckt den Eindruck, dass kaum ein Politiker oder Kirchenoberhaupt ein Statement abgibt, ohne den Islamkontext zu bemühen.

So forderte etwa die damalige EKD-Vorsitzende Margot Käßmann anlässlich des Reformationstages, immerhin einer der wichtigsten Feier- und Gedenktage der Protestanten, Reformen im Islam ein. Nicht, dass ich das inhaltlich für falsch halte, aber muss sich ausgerechnet das protestantische Oberhaupt an seinem eigenen höchsten Feiertag den Kopf über die Muslime zerbrechen? Es hat sich trotz allem dennoch viel getan, und heute würde sie so etwas wahrscheinlich anders machen. Heute übrigens pflegen wir steten Kontakt und Austausch, gratulieren uns gegenseitig zu den Festen und Feiertagen, zuletzt persönlich per SMS zum Reformationstag. Und ich habe große Achtung, wie Frau Käßmann klare Botschaften formuliert, ohne Furcht, damit anzuecken.

Schrill, tendenziös, rassistisch

Die Kontextuierung Islam verspricht also Aufmerksamkeit, weil die Debatte oft schrill, inszenierend und tendenziös geführt wird, wie das etwa an den kruden Thesen eines Thilo Sarrazin augenfällig wird oder in den konventionellen Talkshows zu erleben ist. Mit einem gehaltvollen Dialog, den sich viele Intellektuelle, Künstler, besonnene Politiker und Kulturschaffende sowie nicht zuletzt viele Muslime wünschen und der so wichtig und fundamental für unsere Gesellschaft ist, hat das schon lange nichts mehr gemein. Nicht selten fühle ich mich an die Gladiatoren erinnert, die eine bestimmte Rolle in der Arena zu erfüllen hatten – heute wird deren Rolle wiederum in Talkshows integriert. Der Muslim ist dabei meist der Buhmann, der Verfechter der Antithese zu den freiheitlichen Werten des Westens. Wenn ich in Talkshows gehe, weiß ich das natürlich; aber immer wieder zu kneifen, das geht auch nicht; das ist Teil des Mediengeschäftes, dem man sich als Vertreter einer Organisation wie dem Zentralrat der Muslime nicht vollständig entziehen kann.

Natürlich hält diese Dialektik weder den realen Gegebenheiten noch den mittlerweile mannigfach angefertigten wissenschaftlichen Untersuchungen stand, welche im Zuge des 11. September die Muslime zunehmend als Lieblingsprobanden auserkoren haben. Auch ist Terror weder besonders islamisch noch besonders christlich, sondern entspringt einer menschenverachtenden Einstellung, wie der furchtbare Terroranschlag des selbst ernannten christlichen Attentäters in Norwegen uns ausdrücklich vor Augen hält. Auch wenn der oder die Attentäter noch so oft die Religion als Motiv in den Mund nehmen: Terror hat keine Religion.

Die Folgen dieser unzulässigen Verknüpfung von Islam und Terror sind nun deutlich erkennbar: Ein antimuslimischer Rassismus macht sich breit. Dieser steuert in Deutschland, auch befeuert von der sogenannten Flüchtlingskrise, einem Höhepunkt entgegen. Kaum eine Woche vergeht, in der nicht irgendwo ein muslimisches Gotteshaus geschändet oder mit Brandsätzen beworfen wird. Kaum ein Tag, an dem nicht Muslime auf offener Straße wegen ihrer Religion angepöbelt oder sogar misshandelt werden. Beinahe täglich brennen Asylbewerberheime. Eine Schande für mein Land. Ich mache mir Sorgen und leide, dass ich nicht mehr dagegen tue.

Übrigens, wer versteckt, aber nicht offen rassistisch sein mag, ist aktuell »islamkritisch« – und das besonders im Netz. Es gibt ja auch ganz real Probleme mit Muslimen! Oder? Hass, Feindlichkeit und Kritik gegen Islam und Muslime sind konstruiert, und dabei geht es selten um eine konstruktive Auseinandersetzung mit dem Islam oder darum, ein kritisches Bewusstsein zu diesem Thema zu schaffen.

Wenn Pegida auf der Straße steht und gegen »die Muslime« brüllt, die NPD gegen Moscheen wettert oder die AfD auf Facebook postet, »in Deutschland müssten deutsche Gesetze herrschen« (mitgedacht ist: und nicht die Scharia), dann ist relativ klar, was gemeint ist.

Islamfeindlichkeit richtet sich nicht wirklich gegen Muslime, sie zielt eigentlich gar nicht mal auf den praktizierenden Muslim ab, sondern auf jene, die aufgrund ihres Aussehens, ihres Herkunftslandes (oder dem ihrer Eltern) oder ihres Nachnamens als »Muslime« markiert werden. Da kann es denn auch passieren, dass ein Sihk-US-Amerikaner wegen seines Turbans, den er aus religiösen Gründen trägt, für einen Muslim gehalten wird und deswegen diskriminiert wird, wie tatsächlich vor einiger Zeit passiert. Ob sie sich wirklich dem Islam zugehörig fühlen (und welcher Glaubensrichtung innerhalb des Islam), ob sie wirklich gläubig sind, interessiert Menschen nicht, die islamfeindlich argumentieren, also Vorurteile über Menschen verbreiten, die sie als »Muslime« benennen.

Hierzu sind also Konstruktionen vonnöten, zum Beispiel, dass eine nationale Herkunft auch eine kulturelle und religiöse bedeutet und dass Nation, Ethnie, Kultur und Religion zusammenhängen und zu einer unabänderlichen »Natur« werden, was nichts anderes als eine rassistische Konzeption darstellt. Deshalb sprechen wir auch oft in diesem Zusammenhang von dem Phänomen des antimuslimischen Rassismus.

Wir müssen reden

Aber wie kann ich den Pegidisten und anderen besorgten Bürgern erklären, dass sie im Muslim keinen Feind haben, sondern einen Mitbürger, der oft eine integrierte Säule der Gesellschaft ist, der Fehlentwicklungen genauso anprangert wie Nichtmuslime und der von seinem Glauben genauso wie Angehörige anderer Religionen angehalten ist, Ungerechtigkeit entgegenzutreten und sie zu beseitigen. Das aber eben nicht mit Gewalt und auch nicht derart, dass ich meinen persönlichen Frust über meine private Misere bei einer noch schwächeren Gruppe ablade. Wir müssen miteinander reden. Seltsam, in einer Zeit, wo alles sich um schnelle und direkte Kommunikation dreht, scheinen wir verlernt zu haben, uns in die Augen zu schauen und uns zuzuhören. Das kann man deutlich über Facebook beobachten. Alles, was wir zunächst brauchen, ist ein Gespräch; es ist die beste Form, um Angst abzubauen.

Heißt es doch im Koran: »O ihr Menschen, wir haben euch ja von einem männlichen und einem weiblichen Wesen erschaffen, und wir haben euch zu Völkern und Stämmen gemacht, damit ihr einander kennenlernt« (49:13).

Unser Prophet Mohammed sagte: »Der Muslim ist jener, vor dem die Menschen in Sicherheit sind«, und: »Der beste Muslim ist der, der den Menschen am nützlichsten ist.«

Und weiter: »Keiner wird in das Paradies einkehren, bevor er nicht barmherzig zu seinesgleichen ist.« Daraufhin antworteten ihm die Gefährten: »Aber wir sind doch barmherzig zu unseresgleichen.« Daraufhin antwortet er: »Nein, ich meine barmherzig zu allen Menschen.« Und er wiederholte den letzten Satz dreimal.

Ich würde jenen, die den Islam pauschal verurteilen und ihn mit Unterdrückung, Gewalt und Terror in eins setzen, zudem erklären, dass Islam übersetzt Frieden und freiwillige Hingabe zu Gott heißt, dass ein Mord, ein Terroranschlag demnach einer Todsünde gleichkommt. Der muslimische Glauben geht von der Einheit der Menschheit aus und betrachtet die Menschen als Gemeinschaft. Die Menschen sind Geschöpfe des einen Schöpfers und Kinder eines gemeinsamen Vaters und einer gemeinsamen Mutter, Adam und Eva. Der Islam betrachtet sich nicht als eine besondere Gesellschaft mit Vorrechten unter den Menschen, sondern verpflichtet Muslime ausdrücklich, allen Menschen, der Tierwelt und ihrer gesamten Umwelt mit Gerechtigkeit und Güte zu begegnen. Daran glauben und halten sich weltweit die allermeisten Muslime. Dies ist kein rosaroter Singsang, sondern es ist die im Glauben verwurzelte Wahrheit, die aber leider zu wenig gehört wird.

Verlorenes Glück: Erinnerung

»Im Namen Allahs, des Allerbarmers, des Barmherzigen.
(Alles) Lob gehört Allah, dem Herrn der Welten,
dem Allerbarmer, dem Barmherzigen, dem Herrscher am Tag
des Gerichts. Dir allein dienen wir, und zu Dir allein
flehen wir um Hilfe. Leite uns den geraden Weg, den Weg
derjenigen, denen Du Gunst erwiesen hast, nicht derjenigen,
die (Deinen) Zorn erregt haben, und nicht der
Irregehenden!« (1:1–7).

Das Land meines Vaters – Syrien

Ich erinnere mich noch genau, als ich vor etwa acht Jahren zusammen mit meinem Onkel im Café am Fuße des weltberühmten, inzwischen fast vollständig zerstörten Souk saß, dem Aleppo-Bazar und dem ebenso weltberühmten Qalat, der Zitadelle (beides UNESCO-Weltkulturerbe). Wir spürten beide, dass dies wohl das letzte Mal sein würde, dass wir uns sehen. Er war schon damals von Krankheit gezeichnet.

Mein Onkel Saadallah arbeitete am Gericht und war der Jüngste von den sieben Geschwistern meines Vaters. Er starb in den Wirren des Krieges in Syrien und litt vor seinem Tod sehr darunter, je nach Kampfsituation den Wohnort in Aleppo wechseln zu müssen, zumal er wegen eines spät erkannten Diabetes oft auch mit dem sich verschärfenden Mangel an Medikamenten konfrontiert war. Während ich diese Zeilen schreibe, hungert die einstige Millionenstadt. Als jungen Mann hatte ich ihn in Deutschland kennengelernt, als er unsere Familie besuchte. Er war locker, witzig und sehr aufgeschlossen. Kurz vor seiner Rückkehr nach Syrien, er blieb etwa drei Wochen, kaufte er tatsächlich ein Auto, einen Opel Kadett, um damit nach Syrien zurückzufahren. Mein Vater fand das damals gar nicht lustig, und zum Abschied sah ich ihn erstmals vor Sorgen darüber, ob diese Abenteuer-Autofahrt denn gut gehen würde, eine Träne verdrücken.

Das war ein Jahr vor dem wahren Abenteuer, das sich meine Eltern ausgedacht hatten. Sie wollten, sobald mein Vater sein Studium beendet haben würde, auswandern und ein neues Leben in Syrien beginnen. Dieser romantischen Idee folgend, machten wir uns 1977 tatsächlich auf den Weg – aus meiner kindlichen Sicht von einem auf den anderen Tag. Mit dem Zug fuhren wir sechs Tage lang quer durch das geteilte Europa über die Türkei bis nach Aleppo. Alles hatten wir hinter uns gelassen. Damals waren wir »noch« fünf Geschwister, das jüngste gerade ein Jahr alt. Die beiden letzten folgten erst viel später. Für mich als Achtjährigem war der Aufenthalt in Syrien aufregend und prägend. Die Zeit in der Schule gefiel mir wenig. Aber die Abende in der großen Familie, wo immer irgendetwas los war, gefielen mir dafür umso mehr. Meine Eltern, insbesondere aber meine Mutter, konnten sich mit dem Alltagsleben in Syrien nie so richtig anfreunden, obgleich die Familie alles daransetzte, es ihr so schön wie möglich zu machen. Aber die andere Kultur, Sprache und Mentalität blieben ihr fremd, und so beschlossen meine Eltern nach sieben Monaten, wieder nach Deutschland zurückzukehren – diesmal mit dem Flugzeug. Wieder ließen wir alles zurück, diesmal in Syrien.

Die Wiege der Menschheit

Die Weltgemeinschaft hätte genau hinschauen müssen, nachdem in Syrien die Menschen, die friedlich für Freiheit, Demokratie und Gerechtigkeit auf die Straßen gingen, gewaltsam auseinanderbetrieben worden waren. Viele bezahlten diesen Einsatz für ein freies Syrien mit ihrem Leben. Sie gingen am Morgen friedlich auf die Straße und wurden am Abend als Leichnam in Särgen zu ihren Familien zurückgebracht. Assads Heckenschützen, die die Demonstranten reihenweise einfach wie Hasen abknallten, spekulierten auf eine militante Gegenwehr der Bevölkerung, damit sie dann erst recht mit aller Brutalität – also unter Einsatz von Panzern und Flugzeugen – gegen das eigene Volk vorgehen konnten. Dass die gewaltsame Gegenwehr so lange auf sich warten ließ, war der Hoffnung und dem Vertrauen des syrischen Volkes geschuldet, dass es, ähnlich wie in anderen Teilen der Welt, etwa bei der friedlichen Revolution in Deutschland von 1989, am Ende auch in Syrien die Weltgemeinschaft richten würde. Dass dies nicht eintrat und dass das syrische Volk damit um alle Hoffnungen betrogen wurde, ist heute bekannt.

Wir haben zu Beginn des Krieges im Zentralrat der Muslime in

Deutschland unsere Zurückhaltung in Fragen der Außenpolitik auf-gegeben und gerade wegen dieser Dramatik, ähnlich wie viele nam-hafte Menschenrechtler, für eine humanitäre Luftbrücke plädiert. Heute wissen wir, wäre man dieser Forderung gefolgt, die Zahl der Getöteten, Verschleppten und Gefolterten, ja, die Zahl der Millio-nen Flüchtlinge wäre wesentlich kleiner. Aber bis vor wenigen Jah-ren herrschte in Europa ein weltpolitisch wie moralisch bedenkli-ches Missverständnis: Was in Syrien und anderswo, weit weg von uns, im fernen Arabien, geschah, ging uns nichts an. Warnende Stimmen, die es seit Jahrzehnten gibt, wurden nicht ernst genom-men. Heute wissen wir, dass unterlassenen Hilfeleistung, abgesehen davon, wie man das Wegschauen angesichts der Menschenrechts-verletzungen bewertet, sich bitter rächt. Wir werden in Europa nun erstmals unmittelbar Zeuge, wie sich eine über Jahre desaströse Geopolitik im Nahen Osten, die insbesondere die Weltmächte zu verantworten haben, auswirkt. Die Flüchtlinge sind heute Botschaf-ter einer Welt, die aus den Fugen geraten ist, sie tragen Leid und Ungerechtigkeit bis vor unsere Haustür. Wegschauen wird kaum noch möglich sein.

Der IS, damals so noch gar nicht in Erscheinung getreten, baute derweil in Irak seine Basis auf, um später in Syrien das Vakuum einer fehlender Ordnungsmacht und zerstörter Infrastrukturen mit einer weiteren Schreckensherrschaft zu füllen. Die größten Verlierer waren wieder die Syrer, welche erneut bluten mussten.

Die einst an Wissenschaft und Kultur so reiche Levante, die viele namhafte Wissenschaftler und Denker hervorbrachte, die Städte Aleppo und vor allem Damaskus, die epochale Errungenschaften beherbergten, traf es am härtesten. Syrien, wo einst Jesus und Pau-lus wandelten, die ältesten Städte der Welt, durch die Assyrer er-baut, kurzum die Wiege der Menschheit, sie wird nun in Schutt und Asche gelegt. Eine ganze Generation wird massakriert und ein Volk in die Steinzeit zurückgebombt. Ich aber habe angesichts die-ser Vernichtung manchmal den Eindruck, dass man sich auch hier-zulande in der Öffentlichkeit mehr für den Tod als für das Leben in Syrien zu interessieren scheint.

Als Deutscher blicke ich auf Syrien, das Land meines Vaters, als ein Land, das zerstört ist, welches Hunger, Elend und Flucht in unvorstellbarem Ausmaß erduldet. Ein Land, das jahrzehntelang drangsaliert wurde von einer Diktatur, die die Menschen zu Hunderttausenden getötet hat. Heute flüchten Menschen vor dieser menschenverachtenden Diktatur und vor den barbarischen, antimuslimischen Umtrieben des sogenannten IS (Islamischen Staates). Auch Teile meiner Familie haben das Land verlassen.

Es ist wichtig, dass Deutschland ein Zeichen setzt, dass wir bereit sind, diesen Menschen, den Geflüchteten, zu helfen, dass wir bereit sind, zu teilen, so wie es uns unsere christliche, humanitäre, aber auch humanistische, jüdische und muslimische Tradition nahe legt. Und ich bin mir sicher: Deutschland kann das.

Tausende Ehrenamtliche helfen jeden Tag in Flüchtlingsunterkünften, Tausende engagieren sich bei der Integration und Verständigung zwischen den Kulturen und Religionen, und hier übernehmen die christlichen und die muslimischen Gemeinden wichtige Aufgaben. Ihnen allen rufe ich zu: Wir lassen es nicht zu, dass Hass und Zwietracht zwischen den Bevölkerungsgruppen gesät wird, dass mittels billiger Vorurteile und Ressentiments Islamfeindlichkeit und Ängste geschürt werden, dass Minderheiten so kriminalisiert und als Sündenböcke benutzt werden.

Und lassen wir uns mit den Slogans wie »Die nehmen uns die Arbeitsplätze weg!« nicht für dumm verkaufen und antworten mit Fakten. Nach einer bekannten Studie des Zentrums für europäische Studien haben alleine im letzten Jahr nur die Migranten ohne deutschen Pass, also die klassischen Ausländer, 22 Millionen Euro in die Sozialkassen gespült und pro Kopf 3200 Euro mehr eingezahlt, als sie bekommen haben. Sozialneid und Ängste, etwa der Pegida-Protagonisten, bauen auf Lügen, auf Verdummungspropaganda, die ein gemeinsames Wir unterschiedlicher Herkunft und Religionen in Deutschland zerstört.

Rechtsradikale und Neonazis bringen den »Untergang unseres

Abendlandes« ins Spiel – wie schon einmal in der nahen Vergangenheit. Sie stehen für die Anschläge in Mölln, Solingen und in der Keupstraße von Köln, für Hoyerswerda und Rostock, für die NSU-Morde und Terroranschläge und für die jüngsten Brände in Moscheen und Flüchtlingsunterkünften. Lassen wir dies nicht mehr zu! Die Mehrheit der Deutschen will das nicht, das weiß ich. Statt auf die Dunkelheit zu schimpfen, zünden wir lieber eine Kerze an. Martin Walser sagte kürzlich, dass Zuwanderung Reichtum und Bereicherung bedeutet, und nicht ohne Stolz vermeldet er, dass in Deutschland zum ersten Mal weltbewegend menschlich reagiert wurde. Deutschland zeigte Haltung. Wo früher Waggons des Todes in Richtung Auschwitz und anderer Lager aus Deutschland herausfuhren, kommen heute Züge her mit jenen, die dem Tod entkommen sind, nach Deutschland, in ein Land der Einigkeit, der Freiheit und des Rechtes, wie wir in unserer Nationalhymne singen.

Bikulturell und in Aschenputtel verliebt

Ich bin Deutscher, Rheinländer, in Aachen geboren, aufgewachsen und zur Schule gegangen. Mein Vater stammt aus Syrien, meine Mutter aus Freiburg. Aachen war die Stadt und der Ort meines Mikrokosmos und gleichzeitig doch sehr weltläufig. So wie ein weltoffenes Deutschland, das die Interkulturalität und den Dialog der Kulturen schätzen gelernt hat. Ich bin bikulturell erzogen worden. Meine Eltern haben mir den Glauben nicht mechanisch aufgezwungen, sondern vorgelebt. Ich habe Teile des Koran in der Moschee auswendig gelernt, bin auf Klassenfahrt gegangen, hatte muslimische und nichtmuslimische Freunde und habe als muslimisches Kind jedes Mal an Weihnachten Geschenke von der einen Seite der Familie, der Seite meiner Mutter, bekommen. Und ich war unsterblich in Aschenputtel verliebt, wenn ich es im Fernsehen sah, und habe den Prinzen beneidet, wie er im Schnee mit der Schönen davonritt. Ich sah dem Prinzen ein bisschen ähnlich, zumindest glaubte ich das, hatte er doch auch dunkles Haar. Viel später erfuhr ich, dass das berühmte

Schloss im heutigen Sachsen steht. Ob da solch ein schöner Prinz mit schwarzem Haar heute noch so einfach durch die Pegida-Bürgerwehr hindurchkommen würde? Ich weiß es nicht. Doch damals war bekanntlich die Welt noch in Ordnung, für ein Kind allemal.

Meine Mutter stammt also aus Freiburg, und nicht wenige Badener (früher Badenser) sind Alemannen, die sich bis in die Schweiz hinein ausbreiten. Deshalb nenne ich mich auch gerne mal »deutscher Weltbürger mit syrisch-alemannischen Wurzeln«. Die Vorfahren meiner Mutter stammen aus Frankreich, die Rudigiers waren Hugenotten und mussten als Protestanten vor der Intoleranz und den Pogromen der Katholiken aus Frankreich fliehen. Oft, wenn ich nach meinem Migrationshintergrund gefragt werde, erzähle ich, wie die Hugenotten davon hörten, dass Friedrich der Große damals zu allen Religionen ein sehr tolerantes und freundschaftliches Verhältnis aufgebaut hatte. Unterdrückten Protestanten aus Frankreich und aus »Felix Austria« gewährte er in Preußen ein neues Zuhause. Preußen stand für eine Liberalität, die damals einzigartig auf dem Kontinent war. Die Rudigiers schafften es nicht oder wollten wohl nicht die Reise bis zum »Alten Fritz« fortsetzen und ließen sich im heutigen Freiburg nieder. Wenn ich diesen Teil meiner Migrationsgeschichte erzählt habe und zu den Vorfahren meiner Großmutter mütterlicherseits komme, die aus Österreich stammen, und dann die Familiengeschichte aus der K-und-K-Monachie der österreichisch-ungarischen Zeit ausbreite, bemerke ich, wie mein Gegenüber langsam nervös wird. Wenn schließlich dann die Rede auf meinen Vater kommt, der aus Aleppo stammt und 1958 wegen des Studiums nach Deutschland eingewandert ist, oder ich mitteile, dass meine Frau Deutsch-Türkin ist, spüre ich eine gewisse Erleichterung bei meinem Zuhörer. Nach dem Motto, überführt, daher stammen also seine dunklen Haare, und dieses Türkische – stellvertretend für alles Fremde und Ausländische – haben wir doch gleich vermutet. Dabei übersehen sie völlig, dass gerade im Ländle auffallend viele Dunkelhaarige leben, was aber wieder andere migrationsgeschichtliche Hintergründe hat.

Mein Vater entstammt einer alteingesessenen alepponischen Familie. Die Mazyeks, oder besser gesagt die Mosaiks, waren früher Seiden- und Goldsticker, einige haben sogar die jährlich wechselnden Kaabagewänder mit Koranschriften aus Gold und Silber bestickt. Das deutsche Wort Mosaik stammt übrigens aus dem Arabischen und ist semantisch mit der Bedeutung meines Nachnamens verwandt. Nur leider hat der damalige Beamte aus Syrien vor nun fast 60 Jahren von all dem keine Ahnung gehabt, geschweige Deutschkenntnisse besessen, denn dann hieße ich heute mit Nachnamen Mosaik, was der Bedeutung und dem Klang aus dem Arabischen viel näherkommt als den Namen Mazyek, welchen viele zunächst in Polen oder Tschechien verorten.

Kurzum, heute ist in Deutschland jeder Vierte mit einem dieser berühmt-berüchtigten Migrationshintergründe versehen, und Deutschland war dank seiner Lage inmitten Europas stets ein Einwanderungs- und Transitland.

Und leider gab es immer wieder Völkerwanderungen in der Menschheitsgeschichte, hervorgerufen durch Kriege und Naturkatastrophen, die Flucht und Vertreibung nach sich zogen. Mein Cousin, der erst kürzlich als Flüchtling mit seinem Sohn aus Syrien nach Deutschland kam, hat ein schönes Gleichnis in ein Gedicht gefasst. Darin beschreibt er den Menschen als ständigen Wanderer zwischen den Welten. Daher erlebt er immer wieder Entbehrungen und Abschiede, die schwerfallen. Aber sie alle sind letztlich zu ertragen und zu bewältigen, außer einer Entbehrung und einem Abschied auf unserer langen Wanderung. Es ist die Rückkehr zu Gott. Die Menschen schlafen, bis sie durch den Tod erwachen. Wenn wir dann unser Leben gut gelebt haben, dürfen wir uns auf ein Wiedersehen bei Gott freuen und hoffen. Solange diese Hoffnung durch unsere Taten gerechtfertigt ist und lebt, so lange ist jede Flucht, jeder Abschied zu ertragen.

Das Abendland steht auf morgenländischen Füßen

Blickt man in die Geschichte, und nicht zuletzt darauf, wie Hitler-Deutschland seine Wahnideen verbreiten konnte, wird deutlich, wie leicht Menschen Rassismen und Überlegenheitsdoktrinen aufgrund vermeintlicher Herkunft erliegen können. Wenn man so will, ist es die Ursünde des Menschen und Ursache allen Übels auf der Welt: andere herabzusetzen und sich zu erheben. Die Komplizen dieses menschenfeindlichen Aktes nennen sich Arroganz und Überheblichkeit, Narzissmus und Rassismus. Alle haben eines gemeinsam: sich einzubilden, dass man etwas Besseres darstellt als der andere. Der Beginn jedes Disputes, welcher am Ende darin mündet, dem anderen sein Menschsein abzusprechen und die Begründung bis hin zur völligen Vernichtung zu liefern, eben weil er ja ein Monster und hochgefährlich ist. Das sind die Anfänge aller Kriege.

Dieses Herabsetzen auf der einen Seite und, einer Wippe gleich, das Sich-Erheben auf der anderen, geschieht derzeit leider viel zu oft Fremden, Flüchtlingen und Muslimen gegenüber, auch auf globaler Ebene. »Viele hierzulande sind erzogen worden, auf den Islam herabzuschauen«, sagte Altkanzler Helmut Schmidt einst. Schmidt machte dann gedanklich einen kleinen, aber nicht unbedeutenden theologischen Ausflug, wonach der Koran Jesus und Maria Ehrerbietung und größte Wertschätzung entgegenbringt und dass er selbst dies erst lernen musste. Und Schmidt war klug genug, einen noch wesentlicheren Satz nachzuschieben. Er sagte nämlich, dass die Initiative zur Überwindung der Kluft zwischen dem Westen und der islamischen Welt vom Westen selber kommen müsse, »da er politisch und ökonomisch immer noch hoch überlegen ist«.

Wirtschaftliche und militärische Überlegenheit konnte für ihn also nur im Kontext von Verantwortung und Gestaltungswillen stehen. Ich wünsche mir, dass dieser Ansatz und diese Erkenntnis in der Realpolitik endlich umgesetzt werden. Nicht umsonst spricht man bei den Errungenschaften der Demokratie eher von den daraus resultierenden Pflichten – und nicht nur von den Rechten. Bedeutet nun diese Erkenntnis, dass wir Muslime unsere Hände in den Schoß legen können und warten sollen, bis eines Tages diese Änderung von anderer Seite kommt? Ganz sicher nicht.

Die jüngste Krise, die sich immer mehr als ein längst überwunden geglaubter Ost-West-Konflikt zwischen Russland und der westlichen Welt darstellt, sollten wir auch nutzen, um etwas Wesentliches deutlich zu machen: Die Schnittmenge zwischen Islam und der hierzulande viel zitierten Wertegemeinschaft ist viel größer, als es uns im ersten Augenblick gewahr wird. Um dies zu erkennen, müssen aber beide Seiten bereit sein, auf ihre lieb gewonnenen Vorurteile und Stereotype zu verzichten, damit das gegenseitige Zuhören und gegenseitige Fragenstellen wieder gelingt.

Beispielsweise heißt es zu Recht, dass das Christentum Europa entscheidend geprägt hat. Es darf aber gleichzeitig nicht unterschlagen werden, dass ebendieses Christentum aus dem Morgenland und nicht aus Brandenburg kommt – und ebenso der Islam und das Judentum, die wiederum deutliche Spuren in unserer abendländischen Kultur hinterlassen haben. Christentum, Islam und Judentum sind also seit jeher miteinander verknüpft.

Uns wird heute – aber erst durch den schmerzhaften Druck der Flüchtlingskrise, nicht durch Erkenntnis – klar, dass das, was momentan jenseits des Mittelmeers passiert, gar nicht so weit weg ist, wie wir einst glaubten. Und dass jenes Land, dem derzeit das größte Leid durch Vertreibung, Ermordung und Flucht zugefügt wird, nämlich Syrien, das Land ist, in dem gerade die Erinnerung und die Insignien unser aller Zivilisation durch den schrecklichen Krieg unwiederbringlich zerstört werden.

Der Westen kann angesichts dieser Lage dabei helfen, in globalen Maßstäben zu denken und nicht ins Klein-Klein zu verfallen. Die islamische Welt ist jetzt und in absehbarer Zeit dazu nicht in der Lage. In globalen Maßstäben zu denken, heißt: Europa, Amerika und die islamische Welt, die bis nach Afrika und Asien hineinreicht, als eine Wertegemeinschaft zu sehen, die ihre Wurzeln in der hellenistischen Tradition der Griechen und in den monotheistischen Religionen hat.

Jenseits dieser Welt liegt übrigens noch ein ganz anderer Kulturkreis, nämlich der chinesische. Dieses wirtschaftlich wie militärisch aufstrebende, schon jetzt sehr mächtige Land beobachtet genau, wie wir uns in Europa mit globalem Engagement in Regionalkriegen und Konflikten verausgaben. Sei es nun im Nahen Osten, in der Ukraine oder in Zentralafrika.

Schaue ich als Deutscher mit syrischen Wurzeln auf mein Land und auf das Land meines Vaters, so scheint mir für die anstehenden großen gesellschaftlichen Debatten entscheidend, dass wir alle eines realisieren: Das Abendland steht auf morgenländischen Füßen. Und so sind die über 4 Millionen Muslime in Deutschland nicht nur eine nicht mehr wegzudenkende gesellschaftliche Gruppe, sie sind Teil einer gemeinsamen Geschichte. Längst ist Deutschland im Herzen vieler Muslime Teil ihres Denkens; dessen sind wir alle Zeugen, nicht zuletzt bei unserer Fußballnationalmannschaft. Die Debatte darf also nicht destruktiv sein, sie ist aber nur konstruktiv, wenn sie integriert und Menschen das Gefühl gibt, nicht ausgegrenzt zu sein. Wenn niemand sagt: »Ihr gehört nicht dazu.«
Warum können wir nicht (allesamt Juden, Christen, Muslime) die Lessing'sche Gelassenheit an den Tag legen, zu dem uns der Koran (5:48) ermuntert: »Und hätte Gott es gewollt, er hätte euch – Juden, Christen und Muslime – zu einer einzigen Gemeinde gemacht. Doch wollt er euch prüfen in dem, was er jedem von euch gab. Wetteifert darum in den guten Taten.«
Was wir jetzt brauchen, ist: Gelassenheit, Humor und weniger Fremdeln – ich habe den Eindruck, die »German Angst« ist fast eine Lieblingsbeschäftigung von uns Deutschen geworden. Angst vor der Gesellschaft, vor der Politik, vor der Zukunft.

Und natürlich gibt es so etwas wie eine deutsche Leitkultur. Ich denke dabei an die Werte des Grundgesetzes, an unser Land der Dichter und Denker. An Kant, Goethe und Schiller, an die jüdischen Dichter Heinrich Heine und Kurt Tucholsky und den muslimischen Friedenspreisträger Navid Kermani. Ich denke an »Made in Germany«, das Wirtschaftswunder in den Sechzigerjahren, das ohne die Türken auch nicht zustande gekommen wäre, an Wissenschaft und wirtschaftliche Leistungsfähigkeit, an Ordnung und Regeln, aber eben auch an die Lehren aus der Shoa. Dies alles gehört für mich zur Leitkultur. Und von mir aus auch Halal-Würstchen und Oktoberfest.

Tausendundein Geschenk aus dem Morgenland: Geschichte

»Sprich: ›Wer hat die schönen Dinge Allahs verboten, die er für seine Diener hervorgebracht hat und die guten Dinge der Versorgung?‹ Sprich: ›Sie sind für die Gläubigen in diesem Leben (und) ausschließlich (für sie) am Tage der Auferstehung.‹ So machen wir die Zeichen klar für Leute, die Wissen haben« (7:32).

Göttliche Botschaft und menschliche Geschichte – Islam in Orient und Okzident

Europa und der Islam: eine Erkundung

Wenn wir »Europa« sagen, müssen wir uns im Klaren sein, von welchem Europa wir sprechen. Oft sagen wir »Europa« und meinen eigentlich Westeuropa, also vor allem die Staaten, die sich in der Europäischen Union zusammengeschlossen haben. Nach 2004 erfolgte aber dann die erste Osterweiterung. Mit Bulgarien ist dabei ein Land zur EU gekommen, das eine alteingesessene muslimische Minderheit von 12 bis 15 Prozent hat. Aber an die Muslime im Osten und Südosten Europas wird selten gedacht, wenn man vom Islam in Europa spricht. Im Vordergrund stehen vielmehr die in der Nachkriegszeit in westeuropäische Länder vorwiegend als Arbeitsmigranten eingewanderten Muslime, deren Kinder nun zum Teil in der dritten Generation hier leben. Diese Gruppe wird auf etwa 15 Millionen geschätzt, ist also de facto der kleinere Teil der Muslime in Europa. Dennoch entsteht häufig der Eindruck, der Islam sei in Europa ein neues Phänomen.

Die Frage, was wir mit Europa eigentlich meinen, ist für die Rolle des Islam in Europa nicht unerheblich. Wenn wir Europa als geografische Größe betrachten, mit dem Uralgebirge als Ostgrenze und dem Kaukasus als Grenze im Südosten, dann leben in diesem Gebiet etwa 53 Millionen Muslime. Davon entfallen auf den europäischen Teil der Türkei etwa 6 Millionen. Es gibt zwei Staaten in Europa, die eine muslimische Bevölkerungsmehrheit haben, das sind Bosnien-Herzegowina und Albanien. Muslimische Mehrheiten gibt es aber auch im Norden Zyperns, im Kosovo, in einigen Provinzen Mazedoniens, Griechenlands und Bulgariens. Die osteuropäischen Muslime leben seit Jahrhunderten in Europa, viele von ihnen sind unter osmanischer Herrschaft Muslime geworden und nach dem Ende der osmanischen Herrschaft dort geblieben, wo sie lebten. In Russland, im Nordkaukasus, reicht die Geschichte des Islam jedoch fast 1300 Jahre zurück und ist damit älter als die erste russische Staatsgründung. Als erstes Volk des heutigen Russlands nahmen im 8. Jahrhundert die Dagestaner den Islam an.

Der Islam als Teil des westeuropäischen Kulturerbes

Wir können zum Beispiel in der Debatte um den EU-Beitritt der Türkei beobachten, wie mit bestimmten europäischen Traditionen argumentiert wird, um zu zeigen, dass der Islam nicht nach Europa gehört. Wir sind angeblich beeinflusst von drei großen Traditionen: der griechisch-römischen Philosophie, der christlich-jüdischen Religion und dem Erbe der Aufklärung. Der Islam kommt in dieser Aufzählung nicht nur nicht vor, sondern es wird impliziert, dass die genannten Traditionen dem Islam entgegenstehen.

Spanien (al-Andalus) zum Beispiel war in unterschiedlicher Ausdehnung vom 8. bis ins 15. Jahrhundert unter muslimischer Herrschaft. Insgesamt lebten Muslime dort über 900 Jahre, bis die spanische Inquisition, die nach dem erfolgreichen Ende der Reconquista einsetzte, sie zusammen mit den Juden vertrieben oder getötet hat. Muslime lebten also annähernd ein Jahrtausend in Westeuropa, aber das reicht nicht, um den Islam in die Reihe der europäischen Traditionen aufzunehmen? Man kann sagen, dass die muslimische Präsenz in Andalusien zweimal endete; einmal mit Vertreibung und Inquisition und ein zweites Mal in den Geschichtsbüchern, als diese Epoche aus der europäischen Geschichte ausgetragen wurde, indem man eine Phase der Fremdherrschaft daraus machte. Die Verdrängung des Islam aus der europäischen Geschichte wird ihrerseits verdrängt, und so entsteht der Eindruck, Europa sei etwas, das sich ganz unabhängig vom Islam entwickelt habe. Europa konstruiert sich auf diese Weise selbst über einen »Mechanismus des Ausschlusses« (Navid Kermani).

Schauen wir uns als Nächstes die Philosophie an. Die griechische Philosophie wurde im Abendland durch muslimische Philosophen in Andalusien bekannt gemacht. Diese waren nicht nur bloße Übermittler – wie manchmal behauptet wird, um ihre Leistung zu schmälern –, sie haben vielmehr das griechische Denken weiterentwickelt und um neue Fragestellungen bereichert. Der Wichtigste von ihnen war Ibn Ruschd oder Averroes. Ibn Ruschd war Universalgelehrter, bewandert in Philosophie, Theologie, Fiqh (das sogenannte Islamische Recht), Astronomie, Mathematik und Medizin. Sein großes philosophisches Thema war die Vereinbarkeit von Religion und Philosophie. Er vertrat die Meinung, dass der Koran den Gläubigen mit der Aufforderung zum Nachdenken den Auftrag zur Philosophie gibt. Religion und Philosophie sind für ihn zwei Wege zur selben Wahrheit. Berühmt wurde er durch seine Aristoteles-Kommentare. Sein Einfluss auf die lateinische Philosophie des Mittelalters war immens, seine Kommentare wurden an allen Universitäten verwendet. Auch die Arbeit seiner Gegner, zu denen vor allem Thomas von Aquin zählte, hat er maßgeblich beeinflusst; die Philosophie des für die römisch-katholische Kirche so bedeutenden Kirchenlehrers kann man sich ohne die Leistungen von Ibn Ruschd nicht vorstellen. Ohne die islamische Philosophie hätte es weder Scholastik noch Aufklärung geben können. Der Islam ist nichts der europäischen intellektuellen Tradition Äußerliches, sondern er gehört selbst wesentlich zu unserem westeuropäischen Kulturerbe.

Ein spannender, ja fast verwegener Gedanke: Muslimische Philosophen waren nicht nur für ihre Zeitgenossen im Mittelalter interessant, sondern auch für die Aufklärung im 17. und 18. Jahrhundert. Ein philosophischer Roman von Ibn Tufail, einem Lehrer des Ibn Ruschd, war 1671 unter dem Titel »Philosophus Autodidactus« ins Lateinische übersetzt worden und verbreitete sich erstaunlich schnell unter den Gelehrten Europas. Leibniz, Baruch Spinoza, John Locke, Friedrich Nicolai und Lessing haben ihn gelesen. Man kann Gedanken aus diesem Roman in den Werken einiger Aufklärer wiederfinden, insbesondere bei John Locke und Lessing.

Eines ist mir in diesem Zusammenhang wichtig: Der Hinweis, dass Europa auch islamische Wurzeln hat, ist nicht so zu verstehen, als sei dies der Grund, warum die Muslime als gleichberechtigte Europäer anerkannt werden sollten. Die Muslime sollen in Europa anerkannt werden, weil sie in Europa leben, und nicht, weil sie in der Vergangenheit irgendetwas geleistet haben. Leistungen in der Vergangenheit zu einem Kriterium für Anerkennung zu machen, würde wieder zu einem Ausschluss führen – von Angehörigen anderer Religionen und Kulturen, bei denen kein so direkter Bezug zur europäischen Geschichte herzustellen ist. Die Kenntnis dieser Tradition kann aber uns Muslimen helfen, uns nicht einreden zu lassen, dass der Islam in Europa etwas Fremdes sei. Sie sollte nicht Anlass sein, Stolz auf eine glorreiche Vergangenheit zu entwickeln, um Minderwertigkeitsgefühle zu kompensieren, die in der Gegenwart entstehen. Das Wissen um diese Tradition sollte vielmehr zu der Einsicht führen, dass Kulturen immer plurale Ursprünge haben – was auch für die islamische Kultur gilt, die so vielfältige Einflüsse aufgenommen hat.

»Im Islam leben und sterben wir alle«: Goethe

Ich will aber nur an der Stelle widersprechen, wo dem Islam ab einer bestimmten Zeit die Rolle eines Gegenbildes zu Europa zugeschrieben wird. Denn für das 8. und 9. Jahrhundert finden sich kaum Belege dafür, dass es einen tiefgreifenden Gegensatz zwischen Muslimen und Christen in Spanien gegeben hätte. Das änderte sich mit der Reconquista und den Kreuzzügen, in deren Kontext ein einseitig negatives Islambild entwickelt wurde, das wiederum als Gegenbild zu Europa fungierte. Dieses Islambild wurde nicht nur in Schriften und Predigten vermittelt, sondern auch über die Kirchenkunst, wie der Künstler und Religionswissenschaftler Claudio Lange in seinem Bildband »Der nackte Feind. Anti-Islam in der romanischen Kunst« und in einer Ausstellung im Museum für Islamische Kunst in Berlin (2003) eindrucksvoll gezeigt hat. Die anti-islamischen Skulpturen zeigen eine Typologie des Feindes im 11. Jahrhundert, die, wie ich fürchte, für die politische und kulturelle Identität des christlichen Europa bis heute von zentraler Bedeutung ist.

Man kann natürlich Johann Wolfgang von Goethe in diesem Zusammenhang nicht auslassen. Die Germanistin Katharina Mommsen, Autorin des maßgeblichen Buches über Goethes Verhältnis zum Islam, schreibt von seiner besonderen inneren Anteilnahme für die Religion der Muslime und dass der Koran nach der Bibel die religiöse Urkunde gewesen sei, mit der er am vertrautesten war. Insbesondere während seiner Arbeit am »West-Östlichen Divan« beschäftigte er sich intensiv mit dem Islam und fand darin Werte und Tugenden, die ihn sehr ansprachen, vor allem Wohltätigkeit, Ergebung in Gottes Willen und Vertrauen in die Vorsehung. Zu einem Gesprächspartner sagte er einmal: »Im Grunde liegt von diesem Glauben doch etwas in uns allen.« Aus dem »West-Östlichen Divan« stammen die Verse: »Wenn Islam Gott ergeben heißt, im Islam leben und sterben wir alle.« Goethe erkannte auch den tiefen Zusammenhang zwischen der islamischen und der europäischen Kultur und fasste diese Einsicht in die Verse: »Wer sich selbst und andere kennt, wird auch hier erkennen, Orient und Okzident sind nicht mehr zu trennen.«

Lessings Ringparabel

Gotthold Ephraim Lessings »Nathan der Weise«, den ich gerne während langer Straßenbahnfahren las, als ich nach dem Abitur in Kairo Arabisch studierte, weshalb meine Ausgabe heute noch gelb vom Kairoer Staub ist, zeigt, dass aufklärerisches Denken und Islam kein Widerspruch sind. Das gilt insbesondere für die Forderung nach Toleranz an einer zentralen Stelle, der bekannten Ringparabel.

Saladin stellt dem weisen Juden Nathan die Fangfrage, welche Religion die beste sei. Nathan antwortet mit einer Geschichte: Ein Mann besaß einen Ring, der die besondere Kraft hatte, »seinen Träger vor Gott und den Menschen angenehm zu machen«. Dieser Ring wurde seit Generationen immer an den Sohn weitergegeben, den der Vater am liebsten hatte. Dieser Mann hat nun aber drei Söhne, die er alle gleich liebt – und damit hat er ein Problem. Er lässt schließlich zwei Imitationen anfertigen und gibt jedem seiner Söhne einen Ring. Nach dem Tod des Vaters bricht natürlich ein Streit aus, welcher Ring/welche Religion der/die echte ist. Dieser Streit bringt die drei Brüder vor einen Richter. Der gibt den drei Brüdern folgenden Rat:

>Es strebe jeder um die Wette,
Die Kraft des Steins in seinem Ring an Tag
Zu legen! komme dieser Kraft mit Sanftmut,
Mit herzlicher Verträglichkeit, mit Wohltun,
Mit innigster Ergebenheit in Gott,
Zu Hülf! Und wenn sich dann der Steine Kraft
Bei euern Kindes-Kindeskindern äußern:
So lad' ich über tausend tausend Jahre,
Sie wiederum vor diesen Stuhl. Da wird
Ein weisrer Mann auf diesem Stuhle sitzen,
Als ich; und sprechen.«

Dieser Rat des Richters enthält gleich zwei Anspielungen auf den Koran. Das wurde lange nicht gesehen, denn die Lessing-Forschung ist ein weiteres Beispiel für den beschriebenen Verdrängungsmechanismus. Natürlich konnte man nicht übersehen, dass Lessing mit Saladin einen toleranten muslimischen Herrscher auf die Bühne gestellt hat. Aber was lange nicht erkannt wurde, ist, dass mit der Kernaussage, die in der Ringparabel liegt, Lessing islamische Anregungen aufgenommen hat.

Islam in Deutschland – noch eine Prise Geschichte

Zwar gab es zwischen Karl dem Großen und dem berühmten abbasidischen Kalifen in Bagdad Harun al-Raschid nachweislich diplomatische Kontakte mit Geschenkaustausch. Dennoch kann von echten bilateralen Beziehungen zwischen Deutschland und der muslimischen Welt frühestens ab 1731 die Rede sein. In diesem Jahr rekrutierte der Preußenkönig Friedrich Wilhelm l. zwanzig türkische Soldaten für seine Garde. Für sie wurde 1732 in Potsdam die erste Moschee auf deutschem Boden improvisiert. Schon unter seinem Nachfolger, Friedrich dem Großen, wuchs die Anzahl muslimischer Soldaten in preußischem Sold – Tataren, Bosnier und Albaner – auf etwa tausend an, sodass bereits ein Vorbeter (Imam) für sie ernannt werden musste. Aus dieser Zeit, der zweiten Hälfte des 18. Jahrhunderts, datiert auch der älteste muslimische Friedhof Deutschlands bei Berlin, wo heute die Cehitlik-Moschee steht, ein sehr beliebtes Ausflugsziel vieler Berlin-Touristen, die zudem von Gläubigen gut besucht wird.

Seine Entstehungsgeschichte zeugt von der Toleranz, die die Ära des Preußenkönigs prägte. Unter Friedrich II. stand Preußen stand für eine Liberalität, die damals einzigartig auf dem Kontinent war. Diese preußische Toleranz zeigte sich beispielsweise im Oktober 1798. Am 29. Oktober 1798 verstarb in Berlin Ali Aziz Efendi, der Botschafter des Osmanischen Reiches. Um sicherzustellen, dass der Verstorbene in islamischer Erde beerdigt werden konnte, schenkte der Staat Preußen dem Osmanischen Reich ein Grundstück in Berlin in der damaligen Tempelhofer Feldmark.

Später wurden dort vier weitere Botschaftsangehörige beigesetzt. Der königlich-preußische Baumeister Gustav Voigtel (1834–1914) errichtete zum Andenken an den Botschafter Ali Aziz Efendi und die vier Botschaftsangehörigen einen acht Meter hohen Obelisken aus zweifarbiger Terracotta. Bis heute bildet dieses Bauwerk den Mittelpunkt des Islamischen Friedhofs. Zur preußischen Toleranz wäre noch hinzuzufügen, dass die damalige Schenkung an das Osmanische Reich bis heute Nachwirkungen hat. Die Berliner Sehitlik-Moschee ist das einzige Gotteshaus auf der Welt, das völkerrechtlich zu einem anderen Staat gehört als dem Land, in dem sich das Gotteshaus befindet. Wer also das das Moschee-Gelände betritt, verlässt Deutschland und ist offiziell auf türkischem Boden. Die Sehitlik-Moschee hat bis heute denselben Status wie ein Konsulat oder eine Botschaft der Republik Türkei, die Rechtsnachfolger des Osmanischen Reiches ist.

Im 19. Jahrhundert verstärkten sich die deutsch-islamischen Kontakte. Helmuth von Moltke, der spätere Generalissimus, leistete als einfacher Hauptmann dem osmanischen Sultan von 1835 bis 1839 außerordentlich gute Dienste. Ein anderer, zum Islam übergetretener Deutscher, Dr. Eduard Schnitzer, machte als ziviler Berater eine bemerkenswerte Karriere als osmanischer Beamter. Als Mehmet Emin Pascha fungierte er sogar als Gouverneur von Äquatorial-Afrika. Ein andererer deutscher Konvertit, Karl Detroit aus Brandenburg, brachte es als Mehmed Ali zum Feldmarschall der osmanischen Streitkräfte.

Der deutsche Kaiser Wilhelm II. bemühte sich besonders, als Beschützer der islamischen Welt (vor den imperialistischen Engländern, Franzosen und Russen) zu glänzen. Seine spektakulären Reisen 1895 nach Istanbul, 1898 nach Damaskus und 1905 nach Tanger hinterließen dort bleibende Eindrücke. Dass die treibende Kraft der Jungtürken, Enver Pascha, die Türkei aufseiten der Mittelmächte in den Ersten Weltkrieg führte, war kein Zufall; war er doch zuvor Militärattaché in Berlin. Während dieses Krieges musste man für die rund 15 000 muslimischen Kriegsgefangenen aus Russland, Nordafrika und Senegal eine weitere Moschee in der Nähe von Berlin bauen, diejenige von Wünsdorf bei Zossen. Sie wurde 1915 im Beisein des türkischen Botschafters eingeweiht. Von einer ersten deutschstämmigen muslimischen Gemeinde kann man aber erst seit 1922 sprechen. Sie scharte sich um den Inder Maulana Sadr ud-Din, der 1925 die sehenswerte Kuppelmoschee in Berlin-Wilmersdorf übernehmen konnte.

Im Zweiten Weltkrieg hatte das Problem der Betreuung muslimischer Kriegsgefangener größeren Umfang angenommen; diesmal musste man sich um etwa 60 000 sowjetische und jugoslawische Muslime kümmern. Angestachelt durch den von Berlin hofierten und dort residierenden Großmufti von Jerusalem, Amin el-Husseini, ließen sich viele dieser Gefangenen darauf ein, aufseiten des Deutschen Reichs gegen die Kolonialmächte und den sowjetischen

Atheismus zu kämpfen. Eine traurige Episode, die zudem ein tragisches Ende nahm. Partei, Wehrmacht und Waffen-SS duldeten damals nicht nur ein Islamisches Zentralinstitut in Berlin; sie ließen sich auch die Gelegenheit nicht entgehen, Tataren, Turkmenen, Kirgisen, Bosnier, Montenegriner und Albaner für ihre Zwecke einzuspannen. Dafür errichtete die Wehrmacht 1944 sogar eine Heeresschule zur Ausbildung ihrer eigenen Imame und Mullahs. Die deutschen muslimischen Einheiten trugen Heeresuniformen mit Schulterwappen in den palästinensischen Farben mit der aufgestickten Aufschrift »Freies Arabien« auf Deutsch und Arabisch. Erneut gerierte sich Deutschland also als Beschützer der islamischen Welt. Dieses Abenteuer nahm 1945 ein jähes und für viele der Wehrmachtsmuslime, darunter auch deutsche Konvertiten, ein schlimmes Ende. Denn die Verfolgung und Tötung der Muslime in Nazi-Deutschland machte auch vor ihnen nicht halt, wie man das auch über die vielen getöteten und in die Konzentrationslager deportierten muslimischen Roma heute weiß.

Die muslimische Immigration

Die zweite Hälfte des 20. Jahrhunderts stellte nach Quantität und Intensität alles in den Schatten, was es zuvor an deutsch-islamischen Kontakten gegeben hatte. Heute begegnet man Muslimen in Deutschland nicht nur gelegentlich, wie Goethe 1814 in Gestalt russischer Soldaten aus Baschkiristan, sondern auf Schritt und Tritt; denn heute leben Muslime überall in der Europäischen Union unter uns.

Früher waren es außerordentliche Einzelfälle, wie Muhammad Asad, dem der Zentralrat kürzlich in der Hannoverschen Straße in Berlin eine Gedenktafel zu Ehren seiner Arbeit setzte, oder der Mystiker Frithjof Schuon. In der zweiten Hälfte des 20. Jahrhunderts zog der Islam Persönlichkeiten aus allen Bereichen an: Popstars wie Cat Stevens (Yusuf Islam), Choreografen wie Maurice Béjart, Boxer wie Cassius Clay (Muhammad Ali), Politiker wie Roger (Raja) Garaudy oder der kürzlich verstorbene Diplomat und Doyen der deutschen Muslime Muhammad Aman (Herbert) Hobohm sind Beispiele dafür. Hobohm war bereits 1939 als Dreizehnjähriger zum Islam übergetreten. Beruflich war er zuletzt neun Jahre lang Wirtschaftssachbearbeiter an der deutschen Botschaft in Riad und im Ruhestand bis 2006, damit zwölf Jahre lang, stellvertretender Vorsitzender des Zentralrats der Muslime in Deutschland (ZMD).

Dr. Murad Wilfried Hofmann gehört zu den profundesten deutschsprachigen Kennern des Islam und der islamischen Welt. Der promovierte Volljurist arbeitete 33 Jahre im diplomatischen Dienst, zuletzt als Botschafter in Algerien und Marokko. Er konvertierte 1980 zum Islam und vollzog mehrfach die Pilgerfahrt nach Mekka. Das heutige Ehrenmitglied des Zentralrates der Muslime in Deutschland war von 1983 bis 1987 Informationsdirektor der NATO. Er hat zahlreiche Bücher über den Islam geschrieben, die in viele Sprachen übersetzt worden sind. Hofmann ist für mich ein großartiger Mensch, ein großer Gelehrter unserer Zeit und ein Muslim, der im besten Sinne unserer Tradition die Werte des Islam verkörpert.

Hofmann galt auch lange als »Ziehsohn« eines anderen bedeutenden deutschen Muslim, Leopold Weis – besser bekannt als Muhammad Asad – war der bedeutendste Konvertit des 20. Jahrhunderts weltweit. Sein unglaublich abenteuerliches Leben lässt sich nicht in drei Zeilen beschreiben. Er wurde am 2. Juli 1900 in eine jüdische Rabbinerfamilie im galizischen Lemberg (Lvov) geboren, das damals noch zu Österreich-Ungarn gehörte. Als Vierzehnjähriger floh er (vergeblich) zur Armee, um am Ersten Weltkrieg teilzunehmen. 1918 studierte er Chemie und Philosophie in Wien, der Stadt von Sigmund Freud und Ludwig Wittgenstein. Den jungen Leopold zog es jedoch schon 1920 nach Berlin, damals das intellektuelle und künstlerische Zentrum Europas. Obwohl nur ein kleiner Telefonist, gelang ihm der Coup, die anonym reisende Frau des russischen Dichters Maxim Gorki zu interviewen und bei Theater- und Filmzar Max Reinhardt sowie bei F. W. Murnau als Assistent zu arbeiten. 1922 besuchte Leopold einen seiner Onkel in Jerusalem.

Von dort berichtete er als Nahostkorrespondent der *Frankfurter Zeitung*, dem angesehensten Blatt Deutschlands.

Die meisten deutschen Muslime sind dank eines Kontakts zu einem arabischen Land, der Türkei, Pakistan oder Indonesien, zum Islam gekommen, im Inland oder im Ausland. Und das sieht man ihnen nicht selten an; denn viele deutsche Muslime entwickeln eine überbordende Orientophilie, die sich vor allem in ihrer Kleidung und Sprache manifestiert. Um den Propheten bis in Kleinigkeiten nachzuahmen, tragen manche auch in Deutschland eine wallende Dschellaba, in selteneren Fällen als Sufis sogar mit Turban. Auch würzen sie ihre deutsche Sprache gerne mit Arabismen wie inschaAllah (so Gott will), ma scha'Allah (Gott erhalt's), Allahu akbar (als Zeichen des Erstaunens) oder barakatullahi fik (Gottes Segen sei mit dir). Es ist psychologisch erklärlich, dass ein neuer Muslim seiner mutmaßlichen »Kafir-Umwelt«, den Andersgläubigen um ihn herum, auch äußerlich zeigen will, dass sich bei ihm Entscheidendes geändert hat. Dennoch ist es fragwürdig – weil vom Islam eher abschreckend –, sich als Deutscher im Mitteleuropa des 21. Jahrhunderts zu kleiden und zu essen wie ein Araber der Hidschas-Region im 7. Jahrhundert; denn so wird man zum Fremden im eigenen Land und projiziert den Islam als eine Subkultur, ja als religiöse Folklore. Dieser Effekt ist schädlich, weil viele Muslime hierzulande ohnedies Gefahr laufen, als diskriminierte Gastarbeiter in einem Hinterhof-Ghetto gefangen zu bleiben. Hofmann sagte dazu: »Da gehört der Islam nicht hin. Als Untergrundreligion mag er in einer Diktatur überleben, nicht aber in einer Demokratie.«

Gemeinsame Kultur, gemeinsame Werte

Vor dem Hintergrund dieser reichen gemeinsamen Geschichte entwirft der Imam Benjamin Idriz aus dem oberbayerischen Penzberg in seinem Buch »Grüß Gott, Herr Imam« ein schönes Bild gelungener Verbindung von Orient und Okzident: »Ein gemeinsamer Wert ist es, die ›Weisheit‹ des östlichen Menschen mit der

›Rationalität‹ des westlichen Menschen und die ›Wärme‹ des östlichen Menschen mit dem ›Verantwortungsgefühl‹ des westlichen Menschen zu vereinen.« Und er erinnert an ein Diktum meines Lieblings-Philosophen Muhammad Iqbal, dass gemeinsame Werte es schaffen, »die östliche Sprache der Liebe, die das Geheimnis des Kosmos enthält, mit der westlichen Sprache des Verstandes, die die Geschicklichkeit des Lebens enthält, zu einer Einheit kommen zu lassen. Es ist die Fähigkeit zu horchen: auf die sich vom Osten erhebende Stimme der Liebe, Gerechtigkeit, Barmherzigkeit und des Glaubens und auf die sich vom Westen erhebende Stimme des Verstandes, der Freiheit, Gleichheit, Liebe, Demokratie und des Rechts.«

Und darin verbinden sich die Ideale von Aufklärung, Französischer Revolution und moderner Demokratie, von Bergpredigt, Zehn Geboten, Koran und Thora. Benjamin Idriz sieht hier universelle Werte, die für Religionen, Epochen und Nationen stehen. Diese Werte sind:

»Nicht gesättigt schlafen zu gehen, wenn der Nachbar hungert. Das, was einem lieb ist, auch anderen zu wünschen. Den anderen nichts antun, was man nicht angetan bekommen möchte. Sich sicher fühlen vor der Hand und vor dem Wort anderer. Sich gegen das Unrecht stellen, wer auch immer es ausübt, und den, der im Recht ist, zu unterstützen, wer auch immer es ist. Die Fähigkeit, den Menschen als Menschen anzusehen und die ganze Welt als Familie zu verstehen. Das Wissen und den Glauben zu versöhnen, den Verstand und die Seele nicht voneinander zu trennen. Die Seele um des Materialismus willen nicht zu töten und die Welt um der Seele willen nicht abzustreifen.«

»Lies!« – Mohammed und die Offenbarung

Die Botschaft, die Mohammed Ibn Abdallah Anfang des 7. Jahrhunderts in seiner Heimatstadt Mekka verkündet, denunzieren seine Gegner, die den Vielgötter-Glauben der arabischen Wüstenstämme praktizieren, als »wirres Bündel von Träumen«. Immer wieder muss er um sein Leben fürchten. Doch nach Jahren der Auseinandersetzung und nach seinem Tod breitet sich die neue Religion schnell aus und mit ihr eine Hochkultur, die den damaligen christlichen Reichen weit überlegen ist.

Wer war Mohammed?

Mohammed wurde um 570 n. Chr. in der Stadt Mekka geboren; er entstammte einer hoch angesehenen Familie vom Stamm der Quraish. Sein Vater Abdullah stirbt wenige Wochen vor seiner Geburt; und Mohammed kommt in die Obhut seines Großvaters. Nach damaligem Brauch verbringt er die ersten Jahre seines Lebens bei einer Beduinen-Amme. Im Alter von etwa sechs Jahren kehrt er zu seiner Mutter Aminah zurück, die jedoch wenig später stirbt, ebenso sein Großvater. Sein Onkel Abu Talib nimmt den verwaisten Jungen auf.

Im Haushalt des Onkels verdient er sich seinen Lebensunterhalt als Hirte, und später arbeitet er in dessen Geschäft. Mit etwa 25 Jahren, so wird in den Überlieferungen berichtet, unternimmt er für eine reiche mekkanische Witwe, Khadidscha, Handelsreisen etwa nach Syrien und veräußert dort mit Erfolg ihre Waren. Mohammed und die um etwa 20 Jahre ältere Khadidscha heiraten und bekommen sieben Kinder.

Mohammed ist in Mekka wegen seiner Zuverlässigkeit und

Tüchtigkeit weithin bekannt; er wird auch El Amin (der Zuverlässige) genannt. Selbst von höchster Stelle, von Gott selbst, wird er später im Koran wegen seiner Charaktereigenschaften gelobt (Koran 68:4).

Bis zu seinem 35. Lebensjahr ist wenig zu seiner religiösen Einstellung überliefert; als gesichert gilt nur, dass er niemals Götzen angebetet hat.

Um das Jahr 605 wird die Kaaba, die in ihrer Ursprungsform auf den Propheten Abraham zurückgehen soll und bereits in vorislamischer Zeit als Heiligtum galt, durch ein Feuer zerstört. Nach ihrem Wiederaufbau zieht Mohammed sich immer wieder zur Meditation in die Einsamkeit einer Höhle nahe Mekka zurück. Um diese Zeit empfängt er dort durch den Engel Gabriel seine erste Offenbarung (Koran Sure 96, Vers 1–5). Eines Nachts erblickt er ein starkes Licht, das zu ihm spricht. Der Erzengel Gabriel sagt: »Lies!« Mohammed erwidert erschrocken: »Ich kann nicht lesen.« Und so befiehlt ihm der Engel, ihm nachzusprechen (Sure 96).

Dieses einschneidende Erlebnis verunsichert ihn; nur langsam und mit Unterstützung seiner Frau und enger Freunde begreift er, dass er von Gott zum Propheten bestimmt ist. In den folgenden 23 Jahren erlebt Mohammed immer wieder Offenbarungen, bei denen ihm der Engel Gabriel die Botschaft des Herrn überbringt. Diese Offenbarungen bilden den Koran mit 114 Suren (Kapiteln) und gelten als das größte Wunder im Leben des Propheten Mohammed.

In diesen Zeitraum fällt auch die Auswanderung des Propheten und seiner Anhängerschaft, nachdem zuvor ein kleiner Teil seiner Gemeinde bereits beim christlich-abessinischen Herrscher Asyl gefunden hatte. Vor und nach der Auswanderung von Mekka nach Medina im Jahre 622 erlebt die junge muslimische Gemeinde schlimmste Unterdrückungen und Verfolgungen vor allem durch die Anhänger der Quraish, die bis nach Medina reichten. Seine Frau und größte Unterstützerin Khadidschah stirbt im Zuge dieser Verfolgung und ebenso sein Onkel.

In Medina wird der Prophet mit großer Freude empfangen. Die kommenden Jahre sind aber auch von ständiger Bedrohung durch feindliche Stämme und bewaffneten Auseinandersetzungen mit den Mekkanern geprägt. Die Rückeroberung seiner Heimatstadt Mekka erfolgt mit einem muslimischen Heer im Jahre 630 und zwar ohne Blutvergießen und Kampfeinsatz. Die Mekkaner schließen sich dem Islam an.

Mohammed stirbt mit 63 Jahren; er ist in Medina begraben.

Er hat die göttliche Botschaft überbracht. Sein Leben und Wirken spiegelt den in die Praxis umgesetzten Koran. Seine zweite Frau Aischa beschrieb seinen Charakter als »einen wandelnden Koran«.

Der Gesandte Allahs als Vorbild und spirituelle Brücke

Für Muslime ist der Prophet Mohammed, er wird auch Gesandter Gottes oder Allahs genannt, und die Muslime setzen dann noch mal an und sprechen den Satz »Frieden und Heil auf ihn« (an den ich im Verlauf immer wieder erinnere, ihn aber nicht durchgehend zitiere), kein Mensch auf Distanz oder nur eine historische Figur, die vor vierzehnhundert Jahren gepredigt, gewirkt und gelebt hat und seitdem keine Rolle mehr im Alltag eines Muslim spielt. Das Leben des Propheten ist nicht nur eine Erzählung, sondern eine Einführung in den spirituellen und ethischen Reichtum, den der Islam dem Menschen als Orientierung anbietet. So ist der Prophet den Muslimen in ihrem täglichen Leben stets präsent. Er ist Dreh- und Angelpunkt ihrer religiösen Praxis.

Die intensive Auseinandersetzung mit dem Leben des Propheten wurde über die Jahrhunderte zu einer islamologischen Wissenschaft, die auf Arabisch den Namen Sira trägt. In deutscher Übersetzung bedeutet Sira: der Weg des Propheten. In der Menschheitsgeschichte gibt es wohl kaum eine zweite Person, deren Leben mit so großer Liebe zum Detail und Hingabe zum Objekt der Recherche erforscht und interpretiert wurde und wird. Bis zum heutigen Tag verfassen anerkannte Wissenschaftler Biografien über Mohammed, um den Menschen die Botschaften des Islam nahezubringen und damit Muslimen die Möglichkeit zu geben, ihr Wissen zu vertiefen.

Dabei ist die Auseinandersetzung mit dem Leben des Propheten viel mehr als eine historische Aufarbeitung. Ein grundlegendes Verständnis des Islam ist ohne umfangreiche Kenntnisse über Mohammed unmöglich. Wer sich nicht mit dessen Leben auseinandersetzen will, die Bedeutung seiner Handlungen, arabisch As-Sunnah, und die Bedeutung seiner Aussprüche in ihrem jeweiligen Kontext, arabisch Ahadith, ignoriert, der wird Botschaften und Lehren, Ethik und Moral des Islam nicht verstehen. Der Koran ist zweifelsfrei die wichtigste Schrift für Muslime. Die vom Propheten vorgelebte Praxis der islamischen Lehren und seine Interpretation der koranischen Botschaften eröffnet einem Muslim die Möglichkeit, dieses einzigartige Buch in all seinen Dimensionen zu verstehen. Im Koran wird dies im 21. Vers der 33. Sure, Al-Ahzab, mit folgenden Worten unterstrichen: »Gewiss, bereits gab es für euch mit dem Gesandten Allahs doch ein hervorragendes Vorbild für jeden, der auf Allah und den jenseitigen Tag hofft und Allahs öfters gedenkt.«

Um diese herausragende Bedeutung des Propheten muss man wissen, will man nachvollziehen, warum Muslime mit Ablehnung und Unverständnis reagieren, wann immer der Prophet des Islam geschmäht, verleumdet und karikiert wird. Die Verleumdung Mohammeds ist keine Erscheinung der Neuzeit und der Moderne, ihr liegt eine lange und aus muslimischer Sicht verabscheuungswürdige Tradition zugrunde. Der Prophet ist bereits zu Lebzeiten heftigsten Verleumdungskampagnen ausgesetzt gewesen, und er pflegte diese mit großer Gelassenheit zur Kenntnis zu nehmen und letztendlich zu ignorieren. Wir Muslime sollten ihm in dieser Hinsicht Folge leisten, wann immer ein vermeintlicher Trendsetter der ach so modernen Aufklärung meint, Muslime mittels seiner primitiven Zeichnungen oder Kommentare provozieren zu müssen. Auch im muslimischen Kontext gilt: Die Hunde bellen, doch die Karawane zieht weiter.

Barmherzigkeit für die Welten

Der Prophet Mohammed wird im Koran als »Rahmat al Alamin«, Barmherzigkeit für die Welten, bezeichnet. Dieser Titel ist programmatisch für ihn, denn alle authentischen Biografien zeichnen das Bild eines charismatischen, willensstarken Menschen, dessen herausragende Eigenschaft die Barmherzigkeit im Umgang mit seinen Mitmenschen war. Und in diesem Charakterzug findet sich die spirituelle Brücke zwischen dem Propheten und dem Koran. In allen 114 Suren des Koran taucht der Name des Schöpfers allen Seins versehen mit dem Attribut der Barmherzigkeit auf. Das Leben des Propheten zu studieren und seinem Vorbild Folge zu leisten, bedeutet für den Muslim, den zentralen Auftrag des Islam zu erfüllen, nämlich seinen Mitmenschen mit Gnade und Barmherzigkeit zu begegnen.

Eines der bekannteren Bittgebete des Propheten lautet: »Mein Schöpfer, wir flehen dich an, uns mit Ergebenheit in deinen Willen, Würde, spirituellem Reichtum und der Liebe zu den Armen auszustatten.«

Die Menschen in seiner Heimatstadt Mekka versuchten, den Propheten in aller Öffentlichkeit zu demütigen und ihn lächerlich zu machen. Sie forderten ihn heraus und verlangten Wunder von ihm, ähnlich der Wunder, die Propheten vor ihm vollbracht hatten. Doch der Prophet antwortete unermüdlich: »Ich bin nur ein Gesandter.« Denn das größte Wunder, das der Prophet der Menschheit übermittelt hat, war und bleibt der Koran, das unverfälschte Wort des Schöpfers allen Seins. Getreu dem koranischen Grundsatz, dass es keinen Zwang in der Religion gibt, übte er sich in bemerkenswerter Geduld gegenüber denjenigen, die sich seiner Botschaft nicht öffnen wollten.

Er sprach zu ihnen: »Wenn ihr das annehmt, was ich euch überbracht habe, dann werdet ihr in dieser Welt und im Jenseits erfolgreich sein. Doch wenn ihr das, was ich euch überbracht habe, ablehnt, dann warte ich geduldig, bis der Schöpfer zwischen uns darüber entscheidet.«

Mit dieser Einstellung hat er das Prinzip der gegenseitigen Akzeptanz definiert, getreu dem koranischen Lehrsatz »Euch eure Religion und mir meine Religion« (109:6).

Diese nachahmenswerten Eigenschaften des Propheten wurden durch die Lehren des Islam bestätigt und vertieft. Mohammed trug bereits vor seiner Berufung zum Prophetentum den Ehrentitel »Al Amin«, »der Vertrauenswürdige«. Die Menschen Mekkas schätzten seine Aufrichtigkeit und Verlässlichkeit, mit der er ihnen in allen Lebenslagen begegnete.

Als in vorislamischer Zeit die Kaaba, die laut Koran von Adam erbaut und von Abraham als Wallfahrtsstätte erichtet wurde und heute das zentrale Heiligtum des Islam ist, wiederaufgebaut werden musste, brach unter den führenden Stammesältesten der Mekkaner ein Streit aus: Wem sollte die Ehre zuteil werden, den markanten Stein, der bis heute eine der vier Ecken der Kaaba schmückt, an seinem angestammten Platz wieder zu positionieren? Fast wäre ein Krieg unter den Stämmen der Stadt ausgebrochen, hätten sie sich nicht auf den Propheten als Schlichter verständigt. Sein Ansehen war so groß, dass seine Entscheidung, den Stein auf ein Tuch zu legen, damit die Stammesältesten diesen gemeinsam zum Ort der Niederlegung tragen konnten, wo der Prophet ihn dann selbst in der gewünschten Position platzierte, unwidersprochen angenommen und in die Tat umgesetzt wurde.

Die herausragende Bedeutung Mohammeds zeigt sich auch an der islamischen Zeitrechnung. Die Auswanderung des Propheten von Mekka nach Medina, arabisch Hidschra, die dieser unternahm, um in Medina Frieden zu stiften, gilt als Jahr 1 im islamischen Kalender und entspricht dem Jahr 622 des Gregorianischen Kalenders, der das Jahr von Jesu Geburt zum Beginn der Zeitrechnung macht. Der Übergang zu einem neuen Jahr bleibt für Muslime immer mit der Erinnerung an den Propheten Mohammed verbunden.

Zukunftsweisendes Gesellschaftsmodell

Auch in Medina zeigten die vorbildlichen Charaktereigenschaften des Propheten Wirkung. Die Zuneigung der Menschen von Medina ging so weit, dass sie den alten Namen der Stadt Yathrib durch den bis heute gültigen Namen Madinah-ul-Nabi, die Stadt des Propheten, ersetzten. Die vom Propheten verfasste Charta des Stadtstaates Medina ist ein bemerkenswertes zeitgeschichtliches Dokument eines auf vertraglicher Basis organisierten Gemeinwesens von Menschen unterschiedlicher Religionen, Ethnien und Herkunft. Heute würde man von einem multikulturellen, zukunftsweisenden Gesellschaftsmodell sprechen, das allerdings zur damaligen Zeit einzigartig war. Wie sehr auch die jüdische Gemeinschaft von Medina respektierter und integraler Teil dieses Gemeinwesens war, soll anhand von zwei Begebenheiten demonstriert werden.

Eines Tages sah der Prophet, wie sich ein Trauerzug auf den Weg zur Begräbnisstätte begab. Mohammed, der bis zu diesem Augenblick auf dem Boden gesessen hatte, erhob sich, um den Trauernden seinen Respekt zu bekunden. Als die Gefährten ihn darauf hinwiesen, dass es sich bei dem Verstorbenen um ein Mitglied der jüdischen Gemeinschaft handelte, antwortete er: »Und, hatte er etwa keine Seele?«

In einer weiteren bestätigten Überlieferung wird berichtet, dass ein Gefährte des Propheten über einen längeren Zeitraum nicht an den gemeinschaftlichen Freitagsgebeten teilnahm. Als der Prophet ihn zusammen mit einigen Gefährten in seinem Haus aufsuchte, sagte ihm der Hausherr, dass er nicht zu den Freitagsgebeten kommen konnte, weil er seine Kinder nicht alleine im Haus zurücklassen wollte. Seine Frau war vor längerer Zeit verstorben. Doch das war Mohammed bekannt, und es verwunderte ihn, dass der Hausherr bislang keine geregelte Lösung für die Aufsicht seiner Kinder zur freitäglichen Gebetszeit gefunden hatte. Der Hausherr antwortete ihm: »Mein geliebter Prophet, mein Nachbar hat in seinem Garten eine herrlich gewachsene Dattelpalme, die wohlschmeckende Früchte trägt. Zweige dieser Dattelpalme ragen in meinen Hof, und ich befürchte, dass meine Kinder die herabfallenden Früchte in meiner Abwesenheit aufsammeln und essen. Dieses steht ihnen aber nicht zu, denn es sind die Früchte des Nachbarn, und er hat ein Anrecht auf sein Eigentum.«

Der Prophet nahm dies zum Anlass, den Nachbarn, ein Mitglied der jüdischen Gemeinschaft von Medina, zu besuchen und ihm die Situation zu schildern. Der Nachbar konnte es nicht fassen, dass der Prophet ihn persönlich wegen dieser offensichtlichen Nichtigkeit aufgesucht hatte, und er erteilte seinem Nachbarn die Erlaubnis, von den Früchten des Baumes zu essen.

Der Prophet beeindruckte Menschen kraft seines Charakters und mittels der vom Islam gelehrten universalen Werte, die er vorlebte und konsequent praktizierte. Aus diesem Grund bleibt er für Muslime der wichtigste Lehrmeister in Fragen des Islam. Mohammed ist der Wegweiser für Muslime, und nach seinem Handeln und seinem Wirken in der Gesellschaft richten Muslime bis heute ihr Leben aus. Sich am Leben des Propheten zu orientieren bedeutet, den Islam in unverfälschter Weise zu verstehen und zu leben.

Interpretationen – Rechtsschulen des Islam

Weltweit bekennen sich etwa 1,6 Milliarden Menschen zum Islam; damit ist er nach dem Christentum die zweitgrößte Religionsgemeinschaft. Die Länder mit dem größten Anteil an der muslimischen Weltbevölkerung sind Indonesien (etwa 13%), Pakistan (11%), Indien (10%), Bangladesch (9%), Ägypten und Nigeria (jeweils 5%), Iran und Türkei (je 4,5%), Algerien und Marokko (je etwa 2%). Insgesamt leben in diesen Ländern rund zwei Drittel aller Muslime. 56 Staaten, in denen der Islam Staatsreligion, Religion der Bevölkerungsmehrheit oder einer großen Minderheit ist, haben sich zur wichtigsten internationalen Organisation für Islamische Zusammenarbeit (OIC) mit Sitz in Dschidda (Saudi-Arabien) zusammengeschlossen.

Sunniten und Schiiten – was trennt sie, was eint sie?

Sunniten und Schiiten sind die beiden großen Konfessionen innerhalb der muslimischen Welt. Sie eint mehr, als sie trennt. Beide Konfessionen sind sich in den fundamentalen Lehren des Islam einig. Für beide ist der Koran die verbindliche Quelle für die grundsätzlichen Überzeugungen und die religiöse Praxis; beide sehen Mohammed als Gesandten Allahs und als den Propheten des Islam, und beide Konfessionen verneigen sich in ihren rituellen Gebeten in Richtung Mekka.

Die Trennung der frühen muslimischen Gemeinschaft in zwei Gruppen hat einen politischen Hintergrund. Erst im Verlauf der Jahrhunderte bildeten sich auf schiitischer Seite in der religiösen Praxis Unterschiede heraus, zum Beispiel in der Gebetspraxis oder der Ehefindung, die diese Trennung verfestigten. Die Spaltung basiert auf einem Streit in der muslimischen Gemeinschaft des 7. Jahrhunderts; umstritten war, wer ihr nach dem Tod des Propheten im Jahr 632, der keine Nachfolgeregelung getroffen hatte, als weltlicher Führer vorstehen sollte. Die Mehrheit der Getreuen Mohammeds war der Auffassung, dass als weltlicher Führer der Gemeinschaft nur eine Person infrage komme, die befähigt sei, diese mit großer Verantwortung verbundene Position angemessen auszufüllen. Die also die Geschicke der jungen Religionsgemeinschaft in ähnlicher Weise leiten könnte, wie es der Prophet vorgelebt hatte. Ausgehend von dieser Mehrheitsmeinung wurde einer der herausragenden Gefährten des Propheten, Abu Bakr, zum ersten Kalifen gewählt. Da das arabische Wort für eine Person, die der Tradition des Propheten Folge leistet, Sunni heißt, nennt man diesen bis heute weitaus größten Teil der Muslime Sunniten.

Dem gegenüber stand nach Mohammeds Tod eine Gruppe von Muslimen, die der Auffassung waren, dass der weltliche Anführer der Muslime aus der Familie des Propheten stammen sollte. Deshalb sollte der Cousin und Schwiegersohn des Propheten, Ali bin Abu Talib, diese Aufgabe übernehmen. Aus diesem politischen Meinungsstreit entwickelte sich die Schia-t-Ali, also die Partei Alis, oder anders gesagt das Schiitentum. Die Schiiten akzeptierten die weltliche Führerschaft der muslimischen Gemeinschaft nicht und beharrten auf einer Erbfolge in diesem Amt, die sich durch Zugehörigkeit zur Familie des Propheten legitimiert.

Allerdings ist diese sehr spezielle Auffassung bis heute eine Minderheitenmeinung geblieben (mit gravierenden Folgen, wenn man auf die aktuelle weltpolitische Lage blickt). Von den weltweit 1,6 Milliarden Muslimen bezeichnen sich 85 Prozent als Sunniten und 15 Prozent als Schiiten. Große schiitische Gemeinschaften findet man im Iran, im Irak, im Libanon, in Syrien, Bahrain und im Jemen. Festzuhalten bleibt aber, dass Sunniten und Schiiten sich, jenseits der Unterschiede in spezifischen religiösen Praktiken und Quellenbezügen, in erster Linie immer als Muslime bezeichnen.

In ihrer innerreligiösen Struktur unterscheiden sich beide Richtungen insbesondere dadurch, dass es bei den Schiiten eine institutionelle Geistlichkeit gibt.

Die große Herausforderung, vor der die Muslime auch in Deutschland stehen, ist die schleichende Politisierung ihrer Religion, um diese für Machtansprüche und Einflussnahme zu missbrauchen. Diesem Missbrauch müssen Muslime entschieden entgegentreten, wenn sie nicht von einer vernichtenden Gewaltspirale erfasst werden wollen. Der Zentralrat der Muslime in Deutschland ist in der glücklichen Situation, dass er auch wichtige schiitische Gemeinschaften zu seinen angesehenen Mitgliedern zählen darf. Diese religiöse Pluralität in ihrer ganzen Vielfalt zu respektieren, um damit den inneren Zusammenhalt der muslimischen Gemeinschaft in Deutschland zu stärken, muss heute ein Kernanliegen der muslimischen Verbände sein.

Sufis – die großen Mystiker

Sufismus (auch Sufitum) ist die Bezeichnung für spirituelle mystische Strömungen im Islam. Einen Anhänger des Sufismus nennt man Sufi oder auch Derwisch.

Im 10. Jahrhundert wurden von Anhängern des Sufismus Handbücher ausgearbeitet, wobei Philosophen und Theologen wie Ghazali, Suhrawardi und Ibn Arabi prägend für diese religiöse Richtung sind. Im 12. Jahrhundert bildeten sich Sufi-Orden, die auch religionspolitische Funktionen erfüllen, darunter zum Beispiel die Organisation der Volksfrömmigkeit und auch der Mission. Der Sufismus war in der Geschichte des Islam einer der wichtigsten Faktoren bei der Weitergabe von Wissen und bei der Unterrichtung von Menschen in abgelegenen Regionen.

Die Sufis suchen durch Meditation (Dhikr, das bedeutet Gottes gedenken, arabisch Dhikrullah) und durch spezielle geistliche Übungen, Gott nahezukommen oder mit Gott im irdischen Leben eins zu werden. Manche Ausprägungen von Dhikr wird von einigen »orthodoxen« Muslimen kritisch betrachtet; doch gilt auch hier, dass allen Muslimen, gleich welcher Strömung, das Ziel, durch verschiedene Formen der Gottesdienste Allah nahezukommen, gemeinsam ist.

In Deutschland gibt es nach einer Schätzung knapp 10 000 Sufis. Ein bekannter in Deutschland lebender Sufi ist der konvertierte Sufi-Meister Scheich Hassan Dyck von Haqanai Trust, einer Mitgliedsorganisation des Zentralrates, oder der Bundesverdienstkreuzträger Scheich Bashir Ahmad Dultz, welcher der Tariqa As-Safinah folgt und ebenso im Zentralrat über die Deutsche Muslim Liga organisiert ist.

»Rechtsschulen« im Islam

Auch hier gilt es, mit einem Fehlurteil aufzuräumen, denn es gibt keine »Rechtsschulen« im Islam. Für Muslime in Deutschland gilt das deutsche Recht wie für jeden anderen auch. Insofern ist die gelegentlich sehr laute Stimmungsmache gegen Muslime, die angeblich ihrem eigenen Recht, Reizwort Scharia, folgen und dieses über das Grundgesetz stellen, nicht nur unsinnig, sondern auch gefährlich für unseren innergesellschaftlichen Zusammenhalt. Die fehlerhafte deutsche Übersetzung des arabischen Wortes Mazhab mit Rechtsschule trägt zu dieser absurden Darstellung muslimischen Lebens in Deutschland bei. Die angemessene deutsche Übertragung für das, was dieser islamologische Fachbegriff im arabischen Original ausdrückt, ist: Denkrichtung beziehungsweise akademische Lehrmeinung in Rechtsfragen, die sich durch die individuell unterschiedliche Verfahrensweise und die unterschiedlichen Denkansätze der islamischen Gelehrten bei der Ausarbeitung von Prinzipien zur Ableitung von Normen und Regeln für das alltägliche Handeln aus den sogenannten Beweisquellen entwickelten.

Diese Schulen sind weder »Glaubensrichtungen«, »islamische Konfessionen« noch »Sekten«. Diese Denkrichtungen suchen Antworten auf praxisrelevante Handlungen für Muslime, und sie unterscheiden sich in ihrer Methodologie, also in ihren wissenschaftlichen Verfahrensweisen. Hierfür hat sich in der Islamologie ein eigenständiger Wissenschaftszweig, die Fiqh-Wissenschaft, herausgebildet.

Solche Entwicklungen sind in allen Religionen zu beobachten und ergeben sich aus der Notwendigkeit, den eigenen Glauben in den Zeitläuften immer wieder neu zu positionieren und sich der eigenen Positionen zu gesellschaftlichen Veränderungen zu vergewissern. Die Welt befindet sich im Wandel, und ein religiöser Mensch muss Antworten auf neue Fragen finden.

Mit dem Tod des Propheten verschwand die zentrale Autorität in der jungen muslimischen Gemeinde, die in Zweifelsfällen nach der richtigen Verhaltensweise in bestimmten Situationen des täglichen Lebens hätte befragt werden können. Bereits zu Lebzeiten des Propheten übten sich seine Gefährten im Idschtihad, der Selbsturteilsfindung. Diese Praxis war mittelbar die Ursache für die Entstehung der unterschiedlichen Denkrichtungen. Hier haben muslimische Gelehrte in 1400 Jahren wesentliche Beiträge zu einer menschenfreundlichen Kultur geleistet.

Nach dem Tod des Propheten kam es in relativ kurzer Zeit zu einer erstaunlichen Ausdehnung des islamischen Einflussgebiets. Diese Ausdehnung brachte mit sich, dass sich Muslime mit neuen Gesellschaftssystemen und fremden Wertvorstellungen beschäftigen und auseinandersetzen mussten. Neue Fragestellungen und Themen, die zu Lebzeiten des Propheten nicht bekannt waren und für die es deshalb auch keine Erfahrungswerte und darauf aufbauende Lösungsansätze gab, mussten verstanden und aus muslimischer Sicht beantwortet werden.

Die Ausdehnung brachte es auch mit sich, dass die Gefährten des Propheten mit großen geografischen Distanzen konfrontiert waren, die die Kommunikation erheblich erschwerten. Unter diesen Umständen entwickelten sich je nach Kenntnisstand unterschiedliche Verständnisse, Methodologien und Interpretationen der islamischen Quellen. Der Islam ist also aus seiner Tradition von solchen verschiedenen Rechtsschulen geprägt, die die islamische Rechtslehre sich hat bunt und vielschichtig entwickeln lassen. Die sogenannten Rechtsschulen entstanden einige Jahrzehnte nach dem Ableben des Propheten. Sie haben die Werke des Propheten interpretiert. Diese Rechtsschulen waren regional verortet. Zum Beispiel die Rechtsschule nach Imam Hana, der damals in der heutigen türkischen und syrischen Region gelehrt hat, die Rechtsschule nach Imam Maliki im maghrebinischen Teil, die Rechtsschule Scha i in Ägypten und weitere, wie Hanbalitische auf der Arabischen Halbinsel oder die Jafaritische im heutigen Iran mögen hier genannt werden. In den Rechtsschulen wurden unterschiedliche Interpretationen des Islam ausgeprägt, mit unmittelbaren Rückwirkungen auf das gesellschaftliche Leben.

Heute gibt es unter sunnitischen Muslimen vier, nach ihren ursprünglichen Begründern benannte, große Denkschulen: die Hanafitische, die Malikitische, die Schafiitische und die Hanbalitische Schule.

Zu den von den Namensgebern und ihnen nachfolgenden Gelehrten entwickelten akademischen Lehrmeinungen, die ebenfalls das Ergebnis historischer Entwicklungen sind, kommen viele andere hinzu. Dass sich die Denkrichtungen der vier Gelehrten und ihrer Schülerschaft gegenüber den Lehrmeinungen anderer durchgesetzt und etabliert haben, beruht auf der Tatsache, dass diese über eine relativ große Anzahl von Schülern verfügten. Diese dokumentierten ihre Lehrmeinungen und Methodologien schriftlich, kommentierten und systematisierten sie und machten sie einer breiten Öffentlichkeit zugänglich. Diese Denkrichtungen stehen nicht in scharfer Konkurrenz zueinander, sondern ergänzen sich und besitzen große Schnittmengen. Ihre Existenz ist Ausdruck einer Pluralität muslimischen Denkens und des Strebens nach authentischem Wissen, das muslimisches Leben über Jahrhunderte positiv und konstruktiv geprägt hat.

Da heute die Schriften allein aufgrund der technischen Möglichkeiten einfach zugänglich sind, findet eine stärkere Auseinandersetzung mit den Rechtsschulen statt, und zugleich ist eine gewisse Harmonisierung der Rechtsmeinungen festzustellen.

An diese großartige Wissenstradition gilt es auch heute anzuknüpfen. Europa bietet Muslimen, die bereit sind, die neuen Herausforderungen in ihrer Gesellschaft anzunehmen, den intellektuellen Freiraum, um nicht nur aktiv an einer Neuausrichtung muslimischen Denkens mitzuwirken, sondern diese auch einzuleiten. Die großen Denkrichtungen des Islam werden damit nicht obsolet, sondern sie bilden eine hervorragende Basis für die globale Weiterentwicklung aus muslimischer Sicht.

Alhambra, Aprikose, Algebra – Schatzkammer muslimischer Weltkultur

Zu den grundlgenden Überzeugungen des Islam gehört, dass Gott dem Menschen die Vernunft gegeben hat, derer er sich bedienen soll, um der Schöpfung und der eigenen Vervollkommnung zu dienen und so am Ende in seinen vielfältigen Möglichkeiten vollendet zu Gott zurückzukehren. Erinnert sei in diesem Zusammenhang an zwei Sätze des Propheten:

»Von der Wiege bis zur Bahre sollst du nach Wissen forschen, denn wer Wissen sucht, verehrt Gott.«

Und: »Das Studium der Wissenschaft ist gleichwertig mit dem Fasten, Wissenschaft verbreiten entspricht dem Gebet.«

Vor diesem Hintergrund ist nur konsequent, dass der Islam nie antiwissenschaftlich war – wie viele andere Religionen. Wissenschaftliche Erkenntnisse, die die zivilisatorische Entwicklung der Menschheit prägten und aus denen wir heute noch schöpfen, etwa der Mathematik, der Naturwissenschaft, aber auch der Philosophie, sind erst im Lichte des Islam entstanden. Es waren Muslime, die, wie oben ausführlich berichtet, die hellenistische Tradition wieder zum Leben erweckt haben, indem sie die alten Griechen, etwa die Schriften von Aristoteles, ins Arabische übersetzt, damit wieder zugänglich gemacht und so Europas intellektuelles Erbe gerettet haben. Ein wesentliches Element der Aufklärung, die griechische Philosophie, wurde erst durch Muslime aufgearbeitet und vor dem Vergessen bewahrt.

Im Orient wurde das Wissen der Welt in Bibliotheken gesammelt, die erste Universität gegründet. Der große Gelehrte Avicenna schuf um 1000 n. Chr. einen Kanon der Medizin, der über 600 Jahre das Standardlehrbuch für Ärzte in Europa war. Kunst, Poesie und Architektur blühten. Als Beispiel seien hier die legendären »Geschichten aus Tausendundeinernacht« und die Alhambra im spanischen Granada genannt. Diese Stadtburg wurde im 11. Jahrhundert von den Mauren errichtet, gehört zum Weltkulturerbe und ist eine der meist besuchten Touristenattraktionen Europas. Es entstanden die Grundlagen der Mathematik; das Wort Algebra ist aus dem Arabischen entlehnt. Viele andere Wörter zeugen bis heute von der engen Verbindung, die Orient und Okzident über die Jahrhunderte eingegangen sind. Genannt sei hier nur Aprikose, Kaffee, Algorithmus, Orange, Talisman, Zenit, Schach, Zimt, Zucker, Chemie oder die (arabische) Ziffer.

Im Islam gab und gibt es keine Trennung oder gar Rivalität von Wissenschaft und Religion oder Religion und Vernunft, keine Trennung von Profanem und Geistigem. Dies steht der europäischen Entwicklung vor der Aufklärung fundamental entgegen. Bei all der berechtigten Forderung, dass die Muslime sich um Aufklärung bemühen müssen, im Sinne einer dynamischen Interpretation ihrer Religion im 21. Jahrhundert, sollte man nicht vergessen, dass Geschichte und Kultur im Orient und Okzident nicht parallel verliefen und Muslime im Mittelalter gerade aufgrund ihrer Religion zu solch wissenschaftlichem und fortschrittlichem Denken und Handeln fähig waren.

Fortlaufende Aufklärung: aus der Unmündigkeit befreit

Die Muslime sind überzeugt, dass der Islam die Menschen vor 1400 Jahren aus ihrer Unmündigkeit befreit hat. Im Islam wurden zu der Zeit geradezu revolutionäre Grundsätze festgeschrieben, dazu gehört die Gleichheit von Mann und Frau vor Gott und dem Gesetz oder auch von Menschen unterschiedlichen Aussehens und unterschiedlicher Religion. Und ganz entscheidend: Ich bin davon überzeugt, dass Muslime ihre Religion mit Blick auf die Gegenwart immer wieder neu hinterfragen müssen. Der Islam ist eine dynamische Religion. Er verlangt geradezu Antworten auf neue Fragen. Das betrifft nicht nur neue Entwicklungen in der Medizin wie beispielsweise Organtransplantation oder die moderne Sterbebegleitung, sondern ebenso philosophische oder politische Entwicklungen. Diesen Prozess könnte man auch fortlaufende Aufklärung nennen. Es wäre aber, wie gesagt, vermessen zu behaupten, dass in der islamischen Welt ein gleicher Prozess wie in Europa stattfinden müsste, damit sie dann mit Europa auf Augenhöhe korrespondieren kann. Nochmals: In der islamischen Welt gab und gibt es keine dem Christentum vergleichbare Rivalität zwischen Religion und Ratio. Ich will es an einem Beispiel verdeutlichen:

Ein wichtiger Impuls zur Entwicklung der Astronomie zum Beispiel war es, die Gebetszeiten festzulegen, ohne jedes Mal den Sonnenstand neu beobachten zu müssen. Die neu gewonnenen astronomischen Kenntnisse wurden dann unmittelbar genutzt, um hieraus Gebetstabellen zu erstellen, später als Computerprogramm. Die Religion hat also die Wissenschaft gefordert. Der Koran beschreibt Naturereignisse wie die Entwicklung eines Menschen im Mutterleib detailgetreu und fordert die Menschen auf, darüber zu forschen und Erkenntnisse zu sammeln. Gott ruft in seinen koranischen Offenbarungen die Menschen zigmal und unmissverständlich dazu auf, ihren Verstand zu benutzen.

»Wahrlich, alles Gute wird mit dem Verstand erkannt und keine Religion hat der, der keine Vernunft besitzt« (Hadith des Propheten Mohammed).

Abendland Morgenland – ein Plädoyer

Fassen wir also nochmals zusammen: Das europäische Abendland hat selbstverständlich maßgeblich christliche Wurzeln; keiner wird das in Abrede stellen, auch und gerade wenn der Satz des ehemaligen Brundespräsidenten Christian Wulff bemüht wird, der Islam gehöre zu Deutschland.

Und doch ist die Gegenwart Europas in nie gekanntem Maße multikulturell, bunt, offen, in weiten Teilen tolerant. Insbesondere die jungen Menschen sind in ihrer Mehrheit weltoffen, neugierig und wenig an Abgrenzung interessiert. Auch darin, und hier schließt sich ein Kreis, spiegeln sich europäische Geschichte und Tradition. Erinnern wir uns an die siebenhundertjährige muslimische Geschichte Spaniens. Oder schauen wir nach Sizilien, wo orientalische Einflüsse deutlich zu erkennen sind, nicht nur in der Architektur, sondern auch in der gesamten Kultur. In Malta wird heute noch ein Sprachgemisch aus Arabisch und Italienisch gesprochen, und das gilt als europäische Sprache, ganz zu schweigen von Bosnien und dem Kosovo im Herzen Europas. Selbst im nördlichen Europa – in Polen – gibt es seit über 500 Jahren eine Enklave der Tataren. Man sieht also, seit vielen Jahrhunderten haben Muslime Europa mitgeprägt.

Oder nehmen wir die hellenistische Tradition, die Europa stark geprägt hat. Humanisten und Agnostiker haben auf die griechische Philosophie zurückgegriffen. Und das ist prägend gewesen für die Aufklärung, denn die christliche Religion hat in gewisser Hinsicht als Antithese zur Aufklärung gewirkt. Und wenn man die Aufklärung erwähnt, kommt man unweigerlich wieder zum Islam. Waren es doch die Araber, also meist Muslime, die Europa vor dem Verlust der griechischen Traditionen bewahrt haben. Aristoteles würden wir heute nicht lesen können, wenn nicht die Araber ihn übersetzt und aufbereitet hätten. Viele andere Philosophen und große Denker, die unser Rechts- und Gedankengebäude maßgeblich beeinflusst haben, könnten wir ohne die Griechen nicht verstehen. Wenn wir also von Säulen oder Traditionen sprechen, dann würde ich von einem hellenistischen, jüdischen, christlichen und muslimischen Abendland sprechen. Diese vielfältige Vernetzung, wie man heute sagen würde, aus abendländischen und morgenländischen Traditionen macht Europa aus.

In diesem Zusammenhang kritisiere ich in den gegenwärtigen Debatten taktische Argumentationen, die die einen vereinnahmen und die anderen aussparen. Der Begriff christlich-jüdisches Abendland ist zum Beispiel ein Indiz für ein solches Vorgehen. Da wird das Judentum im Verbund gegen den Islam in Stellung gebracht.

Eine große Kulturnation, zu der ich Deutschland zähle, zeichnet sich durch Offenheit und Respekt gegenüber anderen Kulturen aus. Das hält sie lebendig und frisch. Das wusste der schon zitierte, bibelfeste Goethe genauso wie sein Kollege Herder, Rückert oder der Aufklärer Lessing, um nur einige zu nennen. Sie waren sich bewusst, dass die drei monotheistischen Religionen gleichen Ursprungs sind und allesamt aus dem Morgenland stammen.

Das Gute tun, und das Schlechte verwehren

Am 11. Juli 1995 ermordeten serbische Truppen über 8000 Bosnier. Ein Völkermord an Männern und Jungen, weil sie Muslime waren, vor den Augen von UN und Europa. Christlich-orthodoxe Bischöfe segneten die Waffen der Mörder. Wer meint, eine Singularität beim grausamen und menschenverachtenden sogenannten Islamischen Staat erkennen zu wollen, der sei an diese Tage inmitten Europas erinnert. Wo Massenvergewaltigung als Kriegsmittel eingesetzt wurde und wo serbische Tschetniks selbst in den fast verlassenen Dörfern wüteten, wo die Jungen schon in Massengräbern verscharrt waren oder hatten fliehen können und wo deshalb die alten Leute enthauptet oder wie Schafe abgeschlachtet wurden.

»Nie wieder«, rufen wir angesichts solcher Gräuel. Aber erfassen wir wirklich die Dimension dieses »Nie wieder«, wenn wir gleichzeitig den aktuellen Rassismus, den Hass, diese Geißel der Menschheit, unterschätzen oder gar bagatellisieren? Warum haben wir uns nicht erhoben, »nein« gesagt und »nie wieder«, als die Fassbomben des syrischen Diktators Assad auf denStraßen Aleppos platzten? Ist das nicht auch eine Art Völkermord? Haben wir uns erhoben, als der IS Christen aus Mossul vertrieben? Unweit von Mossul liegt Ninieweh, die Geburtsstadt des Propheten Junus, auch Jonas genannt. Wir haben unseren ältesten Sohn Junus genannt. Wie soll ich meinem Sohn erklären, dass der IS das älteste Gotteshaus, weil dort angeblich nicht der richtige Islam gelehrt wurde, Luft gesprengt hat? Für immer zerstört, irreversibel.

Oft denke ich: Lasst uns von Deutschland lernen, was es heißt, echte Versöhnung zu gestalten. Willy Brandt hat mit seinem Kniefall in Warschau gezeigt, wie das geht. Versöhnung wird nur gelingen, wenn zum Beispiel Serbien die Verbrechen von Srebrenica als Völkermord anerkennt und die Verantwortung nicht mehr von sich weist. Nur wenn Vertreibung und Mord in der Weltöffentlichkeit geahndet werden, kann Versöhnung gelingen, nicht allein durch Worte.

Als ich zum ersten Mal die Mütter von Srebrenica in Bosnien besuchen durfte, habe ich ihnen etwas versprochen: Versöhnung ja, wenn die Täter bereit sind, ihre Schuld anzuerkennen und für sie einzustehen. Dann kann Verzeihen gelingen, aber nur dann. Getreu dem Verständnis: Vergebung ja, Vergessen niemals! Das ist auch die Lehre aus dem Holocaust.

Die Lehre aus der Shoa ist selbstverständlich auch ein Teil Deutschlands. Und wenn wir Muslime hören, der »Islam gehört zu Deutschland«, dann gilt das auch umgekehrt: Wir Muslime nehmen an, dass wir zu Deutschland gehören, wir teilen seine Geschichte und die Lehren daraus. Das ist von entscheidender Bedeutung, denn die bisweilen einseitige Perspektive, aus der wir Entwicklungen hierzulande und in der islamischen Welt betrachten, hat uns abstumpfen lassen, hat uns lethargisch werden lassen, ohne Initiative und am Ende leider auch ohne Ideen. Wir haben uns mit dem simplen Gegensatz begnügt: hier wir, da die Mehrheitsgesellschaft, hier der Westen, dort die islamische Welt.

Ein Beispiel: Warum wird in den Freitagspredigten noch so wenig auf den Alltag der Muslime in Deutschland eingegangen, und warum hören wir viel zu wenige Bittgebete wie: »Allah möge die Muslime in Deutschland beschützen und unterstützen, Allah möge unser Deutschland beschützen und die Muslime zueinander und zu einer Einheit finden lassen?« Wir hören viel von Palästina, Syrien, Afghanistan. Das ist richtig und wichtig, und ich will auf keinen Fall das eine gegen das andere ausspielen oder gar aufrechnen. Aber wenn wir den Islam in Deutschland als unsere Herzensangelegenheit verstehen, warum findet der muslimische Alltag hier noch so wenig Niederschlag in den Predigten? Vielleicht weil eine Blockade in unserem Herzen und Köpfen verankert ist und wir deswegen nicht einmal auf die banalste Sache kommen, nämlich endlich für uns Muslime hier in Deutschland zu sprechen?

Wir haben inzwischen verstanden. Wir brauchen keine Fundamentalisten, keine Islamisten, eigentlich überhaupt keine -isten. Wer die Kraft des Guten für alle Menschen einzubringen bereit ist, sagt: Geht raus und helft den Menschen (nicht den Muslimen allein) und lasst ihnen die »Kraft des Guten« angedeihen oder, wie es im Koran heißt: »Das Gute tun, und das Schlechte verwehren«. Den Islam nicht als Ideologie, sondern als Lebensweise begreifen, nicht wie die meisten muslimischen Bewegungen, die leider das genaue Gegenteil propagieren und deshalb großen Anteil an den Fehlentwicklungen haben. Wir brauchen also wieder mehr Menschen, die Gutes tun, und keine Ideologen. Wir brauchen keinen Islam à la Lenin, sondern à la Ghandi.

Der Islam ist nicht exklusiv

Die Thora, das Evangelium, die humanistische Tradition und der Koran, sie alle sprechen von der Würde des Menschen – jedes Menschen –, die es zu achten und zu verteidigen gilt. Diese Unantastbarkeit der Würde des Menschen ist ein hohes Gut unserer freiheitlich-demokratischen Ordnung, deshalb ziert sie auch unsere Präambel im Grundgesetz. Werte der Demokratie, der Rechtstaatlichkeit, der Gerechtigkeit und Menschenrechte müssen stets aufs Neue erkämpft und verteidigt werden. Das Virus menschlicher Zerstörungswut müssen wir zurückdrängen, ob im Gewande des Rassismus, des religiösen Extremismus oder politischen Fundamentalismus. Und besonders wir Muslime haben ein vitales Interesse, dem religiösen Extremismus in den eigenen Reihen entgegenzutreten.

Was wir brauchen, sind Menschen, die Zuversicht, Barmherzigkeit, Solidarität und Nächstenliebe verbreiten und leben. Jene Nicht-Selbstgefälligen, die versuchen, der Welt ein wenig mehr Frieden zu geben. Gott, lass mich ein radikaler Gutmensch sein – ja, ich weiß, das ist der härteste Dschihad. Der hört sich nach Anstrengung an, nach richtiger Arbeit, gar nicht verlockend oder etwas für Naivlinge, Blauäugige oder Weicheier. Letzteres wird ja gerne von unseren Zynikern der Nation unterstellt. Aber ich glaube, die verstecken dahinter, wie die Extremisten, nur ihr erbärmliches Nichtstun und ihren Nichteinsatz für den Frieden, der im Kleinen, und zwar zu Hause, am Arbeitsplatz, am Marktplatz, in der Kirche, Synagoge oder Moschee oder im Deutschen Bundestag beginnt und sich entwickeln kann.

Der Islam ist für mich nicht exklusiv, sondern gehört allen Menschen und nicht dem Muslim alleine. Islam ist auf keinen Fall wie eine Automarke oder ein Abzeichen zu verstehen. Er ist auch keine Ethnie. Menschen tun Gutes. Wenn etwas Gutes getan wurde, ist für die Tat als solche unerheblich, ob es ein Muslim getan hat oder ein Nichtmuslim.

Wir sollten den Islam in unseren Herzen und Köpfen nicht mehr exklusiv verstehen, wir müssen das Wort Exklusivität durch das Wort Verantwortung ersetzen, und dann ist klar, was gemeint ist. Oder mit der koranischen Zuschreibung unseres Propheten und aller anderen Menschen, die sich dem Frieden widmen, dass sie »als Zeugen« für die Menschheit gelten. Das Subjekt meiner Arbeit (mein Gegenüber) muss ich lieben lernen, ansonsten findet meine Botschaft nicht sein Herz.

Diese Debatten müssen jetzt in unseren eigenen Reihen geführt werden, nicht in Abgrenzung zur Mehrheitsgesellschaft; ansonsten verkennen wir die Tragweite unserer Probleme. Wir müssen als »Zeugen« für diese, unsere einzige Gesellschaft einstehen, denn wir haben keine andere. Haben wir den Mut dazu?

Die Bereitschaft ist also keine akademische Übung, sondern eine Überlebensfrage für die Muslime in Deutschland, damit wir unsere inneren Fehleinschätzungen beseitigen, unsere emotionalen Brennpunkte neu definieren und unsere Reputation vor Gott, dem Schöpfer, neu erlangen können.

Auf diesem Weg werden natürlich immer wieder Fehler gemacht, denn der Mensch ist fehlbar und vergisst. Auf Arabisch heißt Mensch Inssan, das Verb dazu ist nassa und bedeutet vergessen. Demnach ist der Mensch ein Vergesslicher, ein Geschöpf der Vergesslichkeit. Gott weiß das, schließlich hat er uns erschaffen, und er übt Nachsicht. Er erinnert uns auf wundervolle Weise immer wieder daran. Wenn wir hinfallen, macht das also nichts, tragisch ist nur, wenn wir nicht wieder aufstehen und uns in unserem Menschsein vergessen.

Das Prinzip Barmherzigkeit: Glauben

»(…) die er liebt und die ihn lieben (…)

Allah ist allumfassend und allwissend« (5:54).

Was glauben Muslime? Grundsätze des Islam – ein Überblick

Alle reden über den Islam, kaum einer fragt die Muslime selber nach ihrer Religion. Und wer meint, das Wort Scharia aussprechen zu können, hält sich bereits für einen Experten. Dies beschreibt, ein wenig zugespitzt, die hektische Islamdebatte hierzulande. Passend und beinah entlarvend, was Johann Wolfgang von Goethe bereits zu Anfang des 19. Jahrhunderts in seinem »West-östlichen Divan« schrieb:

»Närrisch, daß jeder in seinem Falle Seine besondere Meinung preist! / Wenn Islam Gott ergeben heißt, / Im Islam leben und sterben wir alle.«

Der Islam – das bedeutet Frieden und freiwillige Hingabe an Gott – geht von der Einheit der Menschheit aus und betrachtet die Menschen als eine Gemeinschaft. Die Menschen sind Geschöpfe des einen Schöpfers und Kinder eines gemeinsamen Vaters und einer gemeinsamen Mutter, Adam und Eva. Er betrachtet sich nicht als eine besondere Gesellschaft mit Vorrechten unter den Menschen, sondern ist verpflichtet, Gerechtigkeit und Güte allen Menschen entgegenzubringen.

Gottes Barmherzigkeit

Jeder Mensch ist für seine Taten verantwortlich, für die er am Jüngsten Tag Rechenschaft ablegen muss und für die er letztendlich bestraft wird (Hölle) oder belohnt wird (Paradies). Dabei kann und soll der Gläubige stets auf Gottes Barmherzigkeit hoffen. Gott stellt seine Barmherzigkeit gegenüber seinen Geschöpfen im Koran als grenzenlos dar. In einem Ausspruch des Propheten spricht Gott:

»Meine Barmherzigkeit überwiegt meinen Zorn.« Barmherzigkeit ist im Übrigen die Eigenschaft Gottes, die im Koran die häufigste Erwähnung findet. Von 114 Suren des Korans beginnen 111 mit den Worten »Im Namen des Allerbarmers des Barmherzigen«.

Unser Bündnis mit Gott ist stets von der Hoffnung getragen, dass unsere Vergehen und Versäumnisse vom Barmherzigen vergeben werden. Gott sagte mittels seines Gesandten Mohammed: »O Mensch, wenn auch deine Missetaten bis zu den Wolken des Himmels reichten, und du mich um Vergebung bittest, so vergebe ich dir« (Hadith).

Eindringlich ruft Gott die Menschen im Koran auf: »Verliert nicht die Hoffnung auf Gottes Barmherzigkeit. Gewiss, Gott vergibt alle Sünden. Er ist ja der Allvergebende und Barmherzige« (39:53).

Toleranz und Achtung gegenüber Andersgläubigen

Der Islam bedeutet Frieden, und der Muslim ist angehalten, mit Gott, seinen Mitmenschen und sich selber in Frieden zu leben. Das tägliche »Salamu alaikum« (übersetzt »Friede sei über dir«) – der muslimische Friedensgruß – erzieht uns zu dieser Haltung.

Die Verschiedenartigkeit und bunte Vielfalt der Menschen ist übrigens ein Zeichen Gottes und von Gott gewollt: »Oh ihr Menschen, wir haben euch von einem männlichen und weiblichen Wesen erschaffen, und wir haben euch zu Verbänden und Stämmen gemacht, damit ihr einander kennenlernt. Der Angesehenste von euch bei Gott, das ist der Gottesfürchtigste von euch« (49:13). Das ist der Grund der Verschiedenheit der Menschen, damit sie einander kennenlernen.

Maßstab und Bewertung aller Menschen ist nicht ihre Volks- oder Rassenzugehörigkeit, sondern die Gottesfürchtigkeit, das heißt, die Tat und die Rechtschaffenheit eines Menschen machen ihn zu einem besseren oder schlechteren Menschen.

Der Islam garantiert die Freiheit der Religionsausübung, manifestiert in den Koranversen, »es gibt keinen Zwang im Glauben«

(2:256) und »euch eure Religion und mir meine Religion« (109:6). Daraus leitet der Zentralrat der Muslime in Deutschland in seiner im Jahr 2002 herausgegebenen »Islamischen Charta« ab: »Daher akzeptieren sie [die Muslime] auch das Recht, die Religion zu wechseln, eine andere oder gar keine Religion zu haben.«

Der Großteil der islamischen Gelehrten und der Muslime in Deutschland allemal ist sich darin einig, dass es keine Rivalität zwischen Koran und dem Grundgesetz gibt – man kann ein guter Muslim sein und (deshalb gerade) ein guter und loyaler Staatsbürger. Unmissverständlich heißt es an anderer Stelle in der Charta: »Das Gebot des islamischen Rechts, die jeweilige Rechtsordnung anzuerkennen, schließt die Anerkennung des deutschen Ehe-, Erb- und Prozessrechts ein.« Die Existenz verschiedener Religionsgemeinschaften wird im Koran nicht negiert: »Denn wenn Allah gewollt hätte, hätte er euch (Juden, Christen und Muslime) zu einer einzigen Gemeinschaft gemacht. Doch will er euch prüfen in dem, was er euch hat zukommen lassen. So eilt zu den guten Dingen um die Wette. Zu Gott werdet ihr allesamt zurückkehren, dann wird er euch kundtun, worüber ihr uneins waret.«

Als abrahamitische Religion und Träger göttlicher Offenbarungen, als »Leute der Schrift«, müssen Muslime Juden und Christen respektieren und anerkennen. Zudem spricht der Koran von allen Propheten und vor allem von Moses und Jesus mit großem Respekt. Jesus wird von den Muslimen als großartiger Prophet mit einer großartigen Mutter verehrt: »Und Wir haben Jesus, dem Sohn Marias, die deutlichen Zeichen zukommen lassen und ihn mit dem Geist der Heiligkeit gestärkt« (2:253).

Der Koran verpflichtet die Muslime, mit den Andersgläubigen den Dialog auf beste Art und Weise zu führen. »Und streitet mit ihnen auf die beste Art« (29:46). Hier ist »streiten« im Sinne von Streitkultur gemeint. Durch die Erlaubnis einer Tisch- und Ehegemeinschaft mit Christen und Juden wird den Muslimen die gesellschaftliche Teilhabe unbesehen der Reliogionszugehörigkeit ermöglicht.

Die Grundlage für einen zivilisierten Umgang miteinander ist uns durch unsere Religionen gegeben. Gerade bei den drei monotheistischen Weltreligionen überwiegen die Gemeinsamkeiten.

Das Gottesbild

Der Islam verkündet eine reine Form des Monotheismus. Gott ist der eine Gott; er ist unteilbar und hat niemanden neben sich. Er ist unvergleichlich, und nichts ist ihm auch nur ähnlich. Nichts geschieht ohne seinen Willen. Er ist der Erste, der Letzte, der Ewige, der Unendliche, der Allmächtige, der Allwissende. Er ist der Schöpfer und Erhalter aller Dinge. Er ist der Gerechte, der Allerbarmer, der Gnädige, der Liebende, der Gütige, der Erhabene, der Preiswürdige, der Wahrhaftige. Seine Eigenschaften und Namen sind in den 99 Namen im Koran beschrieben. Mit jedem Namen bekommt der Betende eine Ahnung vom allumfassenden göttlichen Wesen Allahs.

Einheit der Religionen

Der Islam betont den einheitlichen Ursprung aller monotheistischen Religionen. Nach seiner Lehre sind dem menschlichen Geist, trotz seiner großen Möglichkeiten, bestimmte Grenzen gesetzt, die er mit keiner Wissenschaft überschreiten kann. So liegt für den Menschen das sichere Wissen um die letzten Wahrheiten jenseits dieser Grenzen, und die einzige Quelle, die dem Menschen für die Erreichung dieses Wissens offen steht, ist die göttliche Offenbarung, die ihm von Anbeginn der Zeit zur Verfügung stand. Die Propheten des einen Gottes erschienen im Verlauf der Geschichte in jedem Land und bei jeder Gemeinschaft und überbrachten den Menschen die Weisungen Gottes. Die Menschheit wurde so auf die letzte und an die ganze Welt gerichtete Botschaft stufenweise vorbereitet. Diese letzte göttliche Offenbarung, die durch den letzten Propheten Mohammed überbracht wurde, berichtigt und ergänzt alle vorherigen Botschaften Gottes.

Diese letzte ist bis auf den heutigen Tag unverändert geblieben. Der Muslim glaubt an alle Propheten, von Adam über Abraham, Moses, Jesus bis hin zu Mohammed ohne Unterschied und verehrt sie alle. Die Muslime glauben an alle göttlichen Offenbarungen, von der Thora über die Psalmen und das Evangelium bis hin zum Koran, der letzten dieser Offenbarungen, die nach islamischer Auffassung unverfälscht geblieben ist und die all das enthält, was der Mensch zu einem gottgewollten Leben benötigt.

Einheit Lebensweg

Der Islam ist ein Lebensweg, der sich auf alle Bereiche des menschlichen Daseins erstreckt und der in grundsätzlicher Übereinstimmung mit der Natur, ihren Gesetzen und ihren Anforderungen steht. Der Islam ist das in die Praxis umgesetzte Wissen um die Existenz Gottes, die Wahrhaftigkeit Seiner Propheten, Seiner Bücher, Seiner Engel und des Lebens nach dem Tod. Ein Muslim ist derjenige, der die Gebote Gottes in allen Lebenssituationen befolgt, und die Gesellschaft ist die nach Wissen um den Willen Gottes strebende Gemeinschaft, in der jeder Einzelne direkt und ohne Vermittlung eines Priesters mit Gott in Verbindung steht.

Vernunft und Wissen als Pflicht

Der Islam betrachtet die Vernunft als ein Wesensmerkmal des Menschen und als Gabe Gottes. Sie ist der Grund für die Verantwortlichkeit des Menschen vor Gott und gleichzeitig sein Führer in allen Lebenssituationen. Weil der Islam der Vernunft einen so bedeutenden Platz einräumt, darf es für menschenverachtende Kulte und willkürlich verhängte Dogmen keinen Platz geben. Der Islam macht das Streben nach Wissen zur Pflicht eines jeden Muslim. Er geht sogar so weit, die wissenschaftliche Arbeit zum Gottesdienst (Dienst an Gott) zu erheben. In ständigem Appell fordert der Koran den Menschen dazu auf, die Natur zu erforschen, damit er die Existenz Gottes und seine Eigenschaften erkennt. Im Koran findet der Muslim die Grundlagen und Richtlinien für wissenschaftliches Forschen. Die einzige Einschränkung auf diesem Gebiet besteht darin, dass die Forschung selbst nie zum Ziel werden darf, sondern immer ein Mittel zum Erlangen menschlichen Fortschritts und zur Vervollkommnung der Moral bleiben muss.

Ziele des Islam

Der Islam befasst sich nicht nur mit dem ewigen Leben im Jenseits, sondern er richtet sein Augenmerk in gleichem Maße auf das diesseitige Leben. Sittliche Vollkommenheit, sozialer Fortschritt, wirtschaftliche Gerechtigkeit, zwischenmenschliche Liebe und Barmherzigkeit, politische Vernunft und Friede sind Ziele, die der Islam zur Erreichung wahren menschlichen Glücks in diesem Leben und im jenseitigen Leben zu verwirklichen sucht.

Pflichten des Muslim und die fünf Säulen des Islam

Zur ersten Säule im Islam gehört die **Shahada**, das Glaubensbekenntnis im Islam: »La ilaha illahl – lah wa muhammad al-rasullalllah« – übersetzt aus dem Arabischen: »Es gibt keinen Gott außer Allah, und Mohammed ist sein Gesandter.« Der Islam schreibt den Gläubigen das tägliche Gebet (**Salat**) vor. Dadurch wird neben der äußeren Reinigung durch Waschung auch die Reinigung der Seele erzielt. Die Vermögensabgabe (**Zakat**) ist nicht nur ein Faktor des sozialen Systems im Islam, sondern gleichzeitig ein Mittel zur seelischen Entlastung, denn sie soll allein aus dem Glauben an Gott gezahlt werden. Das vorgeschriebene Fasten (**Saum**) im Monat Ramadan gibt dem Gläubigen nicht nur ein Mittel zur Erlangung von Selbstbeherrschung, sondern erinnert ihn auch an die Herabsendung des heiligen Korans. Die Pilgerfahrt nach Mekka

(**Hadsch**) schließlich lässt den Gläubigen die Hinwendung an Gott, die Opferbereitschaft und die Geschwisterlichkeit der Muslime aus aller Welt spüren.

Diese Hauptpflichten, die dem Gläubigen vorgeschrieben sind, werden durch weitere Gebote und Verbote ergänzt, die dem Menschen den Weg zu einem glücklichen Leben in dieser Welt und einem gottnahen ewigen Leben im Jenseits weisen. Somit kann jede Arbeit des Menschen, all sein Tun im religiösen und im weltlichen Rahmen zum Gottesdienst werden, nämlich dann, wenn sie gemäß der prophetischen Tradition und mit der aufrichtigen Absicht gegenüber Gott durchgeführt wird.

Struktur und Stütze – die fünf Säulen des Islam

Für mich persönlich sind die fünf Säulen mit einem konkreten Bild verbunden. In meiner Heimatgemeinde in Aachen haben wir damals Führungen in der Moschee angeboten, etwa für Schulklassen, um über die Grundlagen des Islam zu informieren. Diese Tradition wird bis heute fortgesetzt. Der dortige Gebetsraum hat fünf Säulen, die das Gebäude tragen. An ihnen habe ich mich orientiert, wenn ich den Menschen von den tragenden Säulen unserer Religion erzählt habe. Denn diese Säulen stützen und strukturieren unseren Glauben jeden Tag und ein Leben lang in Form verschiedener Pflichten. Man spricht auch von den fünf Säulen des Gottesdienstes (im Unterschied zu den fünf Säulen des Glaubens), denn darin sind, wie bereits gesagt, die grundlegenden Pflichten festgelegt, die ein Muslim im Dienste Gottes zu verrichten hat.

Die fünf Säulen gehen zurück auf eine Erzählung des Propheten Mohammed. Er berichtet, ein Mann sei aus der Wüste gekommen, schwarz gekleidet und ohne jedes Staubkorn, was in der Wüste eigentlich unmöglich ist. Er sprach zum Propheten und seinen Gefährten von den fünf Säulen des Islam und von den sechs Glaubensartikeln, den wichtigsten Grundlagen unseres Glaubens. Er fragte ihn, und der Prophet antwortete: Der Fragende weiß die Antwort besser als ich.

Die Gefährten wunderten sich und fragten den Propheten, wer der Mann gewesen sei. Der Prophet sagte, es sei der Erzengel Gabriel in Gestalt eines Menschen gewesen.

Zu den fünf Säulen gibt es noch die sechs Glaubensartikel:

Glaube an den einen Gott, an seine Propheten, an die Bücher, an Engel, an den Jüngsten Tag und die Vorherbestimmung.

Es gibt nur einen Gott – die erste Säule: das Glaubensbekenntnis (Shahada)

»Ich bezeuge, dass es keinen Gott gibt außer Allah, und ich bezeuge, dass Mohammed sein Gesandter ist.«

Der Klang dieser Worte gehört zu den frühesten Erinnerungen jedes Muslim und begleitet ihn lebenslang. Manchmal werden sie dem Neugeborenen ins Ohr geflüstert und dem Sterbenden mitgegeben.

Die erste Säule des Islam ist dieses Glaubensbekenntnis, das Muslime zu unterschiedlichen Gegebenheiten und in vielen Variationen sprechen. Es besagt, dass es keinen Gott außer dem einen Gott gibt und dass der Prophet Mohammed sein Gesandter ist. Diesen unbedingten Glauben an den einen Gott im ersten Teil des Bekenntnisses hat der Islam mit den großen monotheistischen Religionen, dem Judentum und dem Christentum, gemeinsam. Im zweiten Teil des Bekenntnisses wird bezeugt, dass der Prophet Gesandter des einen Gottes ist. Dabei steht Mohammed am Ende einer Reihe von Propheten, die Gottes Botschaft verkündet haben. Der Islam bezieht sich ausdrücklich auf diese anderen Propheten wie Abraham oder Jesus, die Vorläufer Mohammeds. Sie alle eint die Überzeugung, dass es nur diesen einen Gott gibt, dass die Welt und das Leben endlich sind, dass es den Menschen aufgetragen ist, Gutes zu tun und Schlechtem zu wehren. Dass dies alles ihre ureigenste Aufgabe ist und dass wir alle eines Tages zu unserem Schöpfer zurückkehren und Rechenschaft ablegen werden.

Dieses Bekenntnis formuliert die Urfassung des Glaubens an den einen Gott und umfasst den Kern dessen, was es bedeutet, ein Muslim zu sein. Es wird zu vielen Anlässen rezitiert, ist Teil der täglichen Gebete und des Gebetsrufs am Freitag und zieht sich wie ein roter Faden durch alle religiösen Handlungen.

Während der Sitzhaltung im Gebet spricht der Betende Gebetstexte und schließt mit dem Glaubenbekenntnis, dabei hebt er leicht seinen Zeigefinger. Bekannt wurde zuletzt die Zeigefingerhaltung durch IS-Extremisten, die damit propagandistisch vor Kameras posierten. Abgesehen davon, dass dies keine typisch muslimische Pose ist, wurden damit, unter Zuhilfenahme der Massenmedien, einmal mehr muslimische Insignien gekapert, bedrohlich konnotiert und schließlich zweckentfremdet. Ein Phänomen, dem sich Muslime weltweit hilflos gegenübersehen und das von Extremisten verschiedenster Couleur mit fanatischer Inbrunst vorangetrieben wird. Unbedachte Aussagen über DEN Islam und die hier mehrfach skizzierte fehlende Trennschärfe zwischen Religion und Extremismus tun ihr Übriges, um Selbstverständliches, meist Intimes aus dem Verhältnis von Gott und Menschen, bedrohlich wirken lassen.

Zwiesprache mit Gott und Entschleunigung – die zweite Säule: das Gebet (Salat)

Der Islam durchdringt den Alltag des Muslim. Das Gebet ist daher für das Muslim-Sein von essenzieller Bedeutung, es ist in seiner Vielfalt – neben den fünf täglichen Pflichtgebeten gibt es eine Vielzahl anderer Gebete – der Dreh- und Angelpunkt für den Muslim, um seine Beziehung und Nähe zu seinem Schöpfer zu stärken. Dieser Einfluss der Religion auf den Alltag des Muslim lässt sich am besten an den vorgeschriebenen rituellen Gebetszeiten ablesen. Das fünfmalige tägliche Gebet zum Beispiel strukturiert beziehungsweise teilt den Tag in einer besonderen Weise auf.

Noch vor Sonnenaufgang soll ein Muslim sein Morgengebet verrichten, danach erfolgt ein Gebet zur Mittagszeit, am Nachmittag, nach Sonnenuntergang und zur Nachtzeit. Je nach Jahreszeit variieren die Zeiträume, in denen die Gebete verrichtet werden müssen. In den Herbst- und Wintertagen sind die Abstände zwischen den einzelnen Gebeten kürzer getaktet als im Sommer und Frühling. So steht ein Muslim fünfmal am Tag in Gedanken vor seinem Schöpfer, und mit jedem Gebet entschleunigt er den bisweilen hektischen und von Terminen bestimmten Tagesablauf, der dem modernen Menschen nur selten Raum für Spiritualität und Besinnung lässt. In Anlehnung an eine bekannte Werbung für einen Schokoriegel könnte man sagen, dass der Islam dem Menschen Folgendes empfiehlt: Have a break, perform a prayer!

Ob ich all die Verpflichtungen im Islam annehme, ist letztendlich meine freie Entscheidung. Es ist mir also freigestellt, ob ich das als meine religiöse Pflicht begreife oder nicht, denn der Mensch hat einen freien Willen. Für mich ist das fünfmalige tägliche Gebet eine Möglichkeit, mit Gott Zwiesprache zu halten, eine Möglichkeit, direkt nicht nur das Gespräch zu suchen, sondern auch meine

Beziehung zum Leben, zum Hiersein zu festigen. Wie vielleicht ein anderer mit autogenem Training eine kurze Pause einlegt, innehält in der Hektik des Alltags.

Gebet im Alltag: ein Stück Spiritualität

Für die Verrichtung des Gebets bedarf es nicht viel an Vorbereitung und Rahmenbedingungen. Der Muslim muss eine rituelle Waschung, vor allem des Gesichts, der Hände und Füße, vollziehen, sich danach einen sauberen, ruhigen Ort suchen und die Richtung nach Mekka bestimmen, da der Betende ja sein Gesicht gen Mekka wendet.

Im Koran heißt es im Vers 222 der 2. Sure: »Allah liebt die Reumütigen, und er liebt die, die sich rituell rein halten.« Aus diesem Grund ist Reinlichkeit ein hohes Gut für einen Muslim. Das vermag ich allerdings angesichts der schmutzigen Umwelt, die mich während meiner Besuche in der muslimischen Welt immer wieder erschreckt, kaum wiederzuerkennen.

Eine Verpflichtung, die täglichen Gebete in einer Moschee zu verrichten, besteht nicht. So ist es möglich, dass der Muslim am Arbeitsplatz seinen nur wenige Minuten in Anspruch nehmenden Gebeten ohne größeren Aufwand nachgehen kann. Die emotional aufgeladenen Auseinandersetzungen, die wir mancherorts in Deutschland über die Verrichtung des Gebets von Muslimen an ihrem Arbeitsplatz und anderswo gelegentlich erleben, sind angesichts des realen Sachverhalts kaum nachzuvollziehen. Sie haben viel mit der bisweilen bigotten Einstellung unserer Gesellschaft zur Sichtbarkeit der Religion im öffentlichen Raum zu tun. Aus diesem Grund fällt ein Muslim, der den Geboten seiner Religion im Alltag Folge leisten möchte, auf; denn sein Bezug zur Religion beschränkt sich nicht nur auf einen Tag in der Woche, etwa in Form des Sonntagsgottesdienstes, sondern strukturiert jeden Tag.

Je mehr wir dies, auch und gerade im Kontext der Muslime in Deutschland, als etwas Selbstverständliches und nicht etwas Bedrohliches wahrnehmen, desto unaufgeregter und gelassener wird unsere Gesellschaft. Deutschland kann und wird die Einheit der Verschiedenen besser leben können, wenn wir alle begreifen, dass Religionen und das Wissen um sie uns nicht einengen, sondern bereichern. Und ein Mehr an Spiritualität, ob es das Gebet am Flughafen vor Reisebeginn im Andachtsraum oder das mit dem autogenen Training vergleichbare fünfminütige Mittagsgebet in der Mittagspause am Arbeitsplatz ist, hat einer Gesellschaft noch nie geschadet.

Diese Strukturierung ist übrigens auch im Christentum über Jahrhunderte in Gestalt des Stundengebets selbstverständlich gewesen. Die Pflicht zum Gebet bezog sich auf die Apostelforderung »Betet ohne Unterlass!«. Das Zweite Vatikanische Konzil bezeichnete das Stundengebet als »Heiligung des Tages«. Heute wird es nur noch in klösterlichen Gemeinschaften gepflegt.

Der Islam schreibt dem Gläubigen also das Pflichtgebet zu fünf bestimmten Tageszeiten vor. Alle Gebete bestehen aus einer bestimmten Anzahl von Gebetsabschnitten, in der Regel in arabischer Sprache – stehend oder kniend. Sowohl Inhalt des Gebets als auch seine äußere Formen beschreiben ein Bild des »Gott-ergeben-Seins«. Im Islam ist der Muslim jener, der sich seinem Schöpfer »hingibt«, indem er mit Gott, mit seinen Mitmenschen und mit sich selber in Frieden zu leben trachtet.

Die Anzahl der Abschnitte (rak'a) in jedem Gebet sind unterschiedlich, je nachdem, ob es sich um das Morgen-, Mittag-, Nachmittag-, Abend- oder Nachtgebet handelt. Das Morgengebet hat zwei Gebetszyklen, das Mittaggebet vier, das Nachmittaggebet ebenfalls vier, das Abendgebet drei und das Nachtgebet schließlich wieder vier. Nachdem die rituelle Reinigung erledigt ist und gegebenenfalls der Gebetsruf erklang, spricht der Betende auf Arabisch auswendig gelernte Koranabschnitte. Dabei können verschiedene Haltungen eingenommen werden. Sie drücken Demut aus und zeigen, dass man eine Botschaft empfängt. Man beginnt, indem man die Hände hinter die Ohren legt. Das Gebet wird abgeschlossen mit einer Verabschiedung zur rechten und zur linken Seite.

Das Gebet dauert etwa fünf bis zehn Minuten. Fünfmal am Tag suchen wir diese Begegnung mit Gott. Das Morgengebet also kurz vor Sonnenaufgang, das Mittaggebet, wenn die Sonne ihren Höchststand erreicht hat, das Nachmittaggebet zwei Stunden vor dem Sonnenuntergang, das Abendgebet direkt nach dem Sonnenuntergang, zwei Stunden später das Nachtgebet. Früher mussten die Muslime den Sonnenstand immer wieder neu bestimmen, heute können wir auf Computerprogramme zurückgreifen, die Gebetszeiten exakt ausrechnen. Es gibt auch gedruckte Gebetspläne, extra programmierte Wecker und Armbanduhren. Besucht man eine Moschee oder ein muslimisches Wohnhaus, so hängt eine Gebetstafel außen, mit den genauen Zeiten.

Selbstverständliche Begegnung mit Gott

Es gibt immer die Möglichkeit, die Zeitspannen zu verändern oder Gebete zusammenzufassen, wenn es die Umstände nicht anders zulassen. Wie so oft im Islam sind die Regeln immer auch Ausnahmen unterworfen beziehungsweise orientieren sich am Leben. Es kann ja sein, dass man unterwegs keine Möglichkeit hat, das Gebet zu verrichten. Dann kann man es verkürzt zusammenfassen, kann es nachholen, kann es im Sitzen oder im Liegen (etwa bei Krankheit) verrichten. Wenn ältere Menschen oder jemand nach einem Unfall die Waschung nicht vornehmen kann, braucht es nur eine Berührung.

Für alle Regeln gibt es Vereinfachungen, Erleichterungen. So heißt es im Koran: »Allah will für euch Erleichterung; Er will für euch nicht Erschwernis« (2:185). Für mich persönlich ist sowohl das Gebet als auch der Ramadan eine wunderbare Möglichkeit, innezuhalten, den Alltag nicht zu vergessen, aber ihn zumindest ein Stück weit wegzurücken und mich nur auf das Seelisch-Spirituelle zu konzentrieren, daraus Kraft zu schöpfen, um danach wieder meinen Verpflichtungen nachzugehen.

Zum Gebet finden sich viele Begebenheiten in der Geschichte des Propheten, wo er nicht nur verkürzt oder zusammengefasst hat, sondern tatsächlich auch nachgeholt, und zwar weil er in Bedrängnis war, weil sich eine Notsituation ergeben hat. Ich möchte in diesem Zusammenhang nochmals betonen: Der Islam hat mit seinen Regeln den Menschen kein starres Korsett auferlegt, sondern orientiert sich immer am Leben. Man nehme das Beispiel eines Arztes, der operiert, und diese Operationen dauern manchmal Stunden. Es wäre lebensgefährlich für den Patienten, würde der Arzt den Operationstisch verlassen, um zu beten. Hier steht die Verpflichtung, Leben zu schützen oder zu retten, stets weit über der Verpflichtung, die Zeiten des Gebets einzuhalten. Die Unversehrtheit oder die Behandlung oder die Heilung sind mindestens genauso wichtige oder noch wichtigere Verpflichtungen und Glaubensgrundsätze, und sie stellen auch einen Gottesdienst dar, genauso wie das Gebet selbst. In solchen Situationen gilt immer, dass die notwendige Handlung uneingeschränkt Vorrang hat. Und das kann bedeuten beziehungsweise muss dann heißen: erst der Abschluss der Operation und dann das Gebet.

Der Islam reduziert den Gottesdienst nicht nur auf die Handlungen in der Moschee oder auf das Gebet im Speziellen. Die tägliche Arbeit (Beruf), das Streben nach Wissen (Schule und Studium) betrachtet er als Gottesdienst, der Dienst an der Familie und die Liebe des Mannes zu seiner Frau oder die der Frau zu ihrem Mann ist im Islam Gottesdienst (Ibada), ja, selbst die Freuden des Beischlafs finden sein ausdrückliches Wohlgefallen.

Das Gebet erinnert den Muslim an das ewige Leben im Jenseits. Doch dieses Gottesdienst-Verständnis richtet sein Augenmerk in gleichem Maße auf das diesseitige, das weltliche Leben. Sittliche Vollkommenheit, sozialer Fortschritt, wirtschaftliche Gerechtigkeit, zwischenmenschliche Liebe und Barmherzigkeit, politische Vernunft und Friede sind Ziele, die der Islam zur Erreichung wahren menschlichen Glücks in diesem Leben und im jenseitigen Leben zu verwirklichen sucht.

Maßstab und Grundlage der Bewertung für jeden Menschen sind demnach nicht Volks- oder Ethniezugehörigkeit, sondern die Gottesfürchtigkeit, das heißt, die Tat und die Rechtschaffenheit machen ihn zu einem besseren oder schlechteren Menschen.

Das Gebet und alle die damit verbundenen religiösen Dienstleistungen als ein wichtiger Teil der religiösen Betreuung leisten die muslimischen Religionsgemeinschaften mit ihren fast 2500 Moscheen in Deutschland Tag für Tag – und zwar seit vielen Jahrzehnten. Eigenfinanziert, ohne einen Cent aus öffentlicher Hand und meistens ehrenamtlich. Man könnte meinen, dass diese Aktivitäten im Stillen abliefen, weil sich ein Großteil der Öffentlichkeit dafür kaum interessiert. Doch sie bilden wie das dort angebotene fünfmalige tägliche Gebet den Humus islamischen Lebens in Deutschland.

Nicht jener hat den Glauben richtig verstanden, der buchstabengetreue Befolgung, starre Abfolgen von Bewegungen und Zeiten fordert. Letztendlich geht es um das Gespräch mit Gott; wenn man so will, um das tägliche Telefonat mit Gott. So wie ich versuche, das Gespräch mit meiner Frau, mit meiner Familie nicht abreißen zu lassen, so gilt das auch für das Gespräch mit meinem Schöpfer. Das Gespräch mit jenem Alleswissenden, der Ende und Anfang meines Lebens kennt, der mir, wie es in einem Ausspruch des Propheten heißt, näher ist als meine eigene Halsschlagader, der das Vorangegangene kennt und das, was in der Zukunft kommt, und dem ich als Schöpfer dankbar bin, den ich um Rechtleitung, also um den rechten Weg, bitte in diesem Gebet und um sein Wohlgefallen.

Das Gebet ist auch eine Art soziale Einrichtung. Muslime verabreden sich öfters zu einem bestimmten Zeitpunkt rund um die Gebetszeiten. Sie nutzen es als eine Möglichkeit, zusammenzukommen und Schulter an Schulter Richtung Mekka zu beten, um anschließend noch ein wenig über die Familie oder persönliche Anliegen zu sprechen. Die Ebene Mensch – Mensch wird im Islam genauso wichtig genommen wie die Ebene Mensch – Gott. Die Transzendenz ist ein ebenso wichtiger Faktor wie der profane Bezug von Mensch zu Mensch.

Die Richtung nach Mekka (qibla) einzuhalten, ist mit unseren technischen Möglichkeiten relativ einfach. Wir bedienen uns des Kompasses, der heute fast in jedem Smartphone integriert ist. Da ich weiß, dass von Mekka aus Deutschland Südsüdost liegt, kann ich überall schnell ermitteln, in welche Richtung ich mich zum Gebet wende. Moscheen werden so gebaut, dass eine Wand oder Nische Richtung Mekka weist.

Um den muslimischen Flüchtligen, die zeitweilig in Zelten untergebracht sind, bei der Bestimmung zu helfen, hat man, so berichtete mir kürzlich der Präsident des Technischen Hilfswerks, in Flüchtlingszentren die Gebetsrichtung mit einem Pfeil markiert.

Eine interessante Frage ist, wie die Menschen diese Richtungsbestimmung früher gelöst haben. Hier begegnen wir in der Geschichte islamischer Gesellschaften einem wichtigen Motiv zu forschen. Die Religion wurde zum Motor, nicht zum Verhinderer, von Denken und Wissenschaft. Auf diesen Aspekt gehe ich an anderer Stelle ein.

Der Betende wendet sich also Richtung Mekka. Dies tut er vorzugsweise in der Moschee, aber genauso am Arbeitsplatz, unterwegs oder zu Hause. Entscheidend ist, dass die Gebetsrichtung eingehalten wird, dass der Platz trocken und sauber ist. In der Regel nutzen Muslime daher einen Gebetsteppich. Die ersten Anfragen von Flüchtlingen, die bei uns ankommen, sind die nach einem Koran und einem Teppich. Die Teppiche sind in der Regel mit Motiven verziert, die man aus der Moschee kennt, also etwa die Moschee von Mekka oder die Blaue Moschee in Istanbul, manche Teppiche haben auch einen eingebauten Kompass.

Wir unterscheiden drei Formen des Gebets: das fünfmal täglich zu absolvierende Pflichtgebet, außerdem freiwillige Gebete, die in gleicher Form wie die Pflichtgebete erfolgen, und zum Dritten die sogenannten Bittgebete.

In einem Ausspruch des Propheten heißt es: »Das vorzüglichste Gebet nach den Pflichtgebeten ist das freiwillige Gebet, das in der Nacht verrichtet wird.«

Die Bittgebete sind sehr direkt bezogen auf das, was den Gläubigen gerade beschäftigt, eine Krankheit, eine schwierige Arbeit, eine bevorstehende Prüfung. Etwas also, wofür er um den Beistand Gottes bittet – wie es Menschen in allen Religionen tun. Diese Bittgebete können auch in der jeweiligen Sprache gesprochen werden –

im Unterschied zu den Pflichtgebeten, die auf Arabisch gesprochene Verse aus dem Koran sind. Aber natürlich versteht Gott jede Sprache. Ein Bittgebet kann jederzeit und an jedem Ort, auch ohne jede Vorbereitung, gesprochen werden.

Außerdem gibt es zum Beispiel Festgebete oder Beerdigungsgebete.

Die Tatsache, dass wir fünfmal am Tag beten, haben wir übrigens dem Propheten zu verdanken, der sich auf seiner Himmelsreise von Mekka nach Jerusalem dem Gebot Gottes ausgesetzt sah, der ihm pro Tag fünfzig Gebete zur Pflicht machte. Als er auf dem Rückweg an Moses vorbeikam, schickte dieser ihn zurück mit den Worten: »Das Gebet ist eine schwere Last, und dein Volk ist schwach. Bitte deinen Herrn um Erleichterung.« Und er schickte ihn noch einmal und noch einmal, so oft zurück, bis der Allbarmherzige die Anzahl der Gebete auf fünf verringert hatte. Als Moses ihn ein weiteres Mal zurückschicken wollte, schämte sich Mohammed, die Bitte nochmals vorzutragen, und versprach dafür: »Jedem von euch, der diese fünf Gebete gläubig und ergeben verrichtet, werden sie wie fünfzig Gebete vergolten werden.«

Dass wir beim Pflichtgebet Verse aus dem Koran zitieren, und zwar allesamt auf Arabisch, hat zur Folge, dass tatsächlich jeder Muslim, der seinen Glauben praktiziert, Teile des Koran auswendig kann. So ist die arabische Sprache allgegenwärtig in der muslimischen Welt, unabhängig vom jeweiligen Land und unabhängig von der jeweiligen Herkunft der Betenden. Das Studium der arabischen Sprache, aber auch das Studium des Koran ist daher ein wichtiger Bestandteil für die Bildung der Heranwachsenden.

Welche Verse aus dem Koran ich im Gebet zitiere, ist mir freigestellt. Man weiß zwar, dass der Prophet zum Abendgebet gerne diese oder jene Sure rezitierte, aber das ist in keinster Weise eine Verpflichtung. Jeder Betende hat die Freiheit, selbst zu entscheiden, mit welchen Versen er beten möchte.

Zusätzlich zu den täglichen rituellen Gebeten ist ein Muslim dazu aufgerufen, weitere Pflichtgebete zu verrichten. Das wöchentliche, gemeinschaftliche Gebet am Freitag ist für einen Muslim von großer Bedeutung. Im Koran ist im 9. Vers der 62. Sure, Al-Dschumuah – dies ist auch das arabische Wort für Freitag – zu lesen:

»Ihr, die ihr die Religion verinnerlicht habt, wenn zum Freitagsgebet gerufen wird, dann eilt zum Gedenken Allahs und stellt den Geschäftsbetrieb ein. Das ist besser für euch, wenn ihr es nur wüsstet.«

Das Freitagsgebet beginnt mit einer Predigt, besteht aus zwei Gebetseinheiten und wird zur Zeit des täglichen Mittagsgebets in einer Gemeinschaft verrichtet.

Ein Muslim ist zum Freitagsgebet verpflichtet, wenn er männlich, zurechnungsfähig und geschlechtsreif ist, sich nicht auf einer Reise befindet und die Möglichkeit hat, in eine Moschee zu kommen. Frauen, Kinder, Reisende, Kranke und Pflegekräfte, die ihre Patienten nicht allein lassen können, sind von der Pflicht zum Freitagsgebet ausgenommen. Auch bei einer akuten Gefahr und schlechten Wetterverhältnissen besteht diese Verpflichtung nicht.

Das Freitagsgebet ist mit dem Sonntagsgottesdienst der christlichen Kirchen zu vergleichen, der Freitag ist also der Sonntag der Muslime.

Das muslimische Freitagsgebet ist in letzter Zeit durch die Demonstrationen im Kontext des sogenannten Arabischen Frühlings stärker ins Bewusstsein auch von Nichtmuslimen getreten. So wie auch das Gebet oft für die Verabredung eines Treffens zu einem bestimmten Zeitpunkt genutzt wird, kann das Freitagsgebet – da ohnehin viele Menschen an einem bestimmten Ort sind – hierzu dienen: etwa als Möglichkeit, eine anschließende Demonstration zu koordinieren.

Der Schöpfer empfiehlt dem Menschen mittels des Gebetes sich eine Auszeit für die notwendige Entschleunigung zu nehmen. Dies ist in einer materialistischen Welt, in der das Motto »Zeit ist Geld« vorherrscht, umso bedeutsamer. Und legt die Überlieferung des Propheten dem Menschen nicht auch nahe, die wirklich wichtigen Dinge im Leben, die das Herz mit Ruhe und Zufriedenheit erfüllen, nicht zu vernachlässigen?

Das gilt für jeden von uns. Der Friedenspreisträger und Muslim Navid Kermani bat in der Paulskirche im Herbst 2015 zum Gebet – die Religiösen, egal welchen Glaubens, und die Nichtreligiösen: »Was sind denn Gebete anderes als Wünsche, die an Gott gerichtet sind? Ich glaube an Wünsche und dass sie mit oder ohne Gott in unserer Welt wirken.«

Solidarität mit den Bedürftigen – die dritte Säule: die Pflichtabgabe (Zakat)

Der Prophet mahnt die Gläubigen in eindeutigen Worten zu tätiger Mitmenschlichkeit: »Derjenige, der satt schläft, aber weiß, dass sein Nachbar hungert, der glaubt nicht an meine Botschaft.«

Im Islam ist die Spende für soziale Dienste institutionalisiert, in Form einer Pflichtabgabe, Zakat, die jeder volljährige Muslim, der etwas Erspartes hat, jährlich entrichten muss. Und zwar in einer Höhe von 2 bis 2,5 Prozent seines Vermögens, wobei Ländereien und Immobilien auch einbezogen werden in die Berechnung. Wer aus dieser Pflichtabgabe unterstützt wird, ob Muslim oder nicht, ob in Notlagen vor Ort oder global, ist nicht vorgeschrieben, entscheidend ist, das jemand bedürftig ist.

Bei der Pflichtabgabe handelt es sich um einen wichtigen Bestandteil des Islam. Es ist ein Dienst an Gott und ein Dienst an den Menschen. Hier werden die beiden Sphären, die den Islam prägen, deutlich: Es geht immer um die Beziehung Gott – Mensch und Mensch – Mensch. Zakat hat also gleichsam eine religiöse, eine gottesdienstliche und eine soziale Dimension.

Hinzu kommt der Aspekt, dass der Islam zwar Eigentum kennt und der Muslim sich auch anstrengen und sein Eigentum vermehren, dies aber als Gabe Gottes betrachten soll. Es wird dabei aber auch akzeptiert, dass der, der sich mehr anstrengt, auch wohlhabender sein darf. Gleichzeitig soll Geld nicht angehäuft werden, sondern im Umlauf bleiben, also nicht akkumuliert werden. So kennt der Islam Handel, aber keinen Zins.

Islam und Wirtschaft

Das kapitalistische System, so wie wir es bisher kennen, hat Menschen reich gemacht und viele auch arm. Täuschen wir uns nicht: Es ist keine reine Erfolgsstory. Der Kapitalismus hat auch – um mit unserem Ex-Bundespräsidenten zu sprechen – eine »eigene Geschichte des Scheiterns«. Horst Köhler war jahrelang Direktor des Internationalen Währungsfonds und hat schon im Jahr 2000 vor dem wachsenden Risiko einer Systemkrise gewarnt. Mit wenig Erfolg.

Natürlich frage ich mich als religiöser Mensch, ob diese Systemkrise ihren Ursprung in hemmungsloser Gier nach Gewinn und Profit hat. Natürlich frage ich mich als Muslim, ob die Jagd nach Zins und Zinseszins die Finanzakteure blind gemacht hat. Evangelische Theologen, katholische Bischöfe, viele Menschen des Glaubens haben sich zu Recht in die Debatte eingemischt.

»Eigentum verpflichtet. Sein Gebrauch soll zugleich dem Wohle der Allgemeinheit dienen.« So heißt es in Artikel 14, Absatz 2 des deutschen Grundgesetzes. Gibt es einen Widerspruch zu den Grundüberzeugungen des Islam? Nein! Der Islam kennt Eigentum, und er spornt die Menschen an, nach Eigentum und Wohlstand ebenso zu streben, wie er die Menschen zur Gemeinnützigkeit auffordert. Hier hat die Zakat eine wichtige Funktion. Es wird immer Menschen geben, die mehr als andere besitzen. Fleiß und Mühe dürfen sich bereits im Diesseits bezahlt machen. Doch es muss der eigenen Arbeit Lohn sein.

Im Koran heißt es unmissverständlich: »Gott hat den Handel erlaubt und das Zinsnehmen verboten« (2:275).

Der Handel als solcher ist etwas, das aktive Arbeit voraussetzt, das den Wohlstand fördert, das Menschen und Völkern in vielerlei Hinsicht nutzt und sie zusammenkommen lässt. Der Islam lehnt jede Art von Zinsgeschäften kategorisch ab. Der Islam lehnt auch jede Art von Glücksspiel ab. Es war die Kombination von Zinsgeschäften mit einer besonderen Art von »Glücksspiel« – den hochspekulativen Hedgefonds –, die den Zockern an den Börsen die Sinne vernebelt und die Krise mit ausgelöst haben.

Alle drei abrahamitischen Religionen verbieten oder haben es zumindest verboten, Geld gegen Zins zu verleihen. Im Dritten Buch Mose heißt es: »Und du sollst nicht Zinsen von ihm nehmen noch Aufschlag [...]« (25:35–37).

Es gibt in der vom westlichen Kapitalismus geprägten Finanzwelt kein Zinsverbot mehr. Theologische Bedenken wurden schon vor langer Zeit abgelegt. Der Zins wirkt heute wie Backpulver im Kuchenteig, er gilt als notwendiger Katalysator, um profitable Geschäfte zu tätigen. Viele Muslime sind aber bei der kompromisslosen Ablehnung der Zinsen geblieben.

Wären es nur die Zinsen, wonach die Finanzjongleure weltweit gestrebt haben, das Wehklagen wäre deutlich leiser. Gier macht offenbar erfinderisch. Denn nicht nur der verzinsliche Geldverleih hatte vor der Krise ungeahnte Höhen erreicht. Es wurde mit Schulden gehandelt.

Wir wissen heute, dass viele Menschen weit über ihre Verhältnisse gelebt haben. Der Zins hat dazu entscheidend beigetragen. Der Zins stärkt das Recht des Stärkeren, weil er die Schuldner in eine Zwangslage bringen kann, aus der es oft kein Entrinnen gibt. Eine auf Zins basierende Geldwirtschaft kann in verantwortungsloses Wirtschaften abdriften. »Freiheit ist ein Gut, das stark macht. Aber es darf nicht zum Recht des Stärkeren werden«, sagte der Ex-Bundespräsident passend dazu.

Das Risiko des Geldverleihers ist vergleichsweise gering. Die Lasten der gigantischen Zockermanie müssen nun die Wirtschaft und die Allgemeinheit tragen. Das geltende System mag für die Banken sehr komfortabel sein. Im Sinne der Allgemeinheit ist es nicht. Lange Jahre sind die Gewinne der Banken und Spekulanten privatisiert worden. Die Verluste aber, die Negativergebnisse hemmungsloser Geldgier, die werden der Allgemeinheit aufgebrummt. Rein rechnerisch können wir die Zeche aber nicht zurückzahlen, es sei denn, ein Wunder geschieht.

Der Bund Deutscher Steuerzahler legt Zahlen vor, die dies verdeutlichen: Aus meiner Sicht spricht sehr viel dafür, dass Juden,
Christen und Muslime in solchen schweren Krisen ihre heiligen
Texte zur Hand nehmen und die ethische Legitimität der Finanzjongleure hinterfragen. Die Jünger des grenzenlosen Kapitalismus
haben die Welt an den Rand des wirtschaftlichen Abgrunds gebracht. Gläubige aller Konfessionen müssen religionsübergreifend
auf die Verwerflichkeit dieses Handelns hinweisen und gemeinsam
für ethische Standards im Geldgeschäft eintreten, die allen Menschen nutzen – und nicht einigen Finanzhaien.

Glück im Verzicht – die vierte Säule: Ramadan

Wenn der heilige Fastenmonat der Muslime, Ramadan, vor der Tür steht, begrüßen ihn die Muslime wie einen guten Freund und hoffen, sich in dieser Zeit intensiver als sonst mit dem Studium des Koran und mit Gebeten – wie beispielsweise das Tarawih-Gebet am Abend in der Moschee – beschäftigen zu können. In diesen Tagen sind deshalb auch die Moscheen voller als sonst, besonders spätabends bis weit in die Nacht hinein, wo man in der Gemeinschaft und mit den Familien das Mahl zum Fastenbrechen einnimmt.

Das Fasten ist die vierte der fünf tragenden Säulen des Islam und gehört zu den innigsten Gottesdiensten, wo besonders die Beziehung des Menschen zu seinem Schöpfer zum Vorschein kommt.

In einem Ausspruch des Propheten lässt Gott sagen: »Er, (also der Fastende) lässt ab vom Essen und Trinken und von seinen Begierden um meinetwillen. Das Fasten ist für mich, und ich gewähre die Belohnung dafür. Und die gute Tat wird zehnfach belohnt« (Hadith).

Wer fastet, verzichtet also auf Essen und Trinken (auch Rauchen) und Geschlechtsverkehr von Sonnenaufgang bis zum Sonnenuntergang. In der übrigen Zeit werden zwei Mahlzeiten eingenommen, einmal zum Abend und einmal ganz in der Frühe. Ausgenommen von der Verpflichtung des Fastens sind Kranke, Kinder, Schwangere, Wöchnerinnen, Menstruierende und Reisende.

Ich erinnere mich an meinen ersten Ramadan in Syrien im Hochsommer bei 40 Grad. Meine Eltern wollten, dass ich als Achtjähriger mit dem Fasten noch wartete, doch ich war ungeduldig und wollte es unbedingt den Erwachsenen beweisen. So lernte ich zunächst spielend. Natürlich schlich ich mich manchmal in die Küche und stibitzte Leckereien aus dem Kühlschrank, wenn das Fasten schwer fiel. Meine Mutter tat, als bemerke sie nichts. Als ich es dann am Abend geschafft hatte, war ich sehr stolz, wenn die Familie mir gratulierte.

Die heilige Zeit

Gott hat in seiner Schöpfung verschiedene Dinge ausgezeichnet, so auch den heiligen Monat Ramadan, der unter den anderen Monaten eine vorrangige Stellung einnimmt: Im Ramadan nahm der Islam seinen Anfang. Darin gibt es die besondere heilige Nacht, die sogenannte Nacht der Bestimmung, die ertragreicher als 1000 Monate ist; es ist der Monat, in dem der Koran zum ersten Mal dem Propheten Mohammed offenbart wurde, und es ist eine heilige Zeit, wenn oft in der islamischen Geschichte entscheidende Dinge passierten.

Die wenigsten wissen aber, und nicht selten vergessen es auch Muslime: In diesem Monat geht es gar nicht so sehr darum, auf Essen und Trinken zu verzichten und einen Monat lang während des Tages zu hungern und am Abend dann im wahrsten Sinne des Wortes »reinzuhauen«. Abgesehen davon, dass diese Pseudo-Diät gesundheitsschädlich ist – leider kommen immer wieder diese unislamischen Gelage vor –, entspricht dies überhaupt nicht dem tieferen Sinn des Ramadan.

Die Fastende (oder der Fastende, im Folgenden spreche ich von den Fastenden und meine damit stellvertretend beide Geschlechter) leistet diesen Verzicht auf Essen und Trinken ausschließlich wegen ihrer Gottesfürchtigkeit und dem Verlangen nach Barmherzigkeit des einen Gottes, des Allbarmherzigen, des Allverzeihenden. Das Gebot, sich in Verzicht zu üben, ist allen Religionen gleich, und der Prophet Mohammed folgte damit der Tradition seiner prophetischen Vorfahren, angefangen von Abraham über Moses, David, Jesus, um nur einige exemplarisch zu nennen. Und so heißt es im

Koran: »Ihr, die ihr glaubt, euch ist das Fasten vorgeschrieben, wie es denen vorgeschrieben war, die vor euch waren, damit ihr vielleicht gottesfürchtig werdet« (2:183).

Indem die Muslime freiwillig auf erlaubte Dinge für eine begrenzte Zeit verzichten, trainieren sie sich in Disziplin, körperlicher Selbstbeherrschung und üben sich in Mäßigung und gesunder Zurückhaltung vor allem Übermaß. So geraten sie beispielsweise dadurch viel weniger in die Versuchung, Suchtmittel, wie Alkohol, Drogen oder andere abhängig machende und den Geist benebelnde Stoffe, zu konsumieren. Das richtige Praktizieren der Religion kann also auch zur Verbesserung der Gesundheit und zum Wohlergehen unserer Gesellschaft beitragen. Insofern entpuppt sich die bisweilen von Unkenntnis und auch Vorurteilen gekennzeichnete Zurückweisung alles Religiösen im Islam oft als sehr kurzsichtig.

Und solange keiner beispielsweise in diesem Zusammenhang die Frage stellt, wie viel mehr Alkoholtote und Verletzte wir im Straßenverkehr und anderswo hätten, wenn unsere muslimischen Bürger sich nicht mehr wie bisher an der ihnen von der Religion gebotenen Enthaltsamkeit (wie das strikte Alkohol- und Drogenverbot) orientieren, bleibt die Debatte religionsfeindlich und unehrlich; vom zu erwartenden volkswirtschaftlichen Schaden und den Auswirkungen auf das Kostenniveau unserer Kranken- und Haftpflichtversicherungen ganz zu schweigen.

Aber zurück zu den Fastenden: Sie versetzen sich während des Fastens auch in die Situation eines Hungernden, eines Armen, und erlernen so immer wieder den Respekt, die Dankbarkeit und die Demut vor den Gaben Gottes, die vielen Menschen in dieser Welt kaum beschieden sind. Übrigens, während des Fastens gehen die Muslime weiter ihren Tagesverpflichtungen nach, ob in der Familie, im Beruf oder während des Studiums und in der Schule. Sie versuchen, sich noch mehr anzustrengen als bisher, und angelehnt an das Vorbild des Propheten wetteifern sie in guten Taten, wie dem Spenden für Arme oder der Hilfe für Kranke und Bedürftige.

Das alles bedeutet erhöhte körperliche Anstrengung. Eine Anstrengung, die aber bisweilen entscheidende Voraussetzung ist, um den spirituellen Zustand zu erreichen, dessen die Gläubigen im Sinne einer seelischen Reinigung in Abständen bedürfen, so wie der Organismus die Luft zum Atmen und die Nahrung zum Überleben.

Denn während der fastende Körper »auf Entzug« ist, gelangt seine Seele in den Zustand erhöhter geistiger Wachsamkeit. Diese in allen Kulturen und Religionen bekannte existenzielle Erfahrung macht den Geist erst empfänglich für die so dringende »geistige Entschlackung« und Reinigung.

Bei der Lesung des Koran, den Gottesdiensten und Bittgebeten und im Besonderen beim freiwilligen Rückzug in die Moschee während der letzten zehn Tage, so wie es die prophetische Tradition des sogenannten Iktikaf (arabisch für sich zurückziehen) vorlebte, wirft die Seele Ballast ab, der sich im Verlauf eines Jahres aufgetürmt hat. Wenn man im Ramadan also fastet, hat das die körperliche und auch die seelische Erneuerung zur Folge. Bei den Muslimen ist dann die Freude auf das anschließende Ramadanfest, wo man all den schönen Dingen wieder normal nachgehen kann, umso größer und intensiver.

Die Verzichtsübung, die temporäre Enthaltsamkeit gegenüber erlaubten Dingen, macht vor allem eine Übung wesentlich einfacher. Es wird viel leichter, vom Verbotenen, von Drogen, von Übermaß und Übertreibung Abstand zu halten. Aber nicht allein vor diesen Verfehlungen wird gewarnt, wie ein Prophetenwort drastisch beschreibt: »Wer nicht auf Lügen in Wort und Tat verzichten will, von dem verlangt Gott nicht, dass er auf Speise und Trank verzichtet.« Oder: »Wenn sich jemand nicht der Falschheit in Wort und Tat enthält, dann liegt Allah nichts daran, dass er sich des Essens und Trinkens enthält« (Hadith).

Es geht also nur vordergründig im Ramadan um den Verzicht auf Essen und Trinken. Eigentlich geht es mehr darum, unsere Begierden zu mäßigen, unser Fehlverhalten abzustellen. Kurz: Abstand zu nehmen von Übermaß und Übertreibung, um die Balance von Körper und Seele im Gleichgewicht zu halten.

Ein guter Freund und religiöse Heimat

Wie einen guten Freund begrüßen also Muslime den Fastenmonat Ramadan. Es ist ein Freund, der zum Innehalten anregt, zum Studium des Koran, zur Betrachtung unserer spirituellen Quellen, unserer religiösen Heimat. Es ist eine Zeit der körperlichen Entbehrung und der geistigen Erneuerung, der inneren Einkehr und der Gemeinschaft. Im Ramadan sind die Moscheen voller als gewöhnlich. Im Ramadan rücken Familien und Freunde enger zusammen, ist die Gemeinschaft der Gläubigen spürbarer als sonst. Das Fasten im Ramadan ist ein vierwöchiger Gottesdienst, während dessen der Mensch über die Beziehung zu seinem Schöpfer nachdenken kann und soll.

Wer fastet, wird belohnt. Aber nicht durch anhaltendes Schlemmen während der Nacht, wie es in Teilen der islamischen Welt zu beobachten ist. Die Fastenden sollen den Verzicht auf Essen und Trinken ausschließlich aus Ehrfurcht gegenüber Gott und aus ihrem Wunsch nach Gottesnähe leisten.

Auf Reisen zu Gott – die fünfte Säule: Hadsch

Den Wegen der Propheten Abraham und Mohammed folgend, befinden sich zurzeit knapp drei Millionen Pilger aus aller Welt in Mekka. Viele muslimische Frauen und Männer aus Deutschland haben dieses Jahr wieder die Hadsch-Reise angetreten. Nach Schätzungen des Zentralrats der Muslime in Deutschland werden es über 15 000 sein.

Die Ursprünge der Pilgerfahrt nach Mekka liegen nach islamischem Verständnis lange zurück. Einige tausend Jahre ist es her, seitdem der Prophet Abraham, Stammvater von Juden, Christen und Muslimen – die Riten der Wallfahrt vollzogen hat. Unzählige Pilger nach ihm, unter ihnen der Prophet Mohammed, sind in seine Fußstapfen getreten. Im Koran heißt es: »Und als wir für Abraham die Stätte des Hauses bestimmten (sprachen wir): ›Setze mir nichts zur Seite und halte mein Haus rein für die (es) Umkreisenden, Betenden und Sich-Niederwerfenden‹« (22:26).

Alle Wege führen zu Gott

Die Pilgerfahrt der Muslime nach Mekka ist einzigartig. Es gibt nichts Vergleichbares. Muslime sehen in dieser Wallfahrt das globale Muster menschlichen Verhaltens: Aus welcher Richtung auch immer ein gläubiger Mensch kommt – alle Wege führen zu Gott. Dorthin, wo Nationalität, Ethnie und unterschiedliche Weltanschauungen unwichtig sind.

Die Pilger kommen aus allen Teilen der Welt; sie fliegen, segeln und reisen auf dem Landweg. Aber wer immer sie sind, sie werden nur durch eine Sache angezogen und nur zu einem Punkt hingezogen: dem Verlangen, Gott an seinem Haus, welches Abraham und seine Familie auf Geheiß Gottes erbauten, anzubeten und die Riten der Hadsch zu vollziehen. »O ihr, die ihr glaubt, verneigt euch und werft euch in Anbetung nieder und verehrt euren Herrn und tut das Gute, auf dass ihr Erfolg haben möget ... und er hat euch nichts auferlegt, was euch in der Religion bedrücken könnte, der Religion eures Vaters Abraham« (22:78).

Der Prophet Mohammed sagte: »Hadsch ist Arafa.« Das bedeutet, dass die Versammlung der Pilger auf der Bergebene von Arafa, etwa zehn Kilometer von Mekka entfernt, den Kernritus der Hadsch darstellt. Arafa findet stets am Vortag des Opferfestes statt. Die Pilger in Mekka sind am Höhepunkt ihrer Wallfahrt angelangt. Symbolisch steinigen sie den Teufel und begehen den Abschluss-Tawaf – die Umkreisung der Kaaba. Für knapp 1,6 Milliarden Muslime weltweit beginnt das Opferfest.

Nach der Pilgerfahrt zerstreuen sich die Wallfahrer wieder in alle Welt. Die Verbundenheit der Muslime mit den Pilgern drückt sich nicht nur in der Feier des Opferfestes aus. So singen die Muslime einen Sprechgesang morgens vor dem Festgottesdienst, bevor die Predigt und das Gebet in der jeweiligen lokalen Moschee anstehen, dessen Textinhalte denen der Pilgergesänge in Mekka gleichen, die alle Wallfahrer während der Pilgerfahrt laut aufgesagt haben. Nach dem Festgottesdienst stehen Besuche bei Verwandten und Bekannten an, die Kinder werden beschenkt – ähnlich wie an Weihnachten.

Das Id-ul-Adha (Opferfest) ist ein fröhliches Fest, aber mit durchaus ernstem Hintergrund. Im Gedenken an die Opferbereitschaft Abrahams schlachten sowohl die Pilger in Mekka als auch muslimische Familien rund um den Globus Opfertiere, deren Fleisch an Bedürftige und Arme gespendet wird. Es geht hier weder um ein Blutopfer, welches dem Islam wesensfremd ist, noch darum, ein archaisches Ritual zu befolgen. »Ihr Fleisch erreicht Gott nicht, noch tut es ihr Blut, sondern eure Ehrfurcht ist es, die ihn erreicht« (22:37).

Es geht einzig allein um das Gedenken an die große Standfestigkeit Abrahams und die Hingabe seines Sohnes Ismail, die angesichts der Härte des Befehls Gottes, Ismail zu opfern, bereit waren, den Willen Gottes zu erfüllen.

Gott ließ dies jedoch nicht zu. Kurz bevor Abraham das Messer ansetzte, befahl ihm Gott, nicht fortzufahren. Warum? Weil Abraham bereits all seine Liebe, sein Mitgefühl und eigenes Bedauern, ja selbst seinen Urinstinkt gegenüber seinem eigenen Sohn zurückgestellt hatte, um Gottes Befehl auszuführen. So groß waren sein Vertrauen und sein Gehorsam gegenüber seinem Schöpfer. Der Prophet Abraham wurde von Gott einer Prüfung unterworfen, über die ebenso das Alte Testament Kunde gibt. Und Abraham bestand die Prüfung.

Im Grunde erleben wir tagtäglich Prüfungen, bei denen unsere Geduld, unser Glaube an Gott und auch unsere wahren Absichten auf dem Prüfstand stehen. Ob das der Schmerz über den Verlust eines verstorbenen Familienmitgliedes ist, ob es die Notstände materieller oder seelischer Art sind, die wir ertragen müssen, oder ob es ein in unseren Augen vermeintlich sinnloser Verlust von unschuldigen Menschenleben ist. Manchmal erkennen wir den Sinn solcher Heimsuchungen sofort, meist aber erst später. Waren wir dabei standhaft und tapfer, schmecken wird, geradezu die Süße des Erfolgs noch Jahre später. Und wenn uns wieder eine Lebensprüfung ereilt, so ruft uns Gott auch im Koran auf: »O ihr, die ihr glaubt! Sucht Hilfe in Standhaftigkeit und Gebet; siehe, Gott ist mit den Standhaften« (2:153).

Der Barmherzigkeit Gottes verpflichtet – der Koran

Der Koran ist das heilige Buch der Muslime. Das Wunderbare seiner Offenbarung hat Navid Kermani zusammengefasst: Der Koran erscheint »als in formaler Hinsicht zu vorzüglich, um von einem Menschen erdichtet, als zu kunstvoll, um ein Kunstwerk, stilistisch zu originell, um erfunden, zu schön, um anders als durch göttliches Wirken erklärbar zu sein«.

Der Koran ist Gottes in arabischer Sprache offenbartes, nicht erschaffenes und durch Rezitation verehrtes Wort, das Allah, der Erhabene – also Gott – dem Propheten Mohammed durch den Engel Gabriel offenbarte. Also kann nicht irgendeine Übersetzung Koran – Qur'an, was auf Arabisch so viel wie »das Vorzutragende« heißt – genannt werden, wie genau die Übersetzung auch sein mag.

Die Anerkennung des Koran als Gottes Wort ist für den Muslim konstitutiv. Dies bedeutet aber – und der Koran ruft unmissverständlich unzählige Male dazu auf –, dass man seinen Verstand benutzen soll, um ihn zu verstehen und zu interpretieren. So wie die Interpretation der heiligen Schrift der Muslime wissenschaftlichen Regeln unterliegt, ist auch die Rezitation mit bestimmten Regeln versehen, vergleichbar denen eines Sprechgesangs in Anmut und Aussprache.

Der Glauben an den Koran, der die Menschen aus den Finsternissen der Unwissenheit zum Licht des Glaubens, vom Irrweg eines Götzendienstes zum Glauben an Gott, den einen Gott, führt, sofern sie die Lektüre aufrecht lesen, lehren und leben, also zu praktizieren versuchen, steht im Zentrum des Islam.

Der Koran ist ein sprechendes Universum, das Universum ein schweigender Koran

Häufig vermisst der unkundige Leser bei der erstmaligen Lektüre im Koran die Einteilung in Sachgebiete, die zeitliche Reihenfolge. Eine zunächst scheinbare Unordnung, ein unvermitteltes Nebeneinander verschiedener Themen und Bilder, Erzählungen lebensnaher und praktischer Anweisungen mit vielen Wiederholungen erzeugt ein Gefühl des Hin-und-hergerissen-Seins, das am Ende in »Erstaunen setzt und Verehrung abnötigt«. So beschreibt es jedenfalls Johann Wolfgang von Goethe in einer Notiz zum »West-Östlichen Divan«.

Der Koran ist dennoch in erster Linie kein literarisches, Geschichts-, Astronomie- oder Gesetzbuch, auch wenn er diese Sachgebiete umfasst und manche Muslime dies darin lesen wollen, sondern ein Buch zur Erziehung, Rechtleitung und Reformierung. Ein islamischer Weisheitsspruch besagt: »Der Koran ist ein sprechendes Universum. Das Universum ein schweigender Koran.«

Tatsächlich reichen die Bildung eines Einzelnen und seine Lebenszeit nicht aus, diesem Buch auch nur halbwegs gerecht zu werden, und es bietet jedem Individuum und jeder Gesellschaft in jeder Epoche neue Erkenntnisse. Es ist jederzeit ein relevantes Buch, nunmehr seit 1400 Jahren, nach der ersten Offenbarung in der Höhle Hira auf Jabal Nur (Berg des Lichtes) unweit von Mekka.

Mohammed, gerade 40 Jahre alt, hatte sich im Jahre 610 in eben diese meditative Einsamkeit des Berges zurückgezogen. Plötzlich riss ihn der Erzengel Gabriel aus dem Gebet, mit dem Befehl: »Lies!«. Mohammed antwortete: »Ich kann aber nicht lesen.« Da umfasste der Engel ihn und wiederholte dreimal »Lies!«, bis er ihm die ersten Verse aus dem Koran offenbarte: »Lies im Namen deines Herrn, der erschuf – den Menschen erschuf aus einem Anhängsel. Lies, und dein Herr ist der Edelste. Der (das Schreiben) mit der Schreibfeder gelehrt hat, den Menschen gelehrt hat, was er nicht wusste (96:1–5).

Der Muslim, der ehrfürchtig das Wort Gottes in der Hand hält, nachdem er die rituelle Waschung vollzogen hat – es heißt im Koran, dass es das »wohlverwahrte Buch ist, das nur die berühren dürfen, die gereinigt sind« (56:78) – glaubt fest daran, dass beim richtigen Lesen der Heiligen Schrift sich in seinem Herzen die Flamme des Glaubens entzündet und die Lektüre die Leidenschaft und die Einsicht vermehrt, Gutes zu tun und das Schlechte zu verwehren und so im Guten in der Gesellschaft zu wetteifern und »Gott ergeben« den Dienst als Muslim für die Menschheit anzutreten.

Im Namen des Barmherzigen

»Bismillahi arrahami arrahim.« Mit dieser Einleitung beginnen wir Muslime unser Denken und Handeln: »Im Namen Gottes, des Allerbarmers, des Barmherzigen.« Es ein Gefühl der Sicherheit und auch der Gewissheit, im Alltag, im Beruf, beim Autofahren oder im Kreis unsrer Familie, Gottes Gnade zu erfahren. Jeder Mensch wünscht sich, dass sein Tun gute Wirkung entfaltet. Mit den Worten »Bismillahi arrahami arrahim« schreibe ich auch diese Zeilen und bitte Gott um seinen Segen für alle folgenden Worte. Manchmal vergessen wir dies auch, sind aber gut beraten, diese Bitte stets vor Augen zu haben; denn wir erbitten Barmherzigkeit von unserem Schöpfer, damit die »Geschichte« auch gut geht, gut zu Ende geht – und wer will kein Happy End?

Der Prophet sagt: »Gott, der Mächtige und Erhabene, spricht: ›Wer Gutes tut, wird dafür das Zehnfache erhalten, und ich vermehre es. Wer Böses tut, dessen Vergeltung entspricht seiner bösen Tat oder ich vergebe ihm. Wer sich mir eine Handspanne nähert, dem komme ich eine Elle entgegen; und wer sich mir eine Elle nähert, dem komme ich einen Klafter entgegen; wer zu mir gegangen kommt, zu dem komme ich gelaufen, und wer mir mit Sünden so groß wie die Erde begegnet, mir aber nichts zur Seite stellt, dem begegne ich mit entsprechender Vergebung.‹«

Gott stellt seine Barmherzigkeit im Koran gegenüber seinen Geschöpfen als »grenzenlos« dar. Im Koran, dem heiligen Buch der

Muslime, lesen wir: »Er hat sich zur Barmherzigkeit verpflichtet« (6:12). Das bedeutet, jemandem Wohltat und Güte zu gewähren, vielleicht sogar, ohne dass dieser es verdient; aber trotzdem wird ihm Barmherzigkeit zuteil. Und dies beschreibt exakt die Beziehung zwischen Gott und den Menschen.

Arrahim, vom selben Wortstamm wie Rahma, bedeutet im Arabischen auch Mutterleib, der Ort, wo das Kind vollkommen geschützt heranwächst. Im Koran heißt es:»Er ist es, der euch im Al-Rahim gestaltet« (3:6). Das liebevolle, mütterliche Kümmern ums eigene Kind kommt der Vorstellung sehr nah, wie Gott mit seinen Geschöpfen umgeht. Es besteht demnach eher ein mütterliches Verhältnis zwischen Gott und uns Menschen als ein väterliches.

Die Barmherzigkeit kommt nicht nur in der Beziehung zwischen Gott und den Menschen zum Tragen, auch die Beziehungen der Menschen untereinander sollen von Barmherzigkeit geleitet sein. Nicht von ungefähr gibt es Namen wie Abdul-Rahman oder Abdul-Rahim, was so viel heißt wie Diener des Barmherzigen.

Der Prophet Mohammed sagte hierzu einmal:»Ihr werdet das Paradies nicht betreten, bevor ihr nicht barmherzig handelt.« Seine Anhänger sagten:»Wir sind doch alle barmherzig zu unseresgleichen.« Er antwortete:»Es ist nicht (nur) die Barmherzigkeit unter euresgleichen, sondern die Barmherzigkeit gegenüber allen (Menschen); er wiederholte: die Barmherzigkeit gegenüber allen.«

Ich persönlich meine, dass die Barmherzigkeit Gottes uns die Kraft zu verzeihen, die Kraft, gnädig zu sein, verleiht, die stärker ist als die des Hasses und der Zerstörung. Sprechen wir eine barmherzige Sprache miteinander? Haben wir die Kraft zur Barmherzigkeit auch in Extremfällen?

Ich glaube, wir Menschen sind mit unserem begrenzten Wissen auf Gottes Rechtleitung existenziell angewiesen. Die Rechtleitung hat ihren Ursprung wiederum in Gottes Barmherzigkeit, damit der Mensch nicht irregeht.

Frauen und Männer in Geschichte und Gegenwart tragen Gottes Barmherzigkeit weiter – sozusagen als Botschafter für die Menschen. So werden zum Beispiel die Propheten Moses, Jesus oder auch Mohammed, aber auch Maria, der im Koran eine ganze Sure gewidmet ist, als Träger der Barmherzigkeit Gottes beschrieben.

Unser Bündnis mit Gott ist stets von der Hoffnung getragen, dass unsere Vergehen und Versäumnisse vom Barmherzigen vergeben werden. Gott sagte mittels seines Gesandten Mohammed: »O Mensch, wenn auch deine Missetaten bis zu den Wolken des Himmels reichten, und du mich um Vergebung bittest, so vergebe ich dir« (Hadith).

Eindringlich ruft Gott die Menschen im Koran auf: »Verliert nicht die Hoffnung auf Gottes Barmherzigkeit. Gewiss, Gott vergibt alle Sünden. Er ist ja der Allvergebende und Barmherzige« (39:53).

Rahma, als oberstes göttliches Handlungsprinzip, zieht sich also wie ein roter Faden durch unser gesamtes Dasein und kommt als Eigenschaft und als Name Gottes mehr als 700-mal im Koran vor. Damit gehört es zu den am häufigsten erwähnten Attributen Gottes. Auch mit den Worten »Bismillahi arrahami arrahim« – im Namen Gottes des Allerbarmers, des Barmherzigen – beginnen alle 114 Suren im Koran.

Erste Begegnung mit dem heiligen Buch

Meine erste »Begegnung« mit dem Koran als Buch war eine Übersetzung auf Deutsch, die mir meine Mutter schenkte. Es war aus heutiger Sicht nicht mal eine besonders gute Übersetzung. Inzwischen gibt es mehrere Dutzend allein auf Deutsch, und alle geben letztlich nur die ungefähre Bedeutung wieder, weil der Koran stets auf Arabisch im Original gelesen und rezitiert wird.

Eine Rezitation im Original erlebte ich zum ersten Mal durch meinen Vater bei den fünf täglichen Gebeten zu Hause oder – es war eher ein Dahersummen – wenn meine Mutter einige Verse, nachdem sie ihn auf Deutsch las, vortrug. Mein Vater spielte mir – ich war fünf oder sechs Jahre alt – ein altes Tonband vor von dem berühmten Meister seiner Klasse im Koranrezitieren, dem Ägypter Cheikh Abdelbasset Abdessamad. Es war die Sure At-Tariq (Der Pochende oder auch Morgenstern). »Beim Himmel und dem Pochenden! Und was lässt dich wissen, was der Pochende ist? (Es ist) der durchbohrend helle Stern. Es gibt keine Seele, über der nicht ein Hüter (eingesetzt) ist.« Exakt jene Sure, neben der Eröffnenden (Al-Fatiha) – die etwa dem Inhalt des Vaterunser der Christen gleicht –, lernte ich später als erste auswendig.

Den Koran im Original zu lesen begann ich bei meinem ersten und als Kind einzigem Syrien-Aufenthalt, und das arabische Alphabet lesen und schreiben lernte ich im Sprachunterricht unserer Moschee in Aachen mit etwa zehn Jahren. Viele Jahre ging ich dorthin, zweimal die Woche. So wie andere am Nachmittag Klavier- oder Geigenunterricht erhielten, lernten wir nach dem Mittagessen in den Klassenräumen der Moschee Arabisch. In Aussprache und vor allem in der Sprechgesangskunst des Korans unterwies mich später unser muslimischer Nachbar Moataz. G., der mit Geduld und Emsigkeit uns Jugendlichen über Jahre Samstag für Samstag in seiner Wohnung empfing und uns diese Kunstfertigkeit beibrachte.

Das gesprochene Wort Gottes

Allah, das arabische Wort für Gott, wird zum Beispiel auch von Christen in der arabischen Welt so gebraucht. Das entspricht auch der Besonderheit Mohammeds als letztem Propheten und des Koran als letzter göttlicher Botschaft (nach Thora und Evangelium) an die Menschen. Bei Rezitation und im aufrichtigen Glauben an die heiligen Schriften – beispielsweise im Gebet – tritt der Mensch in ein inniges Zwiegespräch mit seinem Schöpfer, welcher dem Gläubigen so seine wunderbare Heilung und seine Gnade für das Dies- und Jenseits (nach dem Tod) in Aussicht stellt.

Wunder vorangegangener Propheten oder besonderer Menschen, wie Jesu' Mutter Maria, werden auch im Koran beschrieben. Beispielsweise die Teilung des Meeres bei Moses oder Jesu Fähigkeit, sterbenskranke Menschen zu heilen. Sie sind aber einer bestimmten Epoche – als Spezifikum bestimmter Propheten, denen Gott dies in seiner Barmherzigkeit hat zuteil werden lassen – zuzuschreiben. Diese Art von Wundern hat grundsätzlich keinen Wiederholungscharakter. Muslime glauben, dass das Wunder der Koran selber ist: Gottes gesprochenes Wort, das aber stets präsent ist.

Im Übrigen besitzt Gott als Schöpfer des gesamten Kosmos die Ureigenschaft, die im Koranvers beschrieben ist: »Kun fa ja kun.« Er (Gott) spricht: »Sei und so ist es!« Dieses Wort, ebenso wie die vorangegangenen Wunderbeschreibungen, bestätigt dem gläubigen Menschen, dass Gott imstande ist, alles zu tun, und es ihm auch ein Leichtes ist, die von ihm selber erschaffenen Naturgesetze – die in ihrem Funktionieren allein schon ein Wunder der Schöpfung darstellen – außer Kraft zu setzen, wenn er will.

Betrachte ich die Geschichte der letzten tausend Jahre in den muslimischen Ländern, so gelange ich zur Überzeugung, dass der Koran jedem Individuum und jeder Gesellschaft in jeder Epoche neue Erkenntnisse bietet – seit der ersten Offenbarung vor nunmehr 1400 Jahren in der abgelegenen Höhle Hira unweit von Mekka. Sofern er oder sie, und das wäre die entscheidende Einschränkung, auch diesen im Kontext mit all dem zu Verfügung stehenden Wissen in der Religion und außerhalb der Religion (etwa der Wissenschaften) bereit ist zu lesen.

Und so wie sich seinerzeit die Rettung der Gemeinde Mohammeds vollzog, so glauben die Muslime stets an das Wunder des Korans, der die Menschen aus den Finsternissen der Unwissenheit zum Licht des Glaubens, vom Irrweg eines Götzendienstes zum Glauben an Gott, den einen Gott führt, sofern sie die Lektüre aufrecht vollziehen, lehren und zu leben versuchen.

Der Muslim, der ehrfürchtig das Wort Gottes in der Hand hält, glaubt zudem, dass beim richtigen Lesen der heiligen Schrift sich in seinem Herzen die Flamme des Glaubens entzündet. Dadurch werden Leidenschaft und Einsicht vermehrt, Gutes zu tun und das Schlechte zu verwehren – eine der meistverwendeten Imperative im

Buch, um so im Guten in der Gesellschaft zu wetteifern und »Gott ergeben« den Dienst als Muslim für die Menschheit anzutreten.

Vor allem Barmherzigkeit

Um noch einmal auf den Begriff Barmherzigkeit zurückzukommen, ich finde es faszinierend, dass die meistverwendete Eigenschaft, die sowohl Gott sich selbst im Koran zuspricht, als auch die er von den Menschen einfordert, die der Barmherzigkeit ist. Faszinierend auch deshalb – und dies meine ich keineswegs zynisch –, weil nichts weiter von dem entfernt zu sein scheint als dieser Begriff, mit dem der Islam inzwischen in Verbindung gebracht wird. Dies wieder ins rechte Licht zu rücken, ist eine Herkulesaufgabe.

Mehr als vier Millionen Muslime leben hierzulande, und die allermeisten leben nach den oben genannten Prinzipien. Sie sind Teil der Gesellschaft, des Arbeitsmarkts, der Sozialversicherung, des Sports. In der vergangenen Zeit ist über nichts so heftig, kontrovers und anhaltend diskutiert worden wie über die einfache Feststellung des Altbundespräsidenten Christian Wulff: »Auch der Islam gehört inzwischen zu Deutschland.« Was ist geschehen? Warum diese Aufregung? Wieso ist der Islam in der deutschen Öffentlichkeit noch immer solch ein Reizthema?

Seit dem 11. September 2001 schlägt Muslimen vermehrt offener Hass und Feindseligkeit entgegen. Alltagsdiskriminierungen bei Arbeits- oder Wohnungssuche haben zugenommen. Das belegen Umfragen und seriöse Untersuchungen.

Deutschland tut sich schwer damit, Muslime als selbstverständlichen Teil anzuerkennen. Dazu müssen eigene Ängste überwunden werden. Das kostet Kraft – und Mut. Vielleicht hilft auch der nüchterne Verstand: Der Islam ist eine Religion unter vielen hier in Deutschland. Seine Anhänger können als Bedrohung oder aber als Chance, als Last, oder als Zukunftspotenzial wahrgenommen werden.

Ein Wert, der Europa stark gemacht hat, ist die Offenheit gegenüber anderen Kulturen. Wenn wir diese Offenheit verlieren, verliert Europa Kraft, wir erleben es beim Thema Flüchtlinge. Die aktuelle Integrationsdebatte in Deutschland gleicht oft einer Abwehrschlacht gegen den Islam. Lohnt diese Anstrengung? Ich halte ein konstruktives Miteinander für sinnvoller. Im Umgang mit neuen Minderheiten zeigt sich, inwieweit die hehren Werte Freiheit und Toleranz tatsächlich eingelöst werden.

Muslime mit ihrer 1400-jährigen Geschichte können viel Gutes in der Gesellschaft leisten – nicht nur als Steuerzahler, sondern auch als Visionäre, Architekten und Konstrukteure einer besseren und gerechteren Welt. Freiheit bedeutet im Umkehrschluss auch Verantwortung, sich einzumischen und munter mitzudiskutieren. Ein arabisches Sprichwort sagt: »Die Liebe zum Vaterland kommt vom Glauben.« Der Islam ist durch seine europäische Geschichte Teil Deutschlands, und auch durch die hier lebenden muslimischen Bürger. Längst tragen viele Muslime Deutschland im Herzen, und längst ist es ein selbstverständlicher Teil ihres Denkens und Handels – nicht nur bei den erfolgreichen Kickern unserer Fußballnationalmannschaft.

Hadith – Handlungsweisen des Propheten

Neben dem Koran gibt es die Sunna des Propheten Mohammed, das heißt, seine Handlungsweise, die in den Ahadith (im Arabischen Plural von Hadith, meist wird der verdeutschende Plural Hadithe vewendet) festgehalten sind. Hadith bedeutet im wörtlichen Sinn eine Erzählung beziehungsweise ein Bericht. Die Ahadith wurden von den Gefährten des Propheten über deren Nachfolger überliefert. Es gibt unterschiedliche Authentizitätsklassen der Hadithe, je nachdem, wie sicher sie überliefert wurden. Grob kann man drei Klassen unterscheiden: sahih (wahr), es besteht kein Zweifel an der Korrektheit der Überlieferung; hasan (gut), es ist gut überliefert, aber schwächer als sahih; daif (schwach), hier bestehen Zweifel, ob das Hadith authentisch ist.

Gott ist größer – kein Gottesbild

Hin und wieder wird ein Bilderverbot des Islam behauptet. Doch dieses angebliche Bilderverbot gibt es nicht. Die islamischen Kulturen sind reich an bildlichen Darstellungen, wobei, zugegebenermaßen, die geometrischen Darstellungen in Kunst und Kultur überwiegen. Die islamische Kunst der Kalligrafie ist dafür ein besonderes Zeugnis. Die Einschränkung bildlicher Darstellungen ist auch anderen Religionen nicht fremd. Im Alten Testament ist im Buch Exodus zu lesen: » Du sollst dir kein Gottesbild machen und keine Darstellung von irgendetwas am Himmel droben, auf der Erde unten oder im Wasser unter der Erde.« In diesem Kontext bewegt sich auch das Verbot bestimmter bildlicher Darstellungen im Islam. Der Mensch soll keine Gottesbilder zeichnen, weil sich unser Schöpfer mit den beschränkten Mitteln unserer Vorstellungskraft nicht auch nur annähernd darstellen lässt. Der Islam ist in seinem monotheistischen Verständnis des Schöpfers und seiner Existenz absolut und bleibt vollkommen abstrakt.

Deswegen stellt sich der Muslim auch seinen Schöpfer nicht vor. Jede bildliche Annäherung an den Schöpfer ist zum Scheitern verurteilt, da mag sich ein Michelangelo noch so angestrengt haben, die Größe und das Wesen des Schöpfers kann niemand erfassen. Durch diese Haltung erzieht der Islam einen Muslim dazu, sich in Demut zu üben und nicht der Versuchung zu erliegen, Gott zu verbildlichen und Abbilder zu schaffen, die dann angebetet werden. Jede Idolisierung, und interessanterweise steht der englische Begriff »idol« für Götze, entspricht nicht den Vorstellungen des Islam, und nur darauf erstreckt sich das Bilderverbot. Auf das Erinnerungsfoto von einem Geburtstag, einem schönen Urlaubstag oder dem schönsten Tag im Leben erstreckt es sich nicht.

Wegweiser und Lebenshilfe – Scharia und Fatwa

Die Scharia (arabisch: breiter Weg, Weg zur Quelle) beschreibt das gute Verhalten des Menschen in Bezug auf Gott sowie in Bezug auf andere Menschen und die Schöpfung allgemein. Zur Scharia gehören zum Beispiel die fünf Säulen des Islam sowie zwischenmenschliche Verhaltensregeln. In einigen islamisch geprägten Ländern gehören dazu auch Regelungen zwischen dem Staat und der islamischen Religion. Letzteres steht zur Disposition; die Gebote des Glaubens, etwa das Gebet oder das Fasten, jedoch nicht.

Im Koran kommt der Begriff nur einmal vor (Sure 45:18). Zudem heißt es dort: »Einem jeden Volk gaben wir eine Schir'a (Gesetz, Religion, Scharia) und einen deutlichen Weg. Wenn es Allah nur gewollt hätte, so hätte er euch allen nur einen Glauben gegeben. So aber will er euch in dem prüfen, was euch zuteil geworden ist. So wetteifert in den guten Dingen! Ihr werdet alle zu Allah heimkehren. und darin wird er euch kundtun, worüber ihr uneinig wart« (Sure 5:48).

Einseitige Deutungshoheit

Im öffentlichen Bewusstsein ist der Begriff Scharia verbrannt. Er steht für Rückständigkeit, Totalitarismus und Abkehr von Rechtstaatlichkeit und Menschenrechte, nicht zuletzt weil oft tendenziöse Islamexperten oder auch muslimische Extremisten die Deutungshoheit über den Begriff Scharia, innehaben. Zu den vielen Vorurteilen gehört – ganze rechtsradikale Bewegungen enstanden in den letzten Jahren auf diesem Nährboden – die Behauptung, Muslime wollten in Deutschland die Scharia einführen, die dann oft noch als verfassungsfeindlich bezeichnet wird.

Für die allermeisten Muslime in Deutschland ist die Einführung der Scharia keine Option. Die Scharia ist ein komplexes Thema, zu dem es viele widersprüchliche Aussagen gibt. Auch im islamischen Bereich finden sich dazu unterschiedliche Positionen. Zugleich gibt es Gemeinsamkeiten, die für alle islamischen Richtungen gelten.

Die Islamische Charta des Zentralrates der Muslime macht unmissverständlich deutlich – und dies ist auch im Kontext der Diskussion um die Scharia zu sehen –, dass für Muslime, gestützt auf die Überzeugungen des Koran, selbstverständlich ist, die Gesetze des jeweiligen Landes, in dem sie leben, zu befolgen. Dazu werden insbesondere folgende Punkte in der Charta hervorgehoben:

»Die Religionsfreiheit schließt das Recht ein, die Religion zu wechseln, eine andere oder auch keine Religion zu haben. In Glaubensfragen wird vom Koran jede Gewaltausübung und jeder Zwang untersagt.« Die Todesstrafe für Apostasie (das heißt, Abfall vom Islam) widerspricht der im Koran verankerten Glaubensfreiheit.

Mann und Frau sind gleichberechtigt. Das Schlagen von Männern, Frauen oder Kindern wird abgelehnt. Ebenso werden Beschneidungen von Mädchen und jungen Frauen verurteilt.

Die Befolgung der jeweiligen lokalen Rechtsordnung ist gemäß der Scharia für Muslime verpflichtend. Das schließt, so wörtlich in der Charta, insbesondere »die Anerkennung des deutschen Ehe-, Erb- und Prozessrechts ein«.

Manchmal wird unterstellt, dass einige Imame oder Gemeinden paralleler islamischer Justiz das Wort reden. Das ist falsch. Richtig ist, dass eine außergerichtliche Streitschlichtung zu begrüßen ist, solange sie unsere Gerichte entlasten und oft nachhaltiger die Streitparteien befrieden kann. Falsch ist, dass insbesondere die islamischen Religionsgemeinschaften das deutsche Strafgesetz substituieren wollen. Begrüßt wird zudem in der Charta das demokratische System der Bundesrepublik Deutschland, in dem Staat und Religion grundsätzlich getrennt sind und wo in Bereichen wie dem Religionsunterricht eine Zusammenarbeit erfolgt. Die Missachtung der Menschenrechte ist überall und in jeder Form abzulehnen.

Keine Gesetzesreligion

Dennoch ist die Frage gestattet: Wie soll ich als religiöser Mensch meinen Alltag bestreiten? Eine Antwort auf diese Frage erhalten Muslime auch durch die Scharia. Im Islam bezeichnet die Scharia die Gesamtheit seiner Gebote. Wer behauptet, dass Scharia »das islamische Recht« bedeute, entlarvt seine eigene, tiefgehende Ahnungslosigkeit über den Islam.

Die Scharia betrifft damit das Spirituelle wie auch das Profane, das Religiöse und die Moral beziehungsweise Ethik, einschließlich der sozialen und rechtlichen Normen. Aus diesen Normen kann der Mensch Gesetze ableiten und entwickeln. Der Schöpfer erlässt Gebote, die er über seine Gesandten den Menschen übermittelt; es bleibt dem Menschen überlassen, daraus Gesetze zu machen. Der Islam ist somit keine Gesetzesreligion, als die er unsinniger- und bisweilen herabsetzenderweise immer wieder beschrieben wird. Menschen machen Gesetze, nicht der Schöpfer.

Die Scharia wird vor allem aus dem Koran und der Tradition des Propheten Mohammed abgeleitet. Für die Muslime ist die Scharia der Wegweiser, der den Menschen ungehindert und auf geradem Weg zum Schöpfer führt. Im Übrigen hatten auch die Propheten Moses und Jesus ihre spezifische Scharia. Sind zum Beispiel die Zehn Gebote nicht auch ein Wegweiser für das Leben des Menschen? Die Juden sprechen hier von ihrer Halacha und meinen Ähnliches.

Da die Hauptquellen der Scharia, Koran und Sunnah, nicht alle Details für das Leben beinhalten können, werden seit jeher andere Möglichkeiten genutzt, um auf die jeweilige Gegenwart menschlicher Gemeinschaften zu reagieren. Somit sind diese beiden Hauptquellen nicht die einzigen Grundlagen der Scharia; vielmehr entwickelt sich die Scharia zum Beispiel auch aus dem Konsens der Gelehrten, aus der jeweiligen Landessitte und aus dem Analogieschluss. Männliche wie auch weibliche Gelehrte können auf Fragen von Muslimen zu allen Zeiten empfehlende Antworten geben.

Gutachten und Empfehlung: Fatwa

Muslime werfen seit Jahrhunderten Fragen auf, auf die sie im Koran und in der Sunna des Propheten keine eindeutigen oder auch gar keine Antworten finden. Wer hat sich beispielsweise vor nicht einmal fünfzig Jahren schon mit In-vivo- oder In-vitro-Befruchtung beschäftigt? Wie steht der Islam zu Transplantation, zu Geschlechtsumwandlung? Wann beginnt Leben, und wann endet das Zeitfenster für eine Abtreibung?

All dies sind Fragen unserer Zeit, und morgen werden sich Menschen mit ganz anderen Fragen auseinandersetzen und Antworten finden müssen. Das Leben der Menschheit ist nicht statisch, und somit ist ihr Verständnis von den interpretierbaren Regeln, den Geboten der Religion ebenfalls nicht statisch oder gar unumstößlich.

Aus diesem Grund wenden Muslime sich an Gelehrte, Fachmänner und -frauen, um bei ihnen Rat und Hilfe bei der Beurteilung zu erfragen. Die empfehlende Antwort dieser Fachpersonen auf derartige Anfragen nennt sich auf Arabisch »Fatwa«. Auf Deutsch könnte dieser arabische Fachbegriff mit »Islamologisches Gutachten« oder Rechtsprechung wiedergegeben werden.

Eine Fatwa kann für verschiedene Lebensbereiche ausgearbeitet werden, zum Beispiel für rituelle Handlungen, für familienrechtliche Angelegenheiten wie Ehe, Scheidung, Erbfragen, aber auch für Handels- und Wirtschaftsfragen, etwa der Frage nach dem Zinsverbot und vertraglichen Angelegenheiten.

Der Islam trägt durch Fatwas Veränderungen flexibel und unkompliziert Rechnung, die für Muslime genauso selbstverständlich sind wie für alle anderen Menschen.

Sowohl im Schiitentum wie auch im Sunnitentum gibt es eine Vielfalt der Lehrmeinung und daraus abgeleitet und folgerichtig unterschiedliche Lehrschlüsse.

Anstrengung für Gerechtigkeit
und Frieden – Dschihad

Begriffe wie »Dschihad«, »Kopftuch«, »Scharia«, »Ummah« oder »Fatwa« sind zu angstbesetzten Kampfbegriffen geworden. Heute ängstigt man sich nicht mehr vor dem »schwarzen Mann«, diesen Platz hat der »Muselmann« eingenommen und im Sinne der Gleichberechtigung auch die muslimische Frau, vorausgesetzt, sie trägt ein Kopftuch oder ist mehr oder weniger verschleiert.

Nicht wenige Muslime versuchen, sich diesen verbalen Feldzügen gegen Muslime und Islam zu widersetzen, indem sie an Podiumsdiskussionen, TV-Talkshows und Radiosendungen teilnehmen. Dieses Engagement ist nicht nur achtbar, es ist auch bemerkenswert. Allerdings stellt sich die Frage, ob es angesichts der geradezu pathologisch anmutenden, vorurteilsbeladenen Angriffe auf Islam und Muslime noch sinnvoll ist, sich weiter auf Gespräche einzulassen, wenn diese keine echten Dialoge mehr darstellen. Das Verständnis von »Dia-Logos«, dem ein Fluss von Sinn zugrunde liegt, existiert mittlerweile kaum noch, wenn es um islamische Themen geht.

Die Debatten zeichnen sich dadurch aus, dass Muslime in ihren öffentlichen Gesprächen mit Islamexperten beziehungsweise oft mit solchen, die sich dafür halten, nicht mehr in der Lage sind, sich und ihren Argumenten Gehör zu verschaffen. Dies liegt daran, dass Gesprächspartner auf nichtmuslimischer Seite vielfach nicht willens sind, von ihren lieb gewonnenen Vorurteilen abzulassen. Das Gespräch zwischen Muslimen und Nichtmuslimen ist mittlerweile zu einem Ausspracheversuch verwildert, in dem sich die um Sachlichkeit bemühten Sprechenden mit Gehörlosen konfrontiert sehen.

Solange Muslime in Negativdebatten über den Islam gezwungen, islamische Grundbegriffe durchweg negativ besetzt werden und ein authentisches muslimisches Verständnis des Islam fortwährend und grundsätzlich in Zweifel gezogen wird, damit Dialog nur eine inhaltsleere Worthülse im Dienst der Stammtischpolitik darstellt, wird das Gespräch destruktiv bleiben.

Die aufrichtige Handlung

Im Sinne einer Aufklärung soll hier dennoch ein weiterer Versuch unternommen werden, die Bedeutung eines sehr zentralen Begriffes kurz zu erläutern.

Der arabische Begriff Dschihad bedeutet wörtlich Anstrengung, Bemühen. Ein Muslim wird aufgefordert, sich für die Sache Allahs mit allen erlaubten Mitteln einzusetzen.

Als der Prophet Mohammed nach der besten Tat gefragt wurde, antwortete er: »Die feste unerschütterliche Überzeugung an Allah und an seinen Gesandten. Dann wurde er gefragt: Was dann? Er antwortete: Der Dschihad auf dem Wege Allahs. Dann wurde er zum dritten Mal gefragt: Und was dann? Er sprach: Die aufrichtig vollzogene Hadsch.«

Diese Erklärung ist insofern besonders aufschlussreich, weil die Hadsch, die von Friedfertigkeit und Gemeinschaftssinn gekennzeichnete Pilgerfahrt von Muslimen jeglicher Herkunft nach Mekka, eine der fünf Säulen des Islam darstellt, während der Dschihad nicht namentlich erwähnter Baustein der fünf Säulen ist. Dennoch besitzt der Dschihad im Islam eine außerordentliche Wertigkeit, die mit der Hadsch, der islamischen Pilgerfahrt, mindestens gleichzusetzen ist.

Weiter beachtenswert ist, dass der Begriff Dschihad mit dem Zusatz »auf dem Wege Allahs« versehen ist. Hiermit wird der Muslim angehalten, den Begriff Dschihad in seiner ganzen bedeutungsintensiven Dimension zu verstehen – und dies setzt eine fortwährende Beschäftigung mit den Lehren des Islam voraus. Wie sonst soll ein Muslim begreifen, was »auf dem Wege Allahs« bedeutet?

Rein sprachwissenschaftlich betrachtet ist der Ausdruck »auf dem Wege Allahs« der Oberbegriff für jede aufrichtige Handlung und Anstrengung, die dem Wohlgefallen Allahs dient.

Leider hat sich das Verständnis des Oberbegriffs »auf dem Wege Allahs« durch historische Entwicklungen, insbesondere in muslimischen Mehrheitsgesellschaften, inhaltlich gravierend verändert und wurde auf das Element des Kampfes reduziert. Viele Gelehrte verwenden heute diesen Begriff ausschließlich als Synonym für den bewaffneten Kampf. Aus islamischer Sicht darf dieser aber nie aggressiv, sondern nur defensiv geführt werden, also zur Verteidigung. Auch das wird bedauerlicherweise mitunter vergessen.

Dschihad im Sinne von »Einsatz und Anstrengung für die Sache Allahs« mit allen erlaubten Mitteln und in allen Gesellschaftsbereichen wie Wirtschaft, Bildung, Medien, Erziehung, zivilgesellschaftliches Engagement, persönliche Charakterbildung und dergleichen wird fälschlicherweise ausgeklammert.

Eine Überlieferung des Propheten verdeutlicht die umfassende und in alle Lebensbereiche eines Muslim hineinreichende Mehrdimensionalität des Begriffes Dschihad. Als ein Gefährte ihn um die Erlaubnis bat, an einem Verteidigungskampf gegen die aggressiven Mekkaner teilzunehmen, fragte ihn der Prophet: »Leben deine Eltern noch?« Als der Gefährte dies bejahte, sagte der Prophet: »Dann strenge dich an in deiner Bemühung, ihnen zu dienen.« In einem anderen Zusammenhang sagte er einmal: »Der beste Dschihad ist ein wahres Wort gegen einen Tyrannen.«

Und in der 2. Sure, im Vers 251 ist zu lesen: »Würde Allah die Menschen, die einen durch die anderen nicht zurückhalten, wäre die Erde gewiss verdorben.« Wenn das kein Aufruf zu ernsthaftem, produktivem Engagement, also Dschihad, für die Erhaltung einer gerechten und friedlichen Zivilgesellschaft ist!

Dschihad ist also viel mehr als der, nebenbei bemerkt, vollkommen legitime und mit dem Völkerrecht vereinbare Verteidigungskampf von Menschen gegen Unterdrückung und aggressive Einwirkungen auf ihr Leben. Doch auch hier lehrt der Islam den

Menschen, nicht die Grenzen des Zulässigen zu überschreiten. So sind die Tötung von Unschuldigen, die Verstümmlungen von Menschen, das Inbrandsetzen und die Zerstörung von privatem Besitztum verboten, so wie auch die Beschädigung von Schulen, traditionellen Lehrstätten und Krankenhäusern verboten ist. Verboten ist auch der Raub von privatem Eigentum, genauso wie die bewusste Verbreitung von Angst und Schrecken unter der Bevölkerung – also Terrorismus – verboten ist. Alles, was Entwicklung, Fortschritt, Sicherheit und Wohlstand der menschlichen Gesellschaft behindert, ist untersagt. Selbstmordattentate, die Zerstörung religiöser Stätten und historischer Bauten früherer Zivilisationen im Dienste des Islam und unter dem Vorwand des legitimen Dschihad sind uneingeschränkt verboten.

In der 22. Sure, die bezeichnenderweise den Namen Al-Hadsch trägt, ist im Vers 39 Folgendes zu lesen: » Erlaubnis zum bewaffneten Kampf (arabisch: qital) wurde denjenigen, die bekämpft werden, erteilt, weil ihnen Unrecht zugefügt wurde. Allah ist allmächtig, um ihnen zum Sieg zu verhelfen.«

Liest man das arabische Original, so wird man feststellen, dass in diesem Vers das Wort Dschihad überhaupt nicht vorkommt. Stattdessen spricht der Koran in einer grammatikalischen Ableitung des arabischen Begriffes von »qital«, der gleichbedeutend mit bewaffnetem Kampf ist. Der bewaffnete Verteidigungskampf ist also nur eine situationsbedingte Facette des Dschihad. Dies erschließt sich jedem, der sich sachlich und unvoreingenommen mit dem Konzept des Dschihad im Islam beschäftigt.

Die Verfälschung dieses Konzeptes, indem es mit »heiliger Krieg« übersetzt wird, einem von der christlichen Kirche erfundenen Begriff aus dem europäischen Mittelalter zwecks Popularisierung von Kreuzzügen, mag so mancher populistischen Neigung dienlich sein, mehr aber auch nicht.

Insofern ist dieses Buch mein demütiger Versuch, meinem Schöpfer gegenüber und seiner Lehre entsprechend, den Dschihad auf seinem Wege hier in Deutschland zu praktizieren.

Weder Rippe noch Verführung noch Erbsünde – die Genesis

Der Koran berichtet über die Erschaffung des Universums; dabei finden sich immer wieder Hinweise auf dessen Entwicklung und auf Galaxien, von denen einige erst in jüngster Zeit erforscht beziehungsweise entdeckt worden sind.

Bereits in der 1. Sure, Al-Fatiha, erfährt der Leser, dass mehr als nur die eine Welt, in der sich unser Planet Erde befindet, existieren muss. Dort heißt es im 2. Vers: »Alles Lob gebührt Allah, dem Herrn der Welten.« Der Ausdruck »Welten« lässt sich an den unterschiedlichsten Stellen im Koran finden und ist ein Hinweis darauf, dass unser Sonnensystem nur ein Element in einer viel größeren Schöpfung sein muss, die wir auch heute, trotz unserer vielfältigen technischen Möglichkeiten, in ihrer Gesamtheit noch nicht gänzlich erfassen können.

In der 65. Sure, Al-Talaq, lesen wir im Vers 12: »Allah ist derjenige, der sieben Himmel erschuf, und von der Erde ihresgleichen.« Die Zahl sieben darf hier nicht wörtlich genommen werden, denn im klassischen Arabisch steht diese Zahl stellvertretend für eine Vielzahl und bedeutet zahlreich. In Sure 21, Vers 30 finden wir den Hinweis darauf, dass sich das Universum aus einer zusammenhängenden, stark komprimierten Masse von Materie entwickelte: »Haben denn diejenigen, die leugneten, etwa nicht wahrgenommen, dass die Himmel und die Erde etwas Zusammengefügtes (eine dichte Masse) waren, das wir auseinanderrissen?« Hierin sehen Koraninterpretationen sogar Bezüge zur Theorie des Urknalls, die ja erst eineinhalb Jahrtausende später entwickelt wurde.

Im Koran wird auch auf Besonderheiten unseres Universums verwiesen, die vor 14 Jahrhunderten keinem Menschen bewusst waren.

Der nachfolgende 47. Vers aus der 51. Sure, Al-Dhariyat, beschreibt eine spezifische Eigenschaft unseres Universums: »Das Universum errichteten wir mit Kraft, und wir sind wohl imstande, es auszudehnen.« In der Tat weiß die Wissenschaft durch ihre aufwendigen Forschungen, dass sich unser Universum in einem Zustand der Ausdehnung befindet.

Obskure Vorstellungen, die die Menschen vor 1400 Jahren nicht nur auf der Arabischen Halbinsel von der Erschaffung des Universums hatten, werden im Koran nicht bestätigt. Er ist hingegen reich an Hinweisen und Informationen über die Laufbahnen der Planeten, über Eigenschaften der Sonne und des Mondes, dem keine eigenständige Leuchtkraft zugeschrieben wird; denn das Mondlicht ist nur refkektiertes Sonnenlicht. Wobei Sonne, nach deren Position sich etwa das Gebet richtet, und Mond, der Grundlage des muslimischen Kalenders ist, als von Allah gegebene Führer verstanden werden.

In Sure 21, Vers 30 wird auch ein weiterer wesentlicher Aspekt des Universums angesprochen: »Und dass WIR aus dem Wasser alles Lebendige machten.« Weiter in Sure 22, Vers 30: »Und du siehst die Erde regungslos, doch wenn wir Wasser auf sie herabkommen lassen, regt sie sich, schwillt und lässt von jeder entzückenden (Pflanzen-)Art wachsen.« Die wesentliche Bedeutung von Wasser für die Entstehung von Leben hält der Koran lange vor jedem wissenschaftlichen Nachweis fest.

Im Koran finden sich außerdem erstaunlich genaue Aussagen zur embryonalen Entwicklung des Menschen, die erst viel später durch wissenschaftliche Erkenntnisse bestätigt wurden: »So haben wir euch aus Erde erschaffen, hierauf aus einem Samentropfen, hierauf aus einem Anhängsel (Gerinnsel), hierauf aus einem kleinen Klumpen, gestaltet und ungestaltet, um (es)euch klarzumachen. Und wir lassen, was wir wollen, im Mutterleib auf eine festgesetzte Frist untergebracht. Dann lassen wir euch als kleine Kinder hervorkommen.«

Keine Vertreibung aus dem Paradies

Die Genesis, wie sie im Koran erzählt wird, ähnelt zwar in einigen Elementen der christlichen Überlieferung, weicht jedoch in zentralen Aussagen von der heutigen Interpretation der Bibel ab. Von der Erschaffung des ersten Menschen heißt es in der 3. Sure, Al-Imran, im Vers 59:

»Das Gleichnis von Jesus bei Allah ist gewiss wie das Gleichnis von Adam: ›Er erschuf ihn aus Erde, dann sagte er zu ihm: Sei! So war er!‹«

Und in der 4. Sure, An-Nisa, ist im Vers 1 zu lesen:

»Ihr Menschen! Erweist euch ehrfürchtig eurem HERRN gegenüber, der euch aus einem einzigen Wesen erschuf und sich aus beiden (Paarteilen) viele Männer und Frauen vermehren ließ (…)«

Der Koran sagt also, dass Adam und Eva weder Mutter noch Vater hatten und beide durch den Schöpfer aus derselben Substanz erschaffen worden sind. Dies ist insofern ein bemerkenswertes Detail, als damit die Gleichwertigkeit und Ebenbürtigkeit beider Paarteile betont wird. Adam ist nach islamischer Lehre nicht aus einem besseren Material erschaffen worden als Eva, und Eva ist auch nicht aus einem Körperteil Adams (in der Bibel aus der Rippe) erschaffen worden. Darüber hinaus wird der Mensch mit dem Wort »Sei!« davon in Kenntnis gesetzt, dass es in der umfassenden Allmacht des Schöpfers liegt, Leben zu erschaffen, und dies kann in einem Zeitfenster erfolgen, das, laut Koran, nach menschlichem Maß einem »Wimpernschlag« entspricht.

Der Islam lehrt aber auch, dass Himmel und Erde in sechs Zeitspannen beziehungsweise Tagen erschaffen worden sind. Dazu heißt es in der 7. Sure, Vers 54: »Gewiss, euer Herr ist Allah, Der die Himmel und Erde in sechs Zeitspannen erschuf.«

Dies steht keineswegs im Widerspruch zu seiner Allmacht, Geschöpfe mit dem einfachen Befehl »Sei!« zu erschaffen, denn auch das Erschaffen von Himmel und Erde in einem Zeitraum von sechs Tagen ist für Muslime ein Zeichen seiner Allmacht und seines Willens. Große Gelehrte des Islam haben diese Dauer des Schöpfungsprozesses nur scheinbar als Widerspruch zur unmittelbaren Erschaffungskraft des Schöpfers (»Sei!«) gesehen, wie sie sich in der Erschaffung der ersten Menschen manifestiert. Sie haben die sechs Zeitspannen vielmehr als einen Aufruf des Schöpfers an den nachdenklichen Menschen interpretiert, sein Leben in Raum und Zeit, wie der Schöpfer es ihnen gewährt hat, mit Bedacht und Sorgfalt zu führen – im Bewusstsein, dass sich das Leben in Stadien vollzieht und auch dies vom Schöpfer genauso gewollt ist.

Sosehr diese Genesis auch den Darstellungen eines solchen Ereignisses in anderen Religionen nahekommt, gibt es doch einen wichtigen Unterschied im Islam: das Verständnis vom Wesen des Schöpfers. Der Schöpfer allen Seins ruhte nämlich nicht am siebten Tag, wie etwa in der Bibel. Die Vorstellung eines ruhenden Schöpfers existiert im Islam nicht, denn der Koran lehrt den Muslim im Vers 255 der 2. Sure: »Allah ist er, es gibt keine Gottheit außer ihm, Der Lebendige (ohne Ende), Der Allverantwortliche. Ihm kommt weder Schläfrigkeit noch Schlaf bei. Ihm gehört, was in den Himmeln und was auf Erden ist (…) seine Herrschaft umfasst die Himmel und die Erde und ihm fällt es nicht schwer, sie zu bewahren. Er ist der Allhöchste, Der Allerhabene.« Die Bestimmung des Menschen, auf der Erde zu leben, ist kein Zufall.

Als weiterer zentraler Unterschied zu anderen Religionen lehrt der Islam, dass weder Adam noch Eva aus dem verheißenen Paradies, das den rechtschaffenen Menschen nach ihrem Tod vom Schöpfer versprochen ist, vertrieben worden sind, sondern aus einem irdischen Garten, der nicht identisch ist mit dem jenseitigen Paradies. Der sogenannte Sündenfall wird auch im Koran erwähnt; doch diese Sünde wurde Adam (!), nicht etwa der in der Bibel als Verführerin stigmatisierten Eva, vom Schöpfer bereits vergeben. Beide haben sich von Satan verführen lassen, vom Baum des ewigen Lebens (nicht Baum der Erkenntnis, wie in der Bibel) zu essen, und beide haben Allah um Vergebung gebeten. Somit ist diese erste Sünde nicht ursächlich für das (beschwerliche) irdische Leben der Menschen, und der Mensch ist nach islamischer Lehre frei von jeglicher Erbsünde. Auch werden weder die Menstruation noch die Schmerzen der Geburt wie in der biblischen Erzählung als Bestrafung der Frauen interpretiert.

Im Koran heißt es in Sure 2, in den Versen 35–39: »Und wir sagten: ›Adam, bewohne mit deinem Paarteil den Garten und esst darin reichlich, von wo ihr beide wollt; doch nähert euch nicht diesem Baum, sonst werdet ihr von den Verlierern sein.‹ Dann flüsterte ihnen der Satan ein: ›Euer Herr hat euch diesen Baum nur deswegen verboten, damit ihr keine Engel werdet oder zu den Ewig-Lebenden gehört!‹ Auch schwor er ihnen: ›Gewiss, ich bin für euch doch nur ein Ratgeber!‹ So betrog er sie durch Täuschung. Als sie dann vom Baum kosteten, wurden ihnen ihre Schamteile sichtbar. Sie begannen eilends, sich mit den Blättern des Gartens zu bedecken. Ihr Herr hat sie rufen lassen: ›Habe ich euch etwa nicht diesen Baum verboten und gesagt, dass der Satan für euch gewiss ein entschiedener Feind ist?!‹ Sie sagten: ›Unser Herr! Wir begingen Unrecht und wenn du uns nicht vergibst und Gnade erweist, werden wir doch zu den Verlierern gehören.‹ Er sagte: ›Steigt hinab! Die einen von euch (Menschen) sind den anderen (Satanen) Feind. Und auf der Erde habt ihr einen Aufenthaltsort und Nießbrauch bis zu einer bestimmten Zeit.‹ Er sagte: ›Darauf werdet ihr leben und darauf werdet ihr sterben und daraus werdet ihr hervorgebracht.‹«

»Dann empfing Adam Worte von seinem Herrn, so vergab er ihm. Gewiss, er ist der Allvergebende, der Allgnädige. Wir sagten: ›Steigt davon allesamt ab! Und wenn euch von mir Rechtleitung erreicht, so wird es um diejenigen, die meiner Rechtleitung folgen, weder Angst geben, noch werden sie traurig sein. Und diejenigen, die sich widersetzten und das von mir Herabgesandte ableugneten, diese sind die Bewohner des Feuers. Darin bleiben sie ewig.‹«

Nach islamischer Lehre war der Mensch von Beginn an dazu bestimmt, auf Erden zu leben. Das irdische Leben ist kein Zufall in der Geschichte der Schöpfung, keine drastische Maßregelung des Schöpfers für seine Geschöpfe. Das Leben des Menschen auf Erden ist keine Bestrafung für eine von Adam (!) begangene Verfehlung.

Beide hier angeführten Zitate aus dem Koran in Bezug auf die

Schöpfung fordern den Menschen vielmehr dazu auf, gemäß den Vorgaben ihres Schöpfers zu leben, sich zu verhalten, sich zu ernähren und sich von den Versuchungen und Täuschungen im besten Eigeninteresse fernzuhalten. Aber auch die Gewissheit auf Vergebung durch den Schöpfer spielt in diesen Versen eine zentrale Rolle, und mit dieser hoffnungsvollen Gewissheit auf die Barmherzigkeit und Gnade des Schöpfers leben die Menschen, seit Adam und Eva erschaffen worden sind. Dem Menschen soll diese zentrale, überragende Botschaft mit den im Koran zu entdeckenden Bezügen zur Schöpfung dargelegt und vermittelt werden.

Liebe als Wesen der Schöpfung

Gott sucht in seiner bedingungslosen und absoluten Barmherzigkeit Mitliebende, seine Geschöpfe, die Menschen. Er will keine Herr-Knecht-Beziehung, in der Gehorsam im Mittelpunkt steht.

»Gott streckt Arme der Liebe und Vergebung in der Nacht für diejenigen aus, die am Tag gesündigt haben, und er streckt Arme der Liebe und Vergebung für diejenigen aus, die in der Nacht gesündigt haben« (Hadith). Gott verschließt sich also dem Sünder, dem fehlenden Menschen nicht, sondern wartet auf ihn. Und er freut sich über jeden, der sich ihm wieder zuwendet.

Hölle und Paradies – Jenseitsvorstellung

Die Überzeugung von der Existenz eines Jüngsten Tages zählt zu den sechs Glaubensartikeln. Dazu heißt es in der 2. Sure, Al Baqarah (Die Kuh), im Vers 62: »Diejenigen, die sich zum Islam bekannten, diejenigen, die Juden wurden, die Nazarener (andere Bezeichnung für Christen) und die Sabäer (Anhänger täuferischer Gemeinden), wer von ihnen die Überzeugung an den Schöpfer und den Jüngsten Tag verinnerlichte und Gutes tat, diese haben ihre Belohnung bei ihrem Herrn, und weder Angst gibt es um sie, noch werden sie traurig sein.«

Wer die Überzeugung verinnerlicht und Gutes tut, dem vergibt Gott seine missfälligen Taten und lässt ihn in »Gärten eintreten, die von Flüssen durchzogen sind, ewig sind sie darin für immer. Dies ist der gewaltige Gewinn«. Darauf wird an vielen Stellen im Koran verwiesen. Mit dem Versprechen vom ewigen Leben und mit der Lehre von der notwendigen Existenz des Jüngsten Tages soll der Mensch dazu angehalten werden, seine Selbstkontrolle zu stärken, für sich und andere vermehrt Gutes zu tun. Er soll seiner Veranlagung entgegenwirken, egoistische Tendenzen auszuleben, das heißt, für sich selbst nur Vorteilhaftes anzustreben und Nachteiliges abzuwehren.

Vergänglichkeit alles Irdischen

Wie eng der Islam in seiner Praxis mit der guten Tat verbunden ist, wird in den ersten drei Versen der 107. Sure zum Ausdruck gebracht: »Sahst du denjenigen, der die Hingabe zu Gott ableugnet? Dieser ist derjenige, der die Waise wegstößt und zur Speisung des Bedürftigen nicht anspornt.« Das Wissen um den Jüngsten Tag soll dem Menschen bewusst machen und immer wieder in Erinnerung rufen, dass alle irdischen Güter letztendlich vergänglich sind und folglich das Streben danach nicht zum eigentlichen Lebenszweck werden darf.

Im Koran findet man zudem eine Vielzahl von Benennungen und Bezeichnungen für diesen Tag, woraus der ungefähre Ablauf, das Geschehen und die Eigenschaften dieses Tages abgeleitet werden können. Beispielhaft seien hier nur die folgenden Synonyme für diesen Tag genannt:

Tag der Auferstehung,
die angedrohte Stunde,
das letzte Ereignis,
Tag der Vergeltung,
Tag der Abrechnung,
Tag des Verlassens der Gräber,
Tag der Versammlung,
Zusammenkunft,
der Tag, an dem betrogene Menschen ihre Betrüger anklagen,
Tag der Ewigkeit.

Im Koran heißt es dazu in der 4. Sure, Al-Nisaa, im Vers 87: »Er ist Allah, es gibt keine Gottheit außer ihm, er wird euch gewiss versammeln zum Tag der Auferstehung – daran gibt es keinerlei Zweifel! Wer ist dieser, der wahrhaftiger als Allah spricht?« Und weiter heißt es dazu in der 20. Sure, Ta-ha, im Vers 15: »Der Jüngste Tag ist zweifelsohne im Kommen. Beinahe werde ich ihn enthüllen, damit jeder Seele nach ihrem Bestreben vergolten wird.«

Ein weiterer Hadith verstärkt die Bilder noch: »Zu den Vorboten des Jüngsten Tages gehören die Abscheulichkeiten, die öffentlichen unzüchtigen Aussagen und Handlungen, Unterbrechung der Verwandtschaftsbeziehung, Unterstellung von Verrat dem Vertrauenswürdigen und Vertrauen dem Verräter gegenüber.« Mit besonderem Blick auf die Muslime heißt es: »Es werden sich unter meiner Gemeinschaft Streit und Teilung ausbreiten, es wird Leute geben, die gut reden können, aber schlecht handeln.« Es ist durchaus angebracht, Parallelen zu ziehen zwischen den Schilderungen dieser Überlieferungen und den negativen Verhaltensmustern und Missständen unter den Muslimen.

Die Rückkehr Jesu

Ein besonders bedeutendes Ereignis vor dem Jüngsten Tag ist das Herabsteigen des Propheten Jesus, Marias Sohn, der nach der islamischen Lehre weder gekreuzigt wurde, noch gestorben und auferstanden ist. Aus islamischer Sicht fand die Kreuzigung von Jesus nicht statt, so heißt es in der 4. Sure in den Versen 157/158: »Sie sagten: ›Gewiß, wir haben den Messias, Jesus, Sohn der Maria, den Gesandten Allahs getötet.‹ – Aber sie haben ihn weder getötet noch gekreuzigt, sondern es erschien ihnen so … Nein! Vielmehr hat Allah ihn zu sich erhoben. Allah ist allmächtig und allweise.«

In einer authentischen Überlieferung des Propheten Mohammed heißt es: »Bei dem, der über meine Seele verfügt! Bald wird zu euch Marias Sohn als gerechter Richter herabsteigen!« Und: »Eine Gruppe von meiner Gemeinschaft wird weiterhin bis zum Jüngsten Tag für das Recht kämpfen. Er sagte weiter: ›Dann wird Jesus (Friede sei auf ihm), der Sohn Marias, herabsteigen …‹.«

Die Zeit des Eintretens des Jüngsten Tages kennt der Schöpfer allein. Im 187. Vers der 7. Sure erfahren wir: »Sie fragen dich (also den Propheten) nach dem Jüngsten Tag: ›Wann ereignet er sich?‹ Sag: ›Das Wissen darüber ist nur bei meinem Herrn. Keiner kann ihn zu seiner Zeit offenlegen außer ihm. Schwer lastet er in den Himmeln und auf der Erde. Er überkommt euch nur plötzlich.‹ Sie fragen dich, als ob du darüber genaueste Kenntnis besäßest. Sag: ›Das Wissen über ihn ist nur beim Schöpfer; doch die meisten Menschen wissen es nicht.‹«

Der Prophet Mohammed erwähnt viele Merkmale, die als Warnung gelten dafür, dass dieser entscheidende Tag für die Menschheit heranrückt. Diese Merkmale werden in zwei Kategorien eingeteilt: Die Vorboten beziehungsweise die kleinen Zeichen des Jüngsten

Tages, die das relativ baldige Herannahen ankündigen. Die großen Zeichen des Jüngsten Tages, die das unmittelbare Bevorstehende ankündigen und die mit einer kompletten Veränderung der bisherigen Ordnung des Universums einhergehen.

Alle Menschen, so kündet der Koran, werden dem Schöpfer vorgeführt, um anschließend jeder für sich und ohne Vermittlung für seine Taten Rechenschaft abzulegen. Bei der Vorstellung werden alle Taten, das sind Handlungen, Worte, Gedanken, Intentionen, Wissen, Fähigkeiten und vieles mehr, des Menschen vorgestellt und in Erinnerung gerufen, die offenen und verdeckten Taten, die bekannten und die unbekannten, die guten und die schlechten, damit jeder Mensch sich bewusst wird, welche Taten er im Laufe seines Lebens begangen hat.

Nach islamischer Überzeugung hat der Mensch während seines gesamten irdischen Daseins, an jedem Tag, in jeder Stunde, in jeder Sekunde die Möglichkeit, das Wohlgefallen seines Schöpfers zu erlangen, und sei es mit der geradezu nichtig anmutenden »Spende einer halben Dattel«. Aber auch die Erde, die Körperglieder und die Organe werden Zeugnis über den Menschen ablegen, welchen Umgang der Mensch mit ihnen pflegte. Diese Gewissheit soll den Menschen, insbesondere den Muslim, dazu erziehen, sorgsam mit seiner Umwelt, seinem Körper und seinen Organen umzugehen, denn er wird in vielfältiger Weise für sein irdisches Leben im Jenseits zur Rechenschaft gezogen.

Auferstehung und Gerechtigkeit

Auferstehung und ein Leben nach dem Tod ist eine Notwendigkeit, um die angekündigte Gerechtigkeit herzustellen. Im Koran heißt es dazu in der 23. Sure, im Vers 115: »Habt ihr etwa gedacht, dass wir euch aus sinnlosem Treiben erschufen und dass ihr zu uns nicht zurückgebracht würdet?« Muslime sind überzeugt, dass die Belohnung der Taten nach der Abrechnung am Jüngsten Tag mit Gewissheit erfolgen wird: »Wer mit der guten Tat kommt, für den ist Besseres als diese bestimmt. Doch wer mit der missfälligen Tat kommt, so wird denjenigen, welche die missfälligen Taten begingen, nichts außer dem vergolten, was sie zu tun pflegten« (28:64). In der 40. Sure, Vers 40 ist nachzulesen: »Wer Schlechtigkeit tat, dem wird nur mit Gleichem vergolten. Doch wer Gutes tat, ob Mann oder Frau, während er Bekennender ist, dieser tritt in das Paradies ein. Darin werden ihnen Gaben ohne Berechnen gewährt.«

Für Muslime ist die Existenz des Paradieses und der Hölle eine Wahrheit; beide sind vom Schöpfer erschaffen worden, und von ihm auf die Belohnung beziehungsweise Bestrafung vorbereitet worden. Der Prophet Mohammed sagte hierzu: » Und es kommt aus dem Feuer jeder heraus, der sagte, dass es keinen Gott außer Gott gibt, und in dessen Herzen so viel Gutes wie das Gewicht eines Gerstenkornes war. Und es kommt aus dem Feuer jeder heraus, der sagte, dass es keinen Gott außer Gott gibt, und in dessen Herzen so viel Gutes wie das Gewicht eines Weizenkornes war. Und es kommt aus dem Feuer jeder heraus, der sagte, dass es keinen Gott außer den einen Gott gibt, und in dessen Herzen soviel Gutes wie das Gewicht eines Stäubchens war.«

Entscheidend ist für mich vor allem eines: Konzeptionell unterscheidet sich das Jüngste Gericht nicht gravierend vom weltlichen Gericht, auch wie wir es hierzulande kennen. Nur dass es in diesem nicht immer garantiert gerecht zugeht, weil Menschen, also auch Richter, Fehler machen können und weil manche Verbrechen mangels Beweisen ungeahndet bleiben. Wir erachten es als eine Selbstverständlichkeit, dass selbst geringfügige Vergehen, wie zum Beispiel Falschparken oder zu schnelles Fahren, Strafen nach sich ziehen können. Das gilt umso mehr bei schwerwiegenden Vergehen wie Raub oder Mord. Wie ungerecht wäre die Welt, wenn ich in dem Bewusstsein leben würde, viele dieser schrecklichen Verbrechen blieben ungesühnt? Oder jene, die anderen Menschen schweres Unrecht angetan haben, blieben ungestraft? Und dennoch bleibt im Mittelpunkt aller Abrechnungen – zumal der Mensch stets Vergebung bei seinem Gott erbitten kann – Gottes Barmherzigkeit.

Es wird vom Propheten berichtet, dass er eines Tages mit seinen Gefährten unterwegs war, und sie sahen eine Frau mit ihrem Kind an einer Feuerstelle. Die Mutter trug das Kind im Arm und hielt es vom Feuer fern. Der Prophet zeigte auf die Frau und sagte: »Seht ihr diese Mutter? Traut ihr dieser Mutter zu, dass sie ihr Kind ins Feuer wirft?« Die Gefährten verneinten dies. Da sagte der Prophet: »Gott ist barmherziger mit seinem Diener als diese Frau mit ihrem Kind.«

Bei anderer Gelegenheit sagte der Prophet: »Gott, der Mächtige und Erhabene, spricht: ›Wer Gutes tut, wird dafür das Zehnfache erhalten, und ich vermehre es. Wer Böses tut, dessen Vergeltung entspricht seiner bösen Tat, oder ich vergebe ihm. Wer sich mir eine Handspanne nähert, dem komme ich eine Elle entgegen; und wer sich mir eine Elle nähert, dem komme ich einen Klafter entgegen; wer zu mir gegangen kommt, zu dem komme ich gelaufen, und wer mir mit Sünden so groß wie die Erde begegnet, mir aber nichts zur Seite stellt, dem begegne ich mit entsprechender Vergebung.‹«

Fürsprache des Propheten für die Menschen am Jüngsten Tag

Am Tag der Auferstehung werden die guten und schlechten Taten der Menschen mit einer Waage gewogen, um die Gerechtigkeit Gottes – des Herrschers – offenkundig zu zeigen. Gott, der Erhabene, sagt: »Und wir werden Waagen der Gerechtigkeit für den Tag der Auferstehung aufstellen, sodass keine Seele in irgendeiner Weise Unrecht erleiden wird. Und wäre es das Gewicht eines Senfkorns, wir würden es hervorbringen. Und wir genügen als Rechner« (21:47).

Die Quellen weisen daraufhin, dass es eine wirkliche Waage mit zwei Waagschalen ist und dass Gott die Taten der Menschen zu Körpern mit einem bestimmten Gewicht umwandelt. So werden dann die guten Taten in die eine Waagschale gelegt und die schlechten in die andere. Das Wiegen der Taten erfolgt nach Abschluss der Abrechnung: Das Ergebnis der Abrechnung ist eine Aufstellung der Taten, wobei das jeweilige Gewicht die Vergeltung bestimmt – das heißt die Größe der Belohnung beziehungsweise der Strafe. Wie bereits oben erwähnt, kann Gott, unabhängig von der Schwere der guten und schlechten Taten, dem Menschen jedoch auch durch seine Barmherzigkeit alle Sünden vergeben.

Anhand einer Reihe von Aussagen aus den Ahadit (Mehrzahl von Hadith) wird zudem deutlich, dass es speziell dem Propheten vorbehalten ist, Fürsprache für Menschen zum Jüngsten Gericht bei Gott einzulegen. Es gibt verschiedene Kategorien solcher Fürsprachen. Die Realität dieser Fürsprache sieht so aus, dass der Gesandte Allahs – Allahs Segen und Heil auf ihn – die Fürsprache für die gesamte Schöpfung ablegen wird und zwar dann, wenn der erhabene Allah den Beginn des Jüngsten Gerichts verzögert, sodass diese Verzögerung und das Warten für die Geschöpfe am Tag des Gerichts auf dem Versammlungsplatz nicht mehr zu ertragen sind. Kummer und Leid wird sie überkommen, und sie können dies alles nicht mehr verkraften. Dann werden sie fragen: »Wer kann für uns Fürsprache bei unserem Herrn einlegen, damit er endlich zwischen den Dienern urteilt?«

Dabei wollen sie einfach nur von diesem Versammlungsplatz wegkommen. Die Menschen werden nacheinander zu den Propheten gehen, und alle werden ihnen das Gleiche sagen: »Ich bin nicht in der Lage dazu.« Zum Schluss werden sie zum Gesandten Mohammed kommen, und er wird ihnen sagen: »Ich bin in der Lage dazu, ich bin in der Lage dazu.« So wird er für sie Fürsprache bei Gott einlegen, dass das Richten beginnen möge.

Im Koran finden sich einige Beschreibungen über das Paradies. Beispielhaft seien hier einige Zitate herausgegriffen: »(Ist etwa) das Gleichnis des Paradieses, das den Ehrfürchtigen versprochen wurde – darin sind Flüsse mit nicht verderblichem Wasser, Flüsse mit Milch, deren Geschmack sich nie ändert, Flüsse mit wohlschmeckendem Wein für die Trinkenden und Flüsse mit geklärtem Honig; darin haben sie von allen Früchten sowie Vergebung von ihrem Herrn.«

»Die Ehrfürchtigen sind an einem sicheren Aufenthaltsort, in Gärten und an Quellen. Sie tragen Kleidung aus Seide und Brokat und sitzen einander gegenüber. Solcherart wird es sein! Ebenso lassen Wir sie mit schönen großäugigen Wesen zweisam werden. Sie verlangen darin nach jeglicher Art Obst als jene, die sich in Sicherheit wähnen. Nicht erfahren werden sie den Tod darin, außer dem ersten Tod. Er schützte sie vor der Peinigung der Hölle« (44:51–56).

Diese sich nur annähernden Darstellungen des Paradieses sind letztendlich Mitteilungen an den Menschen, die ihn in seiner vom irdischen Dasein geprägten Sprach-, Erlebnis- und Erfahrungswelt abholen und ihn wissen lassen, dass sich das ewige Leben nach dem Tod fundamental von seinem zeitlich begrenzten Leben auf Erden unterscheiden wird.

Als der Prophet nach den Bauten im Paradies gefragt wurde, sagte er: »Ein Baustein ist aus Silber und ein anderer aus Gold. Sein Mörtel ist aus dem angenehmen Moschus. Seine Kiesel sind Perlen und Rubine, und seine Erde ist aus Safran. Wer es betritt, wird ein sorgenfreies Leben führen und nie traurig werden, und ewig leben und nicht sterben. Ihre Kleider werden nicht abgenutzt, und ihre Jugend wird nicht vergehen.« Und weiter:

»Wenn die Paradiesbewohner ins Paradies eintreten, wird ihr Schöpfer sie fragen: ›Wollt ihr noch irgendetwas, das ich euch gewähre?‹ Sie antworten: ›Hast du unsere Gesichter (mit deiner Belohnung) etwa nicht weiß hellstrahlend gemacht? Hast du uns etwa nicht ins Paradies eintreten lassen und vor dem Höllenfeuer geret-

tet?‹ Dann wird der Vorhang entfernt, und ihnen wird nichts gegeben, das ihnen lieber ist als der Anblick ihres Herrn, des Erhabenen,
des Majestätischen. Dann rezitierte er: ›Für diejenigen, die gütig
handelten, gibt es das Paradies und noch mehr!‹.«

Muslime hoffen auf die Gnade und Barmherzigkeit ihres Schöpfers
am Tag des Jüngsten Gerichts, denn in allen 114 Suren des Koran
versieht er sich, als zentrales Merkmal seines Wesens, mit den Attributen »des Gnädigen, des Gnade Erweisenden«. Muslime leben in
der Gewissheit, dass am Ende die Ewigkeit für alle existiert. In der
Hölle wie auch im Paradies. Und auf Erlangung des ewigen Lebens
im Paradies sollte das Streben eines Muslim während seines irdischen Lebens ausgerichtet sein.

Döner, Zuckerfest und Co.: Alltag

»Gewiss, mein Herr ist Hüter über alles« (11:57).

24 Stunden Muslim – Leben als Gottesdienst

Der Islam strukturiert den Alltag eines Muslim. Wobei die Ausprägungen dieses Alltags über die Jahrhunderte auch vom historisch-kulturellen Umfeld der jeweiligen Gesellschaften geprägt ist Das islamkonforme Leben ist für den Muslim ein Gebet und eine Danksagung an den Schöpfer allen Seins. Dies ist, was ein Muslim unter der Verherrlichung seines Schöpfers versteht und in seinem Leben umzusetzen versucht. Dem entspricht das weit gefasste Verständnis vom Gottes-Dienst, der nicht nur religiöse Handlungen im engeren Sinne umfasst, sondern eben auch die tägliche Arbeit (Beruf), das Streben nach Wissen (Schule und Studium). Ja, selbst der Dienst an der Familie und die Liebe des Mannes zu seiner Frau oder die der Frau zu ihrem Mann ist im Islam Gottesdienst (Ibada).

Das Wort Muslim bedeutet »der sich Gott Hingebende«, analog zur Bedeutung von Islam, »Hingabe an Gott«. Hier sei auch noch einmal das korrekte Verständnis eines Muslim von Ergebenheit erklärt, die ürigens nichts mit Fatalismus gemein hat. Diese Ergebenheit erfolgt aus freien Stücken, willentlich und wissentlich, sie ist nicht Ausdruck eines sklavischen Denkens, eines Zwangs. Die Ergebenheit beziehungsweise Untergebenheit, dem Schöpfer gegenüber ergibt sich aus der Befolgung seiner Gebote. Übrigens, davon sei hier nochmals erinnert, das arabische Wort für die Gesamtheit der islamischen Gebote ist Scharia und bedeutet nicht Gesetze oder islamisches Recht, wie immer wieder von Personen, die sich zu Experten stilisieren oder stilisieren lassen, behauptet wird.

Der große Gelehrte Imam Ar-Razi hat diese Ergebenheit eines Muslim seinem Schöpfer gegenüber folgendermaßen definiert: »Ibadaah ist die Verherrlichung dessen, was Allah geboten hat, und die Gnade der Schöpfung gegenüber.«

Andere Gelehrte umschrieben diesen zentralen Bestandteil der Lehre des Islam mit diesen Worten: »Ibadaah ist die Erfüllung der Gelöbnisse, die Achtung der Grenzen, die Zufriedenheit mit dem Vorhandenen und das Duldsam-Sein für das Fehlende.«

Der Islam hält den Menschen dazu an, nach Ausgewogenheit und Gleichgewicht in seinem Leben zu streben, indem er die Gebote seines Schöpfers befolgt, damit es nicht zu Ungerechtigkeiten kommt, die unsere Weltgemeinschaft aus den Fugen geraten lassen.

Ich verstehe den Islam als Angebot, das Leben in den Griff zu bekommen, auf seine besondere Weise. Er ist Ethos und eine innere Haltung, und er soll dem Menschen Orientierung und Rechtleitung für sein Leben geben. Er ist eine Bedienungsanleitung für das Geschöpf Mensch. Er ist aber keine Ideologie – Ideologien sind für Denkfaule, die sich nicht abmühen, täglich über die Schöpfung und auch über das Wie im Leben nachzudenken. Solche Leute sind nicht davor gefeit, »Führern« zu folgen, bedingungslos, und sie zum Idol zu machen. Doch wer sollte besser in der Lage sein, dem Menschen zu raten, wie er leben sollte, als eben der Schöpfer dieses besonderen Geschöpfes? Ein Geschöpf, das oft als »Krone der Schöpfung« beschrieben, aber sich selten der Verantwortung bewusst wird, die mit diesem Titel für das eigene Sein wie auch für seine Mitmenschen, die Umwelt, die Flora und Fauna, einhergeht.

Auch Muslime tendierten in der Geschichte und tendieren heute häufig dazu, mit Scheuklappen auf ihre Religion zu blicken – und auch dies macht es in Europa lebenden Muslimen schwer, Islam zu »kommunizieren«. Aber vielfältiges Wissen zur Ausübung des Islam und der darin gebotenen Lebensweise ist der erste Schritt, damit Muslimen Anerkennung und Achtung der Gesellschaft, in der sie leben, zuteilwerden können.

Der weit verbreiteten Angst und dem Schrecken vor Muslimen und vor dem Islam kann begegnet werden, wenn Muslime – vor allem dort, wo sie Minderheiten sind – begreifen, dass Muslim-Sein ein 24-Stunden-Job ist, der von der Abend- bis zur Morgendämmerung und vom Sonnenaufgang bis Sonnenuntergang andauert, der sich nicht einzig auf die Praxis der Rituale, also die fünf täglichen Gebete, das Fasten im Monat Ramadan und die Beachtung der für Männer (!) und Frauen geltenden Bekleidungsgebote, reduzieren lässt.

Muslime haben sich in der Beziehung mit anderen Muslimen muslimisch zu verhalten. Und, daran darf es keinen Zweifel geben, sie sollen der Ethik des Islam umso mehr Folge leisten in ihren Beziehungen mit Nichtmuslimen. Sie müssen sich durchgehend wie Muslime verhalten – also Frieden mit Gott, ihren Mitmenschen und ihrer Umwelt machen – ohne Rücksicht auf Religion, Nation, Ethnizität oder jede andere Unterscheidung, die Menschen definieren können. Und für diejenigen, welche die Verachtung von einigen Nichtmuslimen gegenüber Muslimen zum Anlass nehmen, sich zur Verteidigung ihrer Religion der gleichen rhetorischen Verleumdungs-, Verdrängungs- und Kampfstrategien zu bedienen, kann es nur eine klare Botschaft geben: »Sie sind nicht unsere Lehrer!«

Wird jeder Mensch als Muslim geboren? – Geburt

Die Geburt eines Kindes ist immer ein freudiges Ereignis, und in einer muslimischen Familie wird die Ankunft eines neuen Erdenbewohners gebührend gefeiert. Nach islamischem Verständnis wird ein Mensch immer als Muslim geboren. Dies mag für viele überraschend sein, und einige wenige werden diese Überzeugung mit ängstlicher Verwunderung zur Kenntnis nehmen.

Doch das Rätsel um das Muslim-Sein eines neugeborenen Kindes lässt sich leicht lösen, denn der Begriff Muslim bezeichnet nicht nur die Angehörigen des Islam, sondern bedeutet auch demütige Ergebenheit in Gottes Gnade und Barmherzigkeit. Aus islamischer Sicht ist unsere Existenz ohne unseren Schöpfer, diese gewaltige Wirkursache allen Seins, undenkbar. Wir alle sind von ihm abhängig, und somit wird jeder Mensch als Gottergebener, als ein Muslim, geboren, auch wenn seine Eltern ihn später anders religiös oder weltanschaulich erziehen.

Doch in einer muslimischen Familie erfährt das neugeborene Kind vom Moment der Geburt, dass es in den Kreis der muslimischen Gemeinschaft aufgenommen ist. In vielen muslimischen Ländern ist es die geachtete Aufgabe des ältesten Familienmitglieds, das neugeborene Kind in den Arm zu nehmen und ihm den islamischen Gebetsruf, arabisch Azaan, in ein Ohr zu flüstern und manchmal den Abstrich einer Dattel auf seiner sauberen Fingerkuppe leicht unter den Gaumen des Kindes zu reiben. Ins andere Ohr wird ein Vers oder eine kurze Sure aus dem Koran geflüstert. Nicht selten handelt es sich hier um die 112. Sure, die den Namen Al-Ikhlas (das reine Glaubensbekenntnis) trägt.

In der beeindruckenden, die arabische Versform schön widerspiegelnden deutschen Übersetzung des vor 150 Jahren verstorbenen Orientalisten Friedrich Rückert lautet diese: »Gott ist einer, ein ewig Reiner, hat nicht gezeugt und ihn gezeugt hat keiner und nicht Ihm gleich ist einer.« Eine Übersetzung unserer Tage lautet: »Er ist Gott, der eine, Gott, der Beständige, er zeugte nicht und wurde nicht gezeugt, und keiner ist ihm ebenbürtig.«

In dieser Sure, die eine der kürzesten Suren des gesamten Koran ist, wird die zentrale Botschaft des absoluten Monotheismus unseres Schöpfers, seiner unteilbaren Unvergleichbarkeit, an den Menschen in wunderbarer Weise auf den Punkt gebracht. Und diese Botschaft bekommt jedes Neugeborene in einer muslimischen Familie leise ins zarte Ohr geflüstert.

Wie überall wird die Geburt eines Kindes mit Besuchen und Geschenken gefeiert. Je nach kulturellem Umfeld finden sich unterschiedliche Rituale, die aber zum Teil nicht unmittelbar mit dem Islam verknüpft sind. Manchmal werden die Sure 1, Al-Fatiha (die Eröffnende), im Beisein des Kindes rezitiert oder auch die beiden Schutzsuren 113 und 114.

Die Namensgebung erfolgt oft unmittelbar nach der Geburt oder erst eine Woche nach der Geburt. Die ersten Haare des Kindes werden aqiqa genannt. Es ist empfohlen, am siebten Tag die Haare zu scheren, Gold/Silber (beziehungsweise Geldwert) im Gewicht der Haare zu spenden und dem Kind dann einen Namen zu geben. Da heute der Name vorher verliehen und eingetragen wird, kann die feierliche Bekanntmachung an diesem Tag erfolgen.

Islamische Tradition – Streitpunkt Knabenbeschneidung

Knabenbeschneidung (Khitan) wird im Islam in Anlehnung an die Tradition des Propheten Abraham und an die jüdische und ursprüngliche christliche Tradition weitergeführt. Im Koran wird die Beschneidung nicht erwähnt, doch der Gesandte Allahs sagte: »Zur ursprünglichen Natur der Menschen gehören fünf Handlungen: die Beschneidung, das Abrasieren der Schamhaare, das Kurzschneiden des Schnurrbarts, das Schneiden der (Finger- und Fuß-)Nägel und das Auszupfen der Achselhaare.« So wird die Beschneidung bei allen muslimischen Völkern seit Jahrhunderten als islamische Tradition und Pflicht gepflegt.

Die Verpflichtung zur Beschneidung ist durch die Sunna, den Aussagen und Handlungen des Gesandten Allahs, belegt. Ausgehend von der Sunna gilt die Beschneidung sowohl bei Sunniten als auch bei Schiiten als Pflicht der Muslime. Bei zwei der sunnitischen Rechtsschulen (der Shafiitischen und der Hanbalitischen) sowie bei den schiitischen Rechtsschulen gilt die Beschneidung als Wajib (Pflicht). Bei den restlichen sunnitischen Rechtsschulen (der Hanafitischen und der Malikitischen) gilt sie als Sunna Muakkadah (mit Nachdruck empfohlene Prophetentradition).

Die Beschneidung soll im Neugeborenenalter, zum Beispiel am siebten Lebenstag, oder später bis zur Geschlechtsreife vollzogen werden. Ist dieser Zeitpunkt überschritten, beziehungsweise erfolgt der Übertritt zum Islam nach der Geschlechtsreife, entfällt die Pflicht. Der empfohlene Charakter dieser Tradition bleibt nichtsdestotrotz bestehen.

Bei den meisten muslimischen Völkern wird die Beschneidung am siebten Lebenstag in Verbindung mit der Namensgebung vorgenommen. Oft werden in den Familien zwei Schafe geschlachtet, deren Fleisch an Arme und Bekannte verteilt wird. Bei den Türken und den turkmenischen Völkern festigte sich die Sitte, die Beschneidung kurz vor der Geschlechtsreife vorzunehmen. In Verbindung damit wird ein familiäres Fest gefeiert.

Die Beschneidung kann jeder Sachkundige vornehmen. Es bestehen keine Einschränkungen bezüglich der Religion und des Geschlechts der Person, die die Beschneidung vornimmt. Sie muss lediglich für diesen Eingriff ausreichend fachlich geschult sein. Diese Regelung gilt in Deutschland nur bis zum sechsten Lebensmonat des Kindes.

Die Beschneidung von Mädchen ist nicht im Islam verankert und wird als Körperverletzung gewertet.

Der Deutsche Bundestag beschloss 2012 ein Gesetz zur »Beschneidung des männlichen Kindes« (§ 1631d). Dort wird festgelegt, dass die Beschneidung eines Knaben erlaubt ist, sofern das Kindeswohl nicht gefährdet wird. Vorausgegangen war eine hochemotionale Debatte, ausgehend vom Urteil des Kölner Landgerichts, das die Knabenbeschneidung als Körperverletzung gewertet hatte. Wir Muslime haben die damalige Bundestagsentscheidung begrüßt, und wir sind den vielen Abgeordneten dankbar, dass sie muslimischem und jüdischem Leben keine gravierende Einschränkung auferlegen. Mit diesem Beschluss wurden Weitsicht und Weltoffenheit gezeigt. Man kann zur Beschneidung stehen, wie man will, und sie auch ablehnen. Aber ich halte es für sehr problematisch, wenn erstmals überhaupt in einem Staat mithilfe des Strafrechts versucht wird, einen jahrtausendalten, bewährten und komplikationsarmen Ritus zu verbieten.

Die Gegner der Beschneidung, zu denen, wie gesehen, auch einige deutsche Juristen und Richter gehören, aber auch Kinderrechtsaktivisten, verfolgen meiner Ansicht nach nicht selten politische Motive und versuchen mit viel Polemik und wenig Wissen erneut Juden und jetzt auch Muslime zu kriminalisieren. Wäre Beschneidung unter Strafe gestellt, würde jüdisches wie muslimisches Leben schwer eingeschränkt, und das auch noch in Deutschland, das in seinem dunkelsten Geschichtskapitel schon einmal jüdisches Leben verboten hat.

Während sich die Gesellschaft zunehmend nach Wärme, Geborgenheit und menschlichen Werten sehnt, die ihr ja genuin die Religionen bieten können, erschwert ein – wie Navid Kermani es ausdrückt – »Vulgärrationalismus« das friedliche Zusammenleben in unserem Land. Darin drückt sich eine »fundamentalistische« extremistische Geisteshaltung aus, die den eigenen Verstand absolut setzt und alles Religiöse ablehnt.

Der Schutz der religiösen Integrität ist ein hohes Gut. Er droht aber Schaden zu nehmen, auch in seiner Bedeutung für eine säkulare Gesellschaft, wenn eine rationalistische Geisteshaltung zum einzig gültigen Maßstab wird. Er droht auch Schaden zu nehmen, wenn die eine Religion die andere drangsaliert oder Fanatiker innerhalb der Religion ein Regime errichten. Denn dann werden bei all dem Religionen oder auch Weltanschauungen bevormundet und in unangemessener Weise eingeschränkt. Auch wir Muslime haben in den eigenen Reihen mit Extremismus zu kämpfen. Dies zu benennen, behagt vielen nicht, bleibt aber dennoch eine Notwendigkeit – und das in alle Richtungen.

Zwischen Religion und Gesellschaft – Heirat und Ehe

Muslime werden darin bestärkt, die Erfüllung ihrer körperlichen Bedürfnisse im Rahmen der Ehe zwischen Mann und Frau zu suchen. Auch und gerade um die Ehe zu stärken, den Kern der Familie zu festigen, welche ja die Keimzelle jeder funktionierenden Gesellschaft ist. Eine sogenannte »wilde Ehe« ist also nicht islamkonform. Die Auswahl des Ehepartners orientiert sich hierbei in erster Linie am Charakter und an der Integrität der Person, und erst dann folgen sekundäre Eigenschaften, wie etwa Wohlstand und Besitz.

Und um in diesem Zusammenhang gleich mit einem Vorurteil aufzuräumen: Selbstverständlich hat die Frau das Recht, ihren Ehepartner frei und ohne äußeren Zwang auszuwählen! Eine Frau zu einer Ehe mit einem Mann zu zwingen, hat viel mit unislamischen Traditionen zu tun. Auch die Zahlung einer Morgengabe an die Frau hat nichts mit dem vermeintlichen Kauf eines Ehepartners zu tun, sondern folgt der Absicht, einer Frau im Fall einer Ehescheidung, die im Islam legal ist, ein finanzielles Auskommen zu sichern. Die Ehepartner schließen einen Vertrag, und in diesem Vertrag können die Ehepartner ihre gegenseitigen, gesetzlich bindenden Verpflichtungen zum Ausdruck bringen. Die Ehe ist im ursprünglichen Verständnis des Islam kein Sakrament, sondern ein zivilrechtlicher Vertrag zwischen zwei mündigen, gleichberechtigten Menschen. Und weil die Ehe ein die Gesellschaft tragender Vorgang ist, wird dieser Entschluss zu einer von der Religion erwünschten Partnerschaft von Muslimen ausgiebig und gerne gefeiert. Dies geschieht in großer Vielfalt ganz nach kultureller Prägung und in unterschiedlichsten Färbungen.

Manchmal ufert diese Feierlichkeit allerdings aus und stürzt die beteiligten Familien in Schulden, aber dies steht nicht im Einklang mit den Geboten des Islam. Der Exzess, auch im vermeintlich Guten, widerspricht immer dem Koran. Dessen sollten sich Muslime stets bewusst sein.

Und auch an dieser Stelle gilt es, angesichts des Kinderreichtums mancher muslimischer Familien mit einem Vorurteil aufzuräumen: Verhütung ist im Islam erlaubt, Abtreibung hingegen nicht, es sei denn, es gibt medizinische Indikatoren bei der Frau, zum Beispiel Gefahr für Leib und Seele oder psychologische Konsequenzen bei einer Schwangerschaft nach einer Vergewaltigung. Dies wurde bereits in der Frühzeit des Islam von Muslimen praktiziert. Der Kinderreichtum in einigen heutigen muslimischen Mehrheitsgesellschaften hat andere als religiöse Gründe. Er hat viel mit großem staatlichem Versagen hinsichtlich Sozialleistungen im Alter zu tun, und Kinder dienen oft als soziale Absicherung.

Khadidschah – Frauen und Männer sind im Islam gleich

Kaum ein islamspezifisches Thema nimmt einen so breiten Raum ein wie die Stellung der Frau. Und kein islamspezifisches Thema wird seitens vieler Nichtmuslime und einiger Personen, die sich je nach Befindlichkeit an einer Stelle als Muslime und an anderer Stelle als Nichtmuslime bezeichnen, mit so vielen Fehlbeurteilungen belegt wie dieses.

Seit Jahrzehnten meint man Muslimahs vorschreiben zu dürfen, wie diese ihre Religion zu interpretieren und zu leben haben. Und man fordert sie nicht selten in selbstgefälliger Überheblichkeit dazu auf, die zentrale Schrift ihrer Religion von vermeintlich frauenfeindlichen Aussagen zu »entrümpeln«. Das Kopftuch wird zu einem die Gesamtgesellschaft bedrohenden Kampftuch degradiert, und in manchen Schulverfassungen verschreibt man sich sogar der Errichtung »kopftuchfreier Schulen«. Danach wundert man sich, wenn andere »ausländerfreie Zonen« in Deutschland ausrufen.

Negativ behaftete Begrifflichkeiten wie »Fundamentalismus«, »Rückständigkeit«, »Erniedrigung« und »Unterdrückung« werden bei diesem Thema in einem Atemzug mit dem Islam genannt. Eine ernsthafte, seriöse und auf Abbau von negativen Vorurteilen zielende Auseinandersetzung kann in dieser emotional befeuerten Atmosphäre kaum mehr stattfinden. Viele engagierte und der sachlichen Diskussion zugewandte Muslime sind mittlerweile müde geworden, auf die ständig wiedergekäuten Vorurteile gegenüber der Situation der Frau im Lichte des islamischen Kontextes einzugehen.

Nur wenige Nichtmuslime bemühen sich in dieser aufgeheizten Stimmung um ein eigenes Bild und machen sich selbst auf die Suche nach authentischen Antworten auf ihre Fragen. Doch an dieser Stelle soll nicht zum wiederholten Mal der Auseinandersetzung mit den islamischen Bekleidungsgeboten und dem islamischen Verständnis von zulässiger Körperblöße bei Mann und Frau, arabisch Hidschab beziehungsweise Aurah, unnötig viel Raum gewidmet werden.

Jedem ideologiefreien Betrachter sind mittlerweile sämtliche Sachargumente in dieser Angelegenheit ungehindert zugänglich. Deshalb werde ich mich mit einigen Aspekten begnügen und verweise ausdrücklich auf die alltägliche Praxis in manchen islamischen Gegenden, wo bedauerlicherweise die eigenen Gebote, welche die Frau achten und ehren, weiterhin mit Füße getreten werden.

Denn in ihrer Verantwortung vor dem Schöpfer sind Frau und Mann gleich. Belohnung und Bestrafung sind im Jenseits keine Frage des Geschlechts. Im Vers 195 der 3. Sure, die den Namen der Familie der Mutter Jesu, Al-Imraan, trägt, ist Folgendes zu lesen:

»Ich lasse keine Tat der Tugenden unter euch, sei es Mann oder Frau, gewiss nicht verloren gehen, die einen von euch sind wie die anderen.«

Heiratsantrag einer Frau

Der erste Mensch, der die Verkündung des Islam durch den Propheten Mohammed annahm, war dessen Frau Khadidscha, mit der er 25 Jahre bis zu ihrem Tod verheiratet war. Die Heirat des Propheten mit Khadidscha ist aus muslimischer Sicht erstaunlich, denn sie war eine bemerkenswerte Frau. Sie gehörte wie der Prophet dem angesehenen Stamm der Qureischiten in Mekka an und war durch den Tod ihres ersten Mannes früh verwitwet. In Mekka gehörte sie zu den wenigen eigenständigen Frauen, die ihren Lebensunterhalt selbst bestritten. Sie betrieb eine Handelsgesellschaft, deren Karawanen die weiten Wüsten der Arabischen Halbinsel durchquerten, um die Handelszentren der damaligen Zeit anzusteuern. Mekka war zu jener Zeit ein bedeutender Umschlagplatz für Waren aller Art. Khadidschah wurde auf Mohammed zu einer Zeit aufmerksam, als dieser noch nicht zum Prophetentum berufen war. Doch dem Propheten eilte früh der hervorragende Ruf eines rechtschaffenen, tugendhaften und ehrlichen Menschen voraus. Die besonderen Charakterzüge dieses Mannes, seine Fairness und seine Effizienz im Handeln, veranlassten Khadidscha dazu, dem späteren Propheten des Islam ihre Karawanen und Handelsgeschäfte anzuvertrauen.

Obwohl der wohlhabenden Khadidscha von vielen Seiten der Hof gemacht wurde, entschloss sie sich, sämtliche Heiratsanträge auszuschlagen, um über eine mit ihr vertrauten Vermittlerin an Mohammed heranzutreten und ihm einen Heiratsantrag zu machen. Im damaligen Mekka eine kleine Revolution – und auch in unserer modernen Welt immer noch unüblich.

Der Prophet entstammte zwar ebenfalls einer sehr angesehenen Familie, schließlich hatte sein Großvater die Heilquelle Zamzam in Mekka wiederbelebt, nachdem sie über Jahre versandet war, und damit der Familie hohes Ansehen eingebracht. Doch Mohammed war in ärmlichen Verhältnissen als Halbwaise groß geworden, denn der Vater verstarb noch vor seiner Geburt. Und als er seine Mutter verlor, wuchs er bei seinem Onkel und nach dessen Tod bei seinem Großvater auf. Wirtschaftlich ebenbürtig war der Prophet für Khadidscha nicht, und dennoch entschied sie sich, auf ihn zuzugehen, und war überzeugt, in seinen vorbildlichen Charakterzügen den eigentlichen Wert dieses Menschen zu erkennen und dann zusammen mit ihm den gemeinsam Lebensweg zu beschreiten.

Sie war es auch, die dem Propheten Sicherheit und Geborgenheit schenkte, als dieser seine erste Verkündung im Alter von vierzig Jahren erhielt, denn der Prophet war von seiner Berufung durch den Schöpfer zutiefst verunsichert. Er war überwältigt von dieser verstörenden Erfahrung und eilte nach Hause in die Arme seiner Frau Khadidscha und bat sie, ihn zuzudecken, während er am ganzen Körper zitterte. In dieser Zuflucht des Propheten bei seiner Frau sehen Muslime ein Bild für das Verständnis von Vertrauen und Geborgenheit zwischen einer in ehelicher Verbundenheit lebenden Frau und ihrem Mann. Im 187. Vers der Sure 2 ist dazu Folgendes zu lesen:

»Sie sind wie eine Bekleidung für euch, und ihr seid wie eine Bekleidung für sie.«

Dies ist eine wegweisende Definition von ehelicher Partnerschaft im Islam. Und an einer weiteren Stelle im Koran, im Vers 21 der 30. Sure, Ar-Ruum, heißt es:

»Ebenso zu seinen Zeichen gehört es, dass er für euch von eurem Wesen Paarteile erschuf, damit ihr bei ihnen Geborgenheit findet.«

Frau und Mann aus einem Wesen erschaffen und uneingeschränkt gleich

Im islamischen Verständnis sind Mann und Frau aus einem Wesen erschaffen und sich somit vollkommen ebenbürtig.

Die große gegenseitige Vertrautheit zwischen Khadidscha und dem Propheten ließen bei ihr keinen Zweifel an der Wahrhaftigkeit des Prophetentums von Mohammed aufkommen, und somit war es nur folgerichtig, dass sie als Erste die Religion des Islam annahm. Sie war seine Lebensgefährtin für 25 Jahre und stand in den ersten zehn Jahren seines Prophetentums, bis zu ihrem Tod, unerschütterlich an seiner Seite. Sie hielt zusammen mit ihm allen Anfeindungen, Verfolgungen und gesellschaftlichen Ausgrenzungen stand, denen der Prophet in Mekka ausgesetzt war.

Diese Frau war der erste Mensch, dem die Verkündung aus dem Koran durch den Propheten zuteilwurde. Sie war wirtschaftlich unabhängig und von der Gesellschaft hoch angesehen. Sie war eine geradlinige, zuversichtliche, gottergebene, selbstbewusste und starke Muslimah, die für Millionen von Muslimahs weltweit bis heute ein Vorbild ist und bleiben wird. Aus diesem Grund trägt diese Frau unter Muslimen den arabischen Ehrentitel »Umm al Mominin«, Mutter der Muslime.

In den islamischen Offenbarungen wird die Bedeutung von großartigen Frauen in der Geschichte ausdrücklich hervorgehoben. Der Koran spricht zum Beispiel vom Leben der Asia (der Ehefrau eines ägyptischen Pharaos), die trotz ihres Lebens als Ehefrau eines Tyrannen ihre mitmenschlichen Qualitäten bewahrte. Gott verspricht ihr ein »Haus im Paradies«. Auch Maria, die jungfräuliche Mutter des Propheten Jesus, wird von Gott als Vorbild für alle Frauen gelobt, und ihr wird ebenfalls das Paradies versprochen.

Alle vier Frauen des Propheten werden in den Offenbarungen »Mütter der Gläubigen« genannt, das bedeutet, sie haben Vorbildfunktion für alle Muslime, besonders aber für die Frauen. Ihre Charaktere und ihr Wirken werden zum Teil in allen Einzelheiten beschrieben, insbesondere ihre religiöse Haltung und Praxis. So können wir Muslime das Haus des Propheten »betreten«.

Die Frauen des Propheten spielen bei der Bewahrung des Koran eine wesentliche Rolle. So überlieferte Aisha, Mohammeds jüngste Frau, die eine große Auffassungsgabe hatte und ein enormes Gedächtnis, uns Muslimen über 1200 Hadithe des Propheten und war bis zu ihrem Tode als Gelehrte und Lehrerin tätig.

In der islamischen Geschichte gab und gibt es in jedem Land gelehrte Frauen, vor allem in Zeiten, da Kultur und Wissenschaft hochgeschätzt waren.

In Deutschland sind die Muslime insgesamt noch ein gutes Stück davon entfernt, als selbstverständlicher Teil dieser Gesellschaft anerkannt zu werden. Wir sind auf dem Weg dahin, so Gott will, und es werden dann auch mehr weibliche muslimische Gelehrte an islamischen Hochschulen in Deutschland ausgebildet werden. Vereinzelte Pionierinnen gibt es bereits.

Wer angesichts der Tatsache, dass der Prophet mit der emanzipierten Khadidscha – einer der außergewöhnlichsten weiblichen Persönlichkeiten der Menschheitsgeschichte – eine innige, vertrauensvolle und vor allem gleichrangige Partnerschaft lebte, noch immer von einer durch den Islam angeblich befürworteten Erziehung der Frau zu einem dem Mann untergebenen Wesen spricht, bekennt sich, egal, ob Muslim oder Nichtmuslim, nur zu seiner eigenen Ignoranz.

Khadidschah war, wie auch die späteren Partnerinnen des Propheten, in seinem Leben stets präsent. Die Frauen des Propheten standen aktiv im öffentlichen Leben, so wie heute Frauen in den muslimischen Gemeinden hier, aber auch zum Beispiel in den Demokratiebewegungen des Arabischen Frühlings. Und sie verstanden und verstehen die im Islam formulierten Umgangsregeln nicht als Aufruf, sich aus dem öffentlichen Leben, aus seinen ökonomischen, sozialen und politischen Bereichen, zurückzuziehen. Der Prophet selbst ermutigte sie, Kritik zu üben, frei über ihre Bedürfnisse zu sprechen und offen ihre Rechte einzufordern.

Der Islam definiert Mann und Frau als zwei sich gegenseitig ergänzende, autonome Wesen, die für ihre Lebensweise eigenverantwortlich sind.

Dazu heißt es im 35. Vers der 33. Sure:
»Wahrlich, die islampraktizierenden Männer und die islampraktizierenden Frauen,
die Überzeugung verinnerlichenden Männer und die Überzeugung verinnerlichenden Frauen,
die gehorsamen Männer und die gehorsamen Frauen, die wahrhaftigen Männer und die wahrhaftigen Frauen,
die sich in Geduld übenden Männer und die sich in Geduld übenden Frauen,
die demütigen Männer und die demütigen Frauen,
die Männer, die spenden, und die Frauen, die spenden,
die Männer, die fasten, und die Frauen, die fasten,
die Männer, die ihre Keuschheit bewahren, und die Frauen, die ihre Keuschheit bewahren,
die Männer, die ihres Schöpfers häufig gedenken, und die Frauen, die ihres Schöpfers gedenken –
der Schöpfer hat ihnen Vergebung und gewaltige Belohnung bereitet.«

Eindeutiger und genauer kann der Auftrag, den der Schöpfer in derselben Weise Frau und Mann für ihr irdisches Dasein gibt, nicht formuliert werden. Jegliche auf das Geschlecht der Person abzielenden Abstriche an Frau und Mann existieren nicht. Und wer diese Verse aus dem Koran ohne ideologische Verblendung liest, wird vielleicht ebenfalls feststellen, dass die hier verwendete Sprache geschlechtergerecht ist und dadurch die Gleichstellung der Geschlechter im Islam, wie der Koran sie begründet, in unzweideutiger Weise zum Ausdruck gebracht wird. Vierzehn Jahrhunderte bevor sich dies in unserer heutigen Benutzung der Sprache widerspiegelt und niederzuschlagen beginnt.

Keine Ungleichbehandlung in Besitz-, Erb- und Aussagerecht

Nicht unerwähnt bleiben sollte auch die Tatsache, dass nach den Geboten des Islam eine Frau nach der Eheschließung ihren eigenen Familiennamen behält und den Nachnamen ihres Ehemannes nicht annimmt. Auch das von einer Frau in eine Ehe eingebrachte Vermögen bleibt vom Vermögen des Ehemannes getrennt. Und die vom Ehemann geleistete Brautgabe verbleibt im Falle einer Scheidung bei der Frau.

Die Einkünfte, die eine berufstätige Frau in einer Ehe durch ihre Arbeit erzielt, stehen ihr in voller Höhe zu. Sie ist nicht verpflichtet, einen Beitrag für den Unterhalt der Familie zu leisten. Dieser Verpflichtung muss der männliche Muslim nachkommen. Hieraus erklärt sich auch die Berechnung von Erbanteilen, die je nach Verwandtschaftsgrad für Mann und Frau unterschiedlich ausfallen können, weil auch hier ausschließlich der Mann verpflichtet ist, seine ererbten Vermögensanteile für den Unterhalt seiner Familie einzusetzen. Und es gibt auch Konstellationen in Erbverhältnissen, in der eine Frau einen doppelt so hohen Erbanteil erhält wie ein Mann.

Und wer immer noch behauptet, dass im Islam die Aussagekraft eines Mannes den Wert der Aussagekraft von zwei Frauen hat, verwechselt historische Bedingtheit mit dem Wesen des Islam. Hier wird vollkommen außer Acht gelassen, dass Aischa, eine spätere Frau des Propheten, die wohl bedeutsamste Einzeltradentin für die islamologische Hadith-Wissenschaft ist, der für das korrekte Verständnis des Islam so elementar wichtigen Aussprüche.

Und selbstverständlich ist jeder Muslim und jede Muslimah verpflichtet, sich zu bilden, denn in einer Überlieferung des Propheten heißt es: »Das Streben nach Wissen ist für jeden Muslim eine Pflicht!«.

Vorurteile über die Situation der Frau im Islam sind so unzählig wie die Fehltritte der Muslime – in der Mehrheit Männer –, die sie sich gegenüber den Frauen meinen erlauben zu können, womit sie gegen die Gebote des Islam verstoßen. Ich habe an dieser Stelle mit der Erzählung über die erste Frau des Propheten nur einen Versuch unternommen, die falsche Lesart, die entweder durch Vorurteile zementiert oder durch falsche Lebensweise mancher Muslime provoziert wird, zumindest mal infrage zu stellen. Eine umfassende Besprechung der Stellung der Frau im Islam oder auch der des Mannes im Islam ersetzt das nicht.

Die Moscheen, vor allem am Freitag, müssen für alle geöffnet sein. Dabei darf es keine Rolle spielen, welches Geschlecht, welche Sprache, Herkunft und Überzeugung die Gläubigen haben. Die Moschee ist kein Gotteshaus, wenn die Frauen ausgegrenzt werden. Eine solche Gemeinde ist ein Haus der Männer und kein Haus Gottes. Entsprechend des Koranverses »ihr Gläubigen [und nicht ihr Männer!], wenn am Freitag zum Gebet gerufen wird, dann wendet euch mit Eifer dem Gedenken Gottes zu« (62:9), sollten der Imam, der Moschee-Vorstand und die Gläubigen getreu dem Ratschlag des Propheten die Beteiligung von Frauen an den Freitagsgebeten besonders fördern.

Mohammed hat die Frauen angespornt, in die Moscheen zu gehen und sich an den Freitagsgebeten zu beteiligen. In den ersten Jahrhunderten des Islam unterbrachen die Frauen ihre Arbeit, um zum Freitagsgebet zu gehen, und sie beteiligten sich mit den Männern an diesem wichtigen Gebet. Es war eine Frau, die inmitten des Freitagsgebets den zweiten Kalifen Omar unterbrach und einen Fehler in seiner Rede korrigierte. Es gab also innerhalb der Moschee eine Art interne Kritik zwischen denn Geschlechtern. So war die Gemeinde dynamisch, attraktiv und lebendig. In der berühmten Abschiedspredigt – kurz vor seinem Tod – warnt der Prophet in einer Vorahnung die Männer, »den Zugang zur Moschee den Frauen nicht zu verwehren«. Da Moschee nicht nur im engeren Sinne Gotteshaus meint, sondern auch Gemeinde und Ort der Begegnung, der Bildung und Kultur, ja des selbst Sports und Tanzes, wird klar, was der Prophet vermitteln wollte: »O ihr Männer, schneidet den Frauen nicht den Zugang zum gesellschaftlichen Leben ab.«

Mit Bedauern sehen wir, wie nicht wenige muslimischen Gesellschaften heute ihrer eigenen ursprünglichen Geschichte fremd geworden sind. Damit Muslime voneinander lernen und inspiriert werden, ist es nötig, dass zwischen den Kulturen, Sprachen und Geschlechtern Brücken gebaut werden.

Dass in muslimischen Mehrheitsgesellschaften die gesellschaftliche Stellung der Frau teilweise nicht mit der islamischen Lehre im Einklang steht, ist nicht dem Islam, sondern der religiösen Ignoranz vieler Muslime anzulasten, die kulturelle Eigenheiten, historische Ausprägungen und Traditionen, die etwa in die Entwicklungen von Rechtsschulen eingeflossen sind, über die Gebote des Islam stellen. Hier müssen wir Muslime selbstkritisch sein und uns viel intensiver um ein richtiges Verständnis unserer Religion bemühen.

Der berüchtigte Vers 34

Eine der heftigsten Angriffsfläche für Islamkritiker bietet der berüchtigte Vers 34 der Sure 4 – Al-Nisa (die Frauen): »Und wenn ihr fürchtet, dass (irgendwelche) Frauen sich auflehnen, dann ermahnt sie, meidet sie im Ehebett und schlagt sie.« Ich greife diese Textstelle heraus, weil sie in zahlreichen Publikationen als Beleg für die Frauenfeindlichkeit des Islam angeführt wird. So heißt es etwa in einem Beitrag des katholischen Religionswissenschaftlers Professor Adel Theodor Khoury für das »Islam-Lexikon A–Z (2006)« im Kapitel »Ehe und Familie«: »So ist der Mann das Haupt der Familie und darf von seinen Frauen Gehorsam verlangen. Wenn diese sich auflehnen, dann darf der Mann sie ermahnen und auch im Eheverkehr und durch Züchtigung und Schläge bestrafen (4:34)«.

Für der Imam der muslimischen Gemeinde in Penzberg Benjamin Idriz steht das Schlagen der Frau im Widerspruch zu sämtlichen Koranversen, in denen den Ehefrauen mit »Liebe und Barmherzigkeit« begegnet wird. Idriz ist der Ansicht, dass das maßgebliche Wort in 4:34 »wadribuhunne« für Schlagen unzureichend übersetzt wird. Dabei stützt er sich vor allem auf den muslimischen Gelehrten Ihsan Eliacik, der schlagen in seiner Koranübersetzung mit »trennt euch von ihnen für eine Weile« übersetzt. Ferner schreibt Idriz dazu: »Wie kann Gott, der – wie wir soeben sahen – in seinem Vers 30:21 ›Liebe und Barmherzigkeit‹ in der Ehe verlangt, nun das Gegenteil befehlen: Schlagt sie!? Das hieße ja, dass einer der Verse nicht göttlichen Ursprungs ist; da dies aber nicht möglich ist, müssen wir annehmen, dass es sich bei der Deutung ›Schlagt sie!‹ um einen Fehler handeln muss.« Benjamin Idriz verweist auf Stellen im Koran, wo der Stamm darabe im Sinne von verreisen, vorübergehend weggehen, öffnen, reservieren verwendet wird. Von diesem Stamm ist zum Beispiel auch das arabische Wort für Hungerstreik abgeleitet: al-idrab an al-taam.

Idriz wirft jenen Koranübersetzern, die mit schlagen übersetzen, einen unverantwortlich schweren Fehler vor: »Auch die wenigen deutschen Koranübersetzungen weisen (wie die Übersetzungen in viele andere Sprachen) für das Wort wadribuhunne (darabe) die Entsprechung ›Schlagt sie!‹ auf, sodass die Übersetzer sowohl sprachwissenschaftlich als auch ethisch einen großen Fehler begehen« (Benjamin Idriz: Grüß Gott Herr Imam, S. 150).

Mit dieser Analyse sollte man sich eigentlich zufriedengeben können, zumindest wird dabei deutlich, dass es bei umstrittenen und nicht einheitlichen Interpretationen mehrere Meinungen geben kann. Doch lautstarke Kritiker des Islam beeindruckt das wenig.

Vielleicht geht es bei diesen Auseinandersetzungen doch eher um Deutungshoheit, Rechthaberei und auch die Angst, lieb gewordene Positionen überdenken oder aufgeben zu müssen.

Ich will es mir aber auch nicht zu einfach machen; schließlich haben wir allzu viele Beispiele machochafter, patriarchaler und frauenfeindlicher Muslime in den eigenen Lagern, insbesondere in nicht wenigen Teilen der islamischen Welt, sodass es uns besser zu Gesicht steht, vor der eigenen Haustür zu kehren. Aber wenn sich Muslime anschicken, den Vers so auszulegen, dass er eben nicht mehr jene bekannte Empörung auslöst, dann sollte im Sinne einer konstruktiven Diskussionskultur diese Lehrmeinung in die Debatte einbezogen werden. Denn sonst müssen sich die Kritiker den Vorwurf gefallen lassen, möglichweise aus eigennützigen Gründen auf fundamentalistische Lesarten des Koran, die allerdings in muslimischen Mehrheitsgesellschaften ebenfalls sehr verbreitet sind, nicht verzichten zu wollen.

Bekanntermaßen hatte der Prophet seine Hand weder gegen seine Frauen noch gegen seine Töchter erhoben. In einer Auseinandersetzung mit seinen Ehefrauen (66:1–5), die schließlich bis zu einer Ehekrise führte, entschloss sich der Prophet – wie dies Überlieferungen berichten –, sich von ihnen vorerst fernzuhalten.

Wir machen die Toten lebendig – Tod und Beerdigung

Wie jedes freudige Ereignis ist der Tod ebenso Teil unseres Lebens, obwohl wir ihn in unserem Alltag immer zu verdrängen suchen. Im Koran ist im 156. Vers der 2. Sure zu lesen: »Von Allah kommen wir und zu ihm ist unsere Rückkehr.« Der Lebenskreis des Menschen beginnt bei seinem Schöpfer, und er endet bei ihm. »Die Menschen schlafen und erwachen mit dem Tod.«

Der Tod ist auch für einen Muslim das Eingangstor des Menschen zum ewigen Leben, eine Vorstellung, die allen abrahamitischen Religionen eigen ist.

Soweit die Todesumstände es erlauben, wird dem Sterbenden das Glaubensbekenntnis ins Ohr geflüstert, und die Anwesenden rezitieren Verse der Sure 36: »Wahrlich, wir machen die Toten lebendig. Und wir schreiben auf, was sie getan und an Spuren hinterlassen haben. – Und dann wird in die Posaune gestoßen.« Die Bestattung eines Muslim erfolgt gerade in muslimischen Mehrheitsgesellschaften noch am Todestag und unterliegt der einfachen Regel, Maßlosigkeit zu vermeiden. Hieraus erschließt sich auch das Gebot, den Leichnam ohne Sarg und nur in einem weißen Leichentuch zu bestatten. Wenn er die Hadsch unternommen hat, können die Pilgergewänder verwendet werden. Im Islam gibt es keine Sargpflicht. In muslimischen Ländern wird der Tote oft in einer Prozession zum Friedhof geleitet. Der Verstorbene wird auf die rechte Seite gebettet und sein Gesicht nach Mekka ausgerichtet. Da der Körper wiederauferstehen wird, ist Einäscherung im Islam nicht erlaubt.

Das Grab wird schlicht markiert. In Deutschland haben Friedhöfe den Charakter eines Parks, man denke nur an den beeindruckenden Friedhof im Hamburger Stadtteil Öjendorf, auf dem auch ein Gräberfeld für Muslime eingerichtet ist. Die Schlichtheit muslimischer Friedhöfe hat viel damit zu tun, Totenkult zu vermeiden. Doch keinem Muslim schreibt der Islam vor, das Grab eines Verstorbenen nicht zu pflegen, es nicht mit einem einfachen Stein zu zieren und sich den im jeweiligen gesellschaftlichen Umfeld geltenden Konventionen zu verschließen.

Und was erwartet der Muslim nach seinem Tod?

Darauf gibt dieses Bittgebet, das Muslime während des Totengebetes für einen Verstorbenen andächtig rezitieren, einen kleinen Hinweis (hier wird es in der männlichen Form wiedergegeben; das Totengebet für eine Frau ist identisch und in der korrekten weiblichen grammatikalischen Form):

»O Allah, vergib ihm und erweise ihm Deine Gnade. Bewahre ihn und verzeihe ihm. Und gewähre ihm/ihr eine gute Stellung, und erweitere ihm seinen Eingang (dazu), und wasche ihn mit Wasser, Schnee und Hagel, und reinige ihn von den Sünden, wie Du das weiße Kleid vom Schmutz reinigst. Und ersetze ihm ein besseres Haus für sein Haus, und eine bessere Familie für seine Familie, und einen besseren Ehepartner für seinen Ehepartner. Und führe ihn ins Paradies. Und bewahre ihn vor der Pein des Grabes und vor der Pein des Höllenfeuers.

O Allah, vergib unseren Lebenden und Verstorbenen, unseren Anwesenden und Abwesenden, unseren Kleinen und Großen und unseren Männlichen und Weiblichen. O Allah, wen Du von uns leben lässt, den lass im Islam leben. Und wen Du von uns sterben lässt, den lass mit der Überzeugung an deine Religion sterben.

O Allah, schließe uns nicht von seiner Belohnung aus, und führe uns nach ihm nicht irre.«

Und tötet euch nicht – Sterbebegleitung als Aufgabe und Gebot

Der Umgang mit Sterbehilfe und Sterbebegleitung hat eine lange Geschichte und begleitet die Menschheit von Anfang an. Der Mensch hat stets versucht, den Sterbeprozess und die damit verbundenen Leiden zu lindern und insoweit den Tod in Würde zu ermöglichen. Hilfe zum Sterben in Form von Beistand, Trost, humaner Umgebung, einfühlsamer Betreuung, Seelsorge und palliativmedizinischer Behandlung ist die ausdrückliche Aufgabe des Arztes (Grundsätze der Bundesärztekammer). Andererseits garantiert das Grundgesetz das Recht auf Leben und das Recht auf Selbstbestimmung. Hieraus leitet sich das uneingeschränkte Selbstbestimmungsrecht des Patienten in der Wahrung seiner Menschenwürde bei jeder ärztlichen Maßnahme ab.

Wie steht der Islam zur Sterbehilfe?

Die Diskussion um Sterbebegleitung, aktive und passive Sterbehilfe sowie ärztlich assistierten Suizid ist in den letzten Jahren weltweit und in allen Kulturen und Gesellschaften laut geworden. Die Befürworter der aktiven Sterbehilfe, des selbstbestimmten Sterbens, haben ihre Argumente in Bezugnahme auf ihr Menschenbild vorgebracht. Die Gegner der Sterbehilfe weisen warnend auf die Entwicklungen in Deutschland in der ersten Hälfte des 20. Jahrhunderts hin: Dort stand am Anfang eine seriöse Erörterung der Frage, ob man unheilbar kranke Menschen von ihrem Leiden erlösen dürfe.

Die Gegner selbstbestimmten Sterbens sind der Auffassung, dass man Menschen ihre Leiden, Sorgen und Ängste vor einem qualvollen Übergang vom Leben zum Tod mit Zuwendung und den Möglichkeiten der modernen Medizin so weit nehmen oder lindern kann, dass sie an ihren Lebensumständen nicht verzweifeln müssen. Unter solchen Umständen erheben die Gegner Zweifel am Sterbewunsch und Suizidentschluss der Schwerkranken. Sie sehen die aktive Sterbehilfe als Zumutung für die Helfer und Angehörigen, befürchten die Entwicklung eines fragwürdigen Sterbehilfe-Geschäfts sowie ein »Mobbing zum Tode« derjenigen Gesellschaftsmitglieder, die der Gemeinschaft lästig werden.

Da wir nun über vier Millionen Muslime in unserem Land haben, ist es auch von Belang zu wissen, wie der Islam zur Sterbehilfe steht. In den weiteren Ausführungen stütze ich mich im Wesentlichen auf die Handreichung des Zentralrates der Muslime in Deutschland (ZMD), die von unserem Beauftragten für Medizin, Umwelt und Tierschutz, dem Arzt Zouhair Al-Halabi, maßgeblich verfasst wurde.

Gott (Allah im Koran) hat das Universum und den Menschen erschaffen. Er hat den Menschen als vollkommenes Bild gestaltet und gewürdigt: »Wir haben den Menschen ja in schönster Gestaltung erschaffen« (95: 4). »Und wir haben ja die Kinder Adams geehrt ...« (17: 70). Allah hat dem Menschen das Leben als Leihgabe und die Gesundheit als Geschenk und ihm anvertrautes Gut gegeben. Demnach sollte der Mensch sein Leben und seine Gesundheit pflegen und bewahren. Obwohl jeder Muslim fest daran glaubt, dass jeder sterben muss und der Sterbeprozess Bestandteil des Lebens ist, muss er sein Leben und das Leben der anderen mit allen Mitteln schützen.

Der Mensch darf sein Leben nicht gefährden: »Und stürzt euch nicht mit eigener Hand ins Verderben« (2:195), und er darf weder sich noch andere Menschen töten: »Und tötet euch nicht selbst (gegenseitig). Allah ist gewiss barmherzig gegen euch« (4:29). »Und tötet nicht die Seele, die Allah verboten hat (zu töten), außer aus einem rechtmäßigen Grund! Dies hat er euch anbefohlen, auf dass ihr begreifen möget« (6:151). Der Prophet Mohammed hat bei seiner Abschiedspilgerpredigt in Mekka klar gesagt: »Ihr Menschen, wahrlich euer Blut (euer Leben), euer Eigentum und eure Ehre sind unantastbar, bis ihr eurem Herrn gegenübersteht; ebenso wie der jetzige Tag, der jetzige Monat und diese eure Stadt heilig sind.«

Al-Gazzali (lateinisch Algazel, einer der bedeutendsten religiösen Denker des Islams) schrieb in seinem Standardwerk »Die Absichten der Philosophen«: »Die wahre Liebe und Vertrauen des Menschen an Gott stellen sich mit seiner Dankbarkeit und Geduld dar. Er dankt Gott für seine unzähligen reichen Wohltaten, unter anderem das Leben und die Gesundheit. Er bleibt aber auch geduldig und standhaft, wenn er unter einem schweren Schicksal und bitteren Leiden, was der Fall ist bei einer schweren unheilbaren Krankheit, leidet.«

Durch den Glauben an die Vorhersehung Gottes kann ein Muslim die Frage nach dem Sinn des Leidens, des Todes und einer schweren Krankheit verstehen, deren Ursprung und Wege zur Überwindung einen Zusammenhang haben. Eine Krankheit kann sowohl Folge einer klaren als auch unklaren Ursache sein. Ein Muslim kann seine Leiden und die schwere Erkrankung einerseits als eine von Gott auferlegte Prüfung ansehen, deren Bewältigung von ihm Geduld und Beharrlichkeit verlangt. Er kann aber auch das Leiden als Mahnung für seine Sünden verstehen; dies verlangt von ihm die Hinwendung zu Gott durch Umkehr und Buße.

Schon vor vielen Jahren haben einige muslimische Gelehrte und später mehrere islamische Gutachterräte entschieden, dass der Patient im Rahmen seines Selbstbestimmungsrechts bei einer unheilbaren schweren und tödlichen Krankheit mitentscheiden darf, ob er die bisherige gezielte Behandlung unterlassen und nur eine Linderungsmaßnahme, die sogenannte Palliativmedizin, in Anspruch nehmen möchte.

Aufgrund dieses rechtsschulischen islamischen Hintergrunds lehnt der Muslim bei schweren, fortgeschrittenen, unheilbaren Krankheiten wie Krebs, AIDS oder Demenz eine direkte aktive Sterbehilfe (die Euthanasie) oder die Beihilfe zum Suizid ab. Er hat aber die Wahl einer alternativen Schmerzbehandlung und von Palliative Care zur Linderung seiner Beschwerden und Symptome.

Keine aktive Sterbehilfe, kein Suizid

Anhand der bisher dargestellten Grundlagen des islamischen Glaubens bezüglich Leben und Tod und unter Berücksichtigung der vielen Stellungnahmen von renommierten Gelehrten und anerkannten Gutachtern der islamischen Fatwa-Gremien der verschiedenen muslimischen Rechtsschulen (Sunniten und Schiiten) – insbesondere die Entscheidung (Fatwa) des Islamischen Europäischen Rats für Fatwa und Wissenschaft in Dublin während seiner 11. Versammlung vom 1. bis 7. Juli 2003 in Stockholm – und in Übereinstimmung mit vielen Punkten der Grundsätze zur ärztlichen Sterbebegleitung der Bundesärztekammer und der Deutschen Gesellschaft für Palliativmedizin (DGP) sowie mit dem Standpunkt der katholischen und evangelischen Kirchen beziehungsweise der jüdischen Gemeinde kommen wir im Zentralrat der Muslime in Deutschland (ZMD) zu folgendem Schluss: Eine aktive Sterbehilfe für den unheilbaren Schwerstkranken, Krebs-, Demenz- oder AIDS-Patienten, sowohl für die selbstbestimmenden Sterbenden als auch auf Verlangen eines Dritten, also Ärzten oder Angehörigen (»Tötung auf Wunsch«), wird abgelehnt.

Auch die Tötung auf Verlangen, die Beihilfe zum Suizid und der ärztlich assistierte Suizid werden aufgrund des islamischen Glaubens und seiner Überzeugung abgelehnt. Wir begrüßen die Aussagen von Repräsentanten der Bundesärztekammer, die jeder Form der organisierten Sterbehilfe nicht stattgeben will. Schließlich hat diese lebhafte, emotionale, aber doch sehr fundierte Debatte auch den Bundestag 2015 erreicht, mit einem Ergebnis, wonach Beihilfe zum Suizid weiterhin strafbar bleibt. Damit können auch die Muslime leben. Dennoch hat man durchaus auch das Gefühl, dass vor der Debatte nach der Debatte ist und das Thema uns bald wieder beschäftigen wird.

Bei Schwerstkranken und unheilbaren Patienten ist es jedoch statthaft, das Angebot der Unterlassung oder Reduktion der Behandlungsmaßnahmen in Anspruch zu nehmen (sogenannte passive Sterbehilfe oder besser: »Sterbenlassen«). Jeder Mensch hat das

Recht, die Gestaltung seines letzten Lebensabschnittes zu bestimmen (Patientenverfügung mit Vorsorgevollmacht und Betreuungsverfügung), aber immer im Rahmen der gültigen Gesetze und nach seiner religiösen Überzeugung.

Jeder Mensch, insbesondere in der schwierigen Situation des Sterbens, hat Anspruch auf gute Seelsorge und gute Betreuung: »Keiner soll sterben, ohne eine gute Hoffnung auf Gott zu haben, dass Er sich seiner erbarmt und ihm vergibt« (Ausspruch des Propheten Mohammed). Dazu gehören menschenwürdige Unterbringung, Zuwendung, Körperpflege, Lindern von Schmerzen, Atemnot und Übelkeit sowie das Stillen von Hunger und Durst.

Halal und haram – Alltagsgebräuche

Nicht selten sieht man Muslime an den Regalen im Supermarkt stehen, wie sie intensiv die Aufkleber mit den Inhaltsstoffen auf den von ihnen ausgewählten Nahrungsmitteln prüfen. Enthält die lecker aussehende Praline Alkohol? Steckt in der Lakritze oder im Gummibärchen doch Gelatine vom Schwein, oder ist diese durch Bienenwachs und Agar-Agar ersetzt worden? Denn auch bei der Auswahl seiner Ernährung beachtet ein gläubiger Muslim die Gebote seiner Religion. Das Alkoholverbot ist weithin bekannt ebenso wie der Verzicht auf Schweinefleisch. Der große Erfolg der türkischen und arabischen Supermärkte in unseren Städten erklärt sich aus dem islamischen Gebot, das Erlaubte, arabisch halal, zu genießen und das Verbotene, arabisch haram, zu meiden. Fast alle diese Läden bieten nur Produkte an, die mit den islamischen Geboten konform gehen.

Das jüdische Pendant dazu ist das Koscher-Konzept, das Schnittmengen mit den islamischen Ernährungsgeboten aufweist, etwa das Schächten von Tieren, welches identisch mit dem islamischen Schächtungsgebot ist. Und auch im Judentum ist der Genuss von Schweinefleisch und Schweinefleischprodukten nicht gestattet. So können Muslime die koschere Nahrung essen, da sie auch halal ist. Dieses Konzept von halal und haram bei der Ernährung bietet eine Reibungsfläche, die aber nicht zwangsläufig eine Barriere in der Pflege von Freundschaften und nachbarschaftlichen Beziehungen zwischen Muslimen und Nichtmuslimen darstellen muss. Eine gegrillte Halal-Wurst aus dem türkischen Supermarkt wird genauso gut schmecken wie eine Thüringer Bratwurst. Ein lecker zubereiteter Fisch aus dem Ofen kann ohne Weiteres den Schweinebraten ersetzen, wenn man muslimische Gäste hat, denn Meeresprodukte sind für einen Muslim immer halal. Ein wenig gegenseitige Rücksichtnahme auf die religiösen Gepflogenheiten von Muslimen und weniger ideologisch geprägte Engstirnigkeit, dann klappt es auch mit dem muslimischen Nachbarn. Unsere Gesellschaft lebt von der Vielfalt. Und ich habe noch keinen Nichtmuslim erlebt, der sich über die Halal-Eigenschaft von des Deutschen liebstem Fastfood beschwert hätte, dem Döner.

Würde des Tieres? – Reizthema Schächten

Das kaum vorstellbare Ausmaß an Fleischkonsum in Deutschland mit jährlich neuen Steigerungsraten geht mit einer intensiven Fleischproduktion einher, deren oft hässliches Alltagsgesicht nur allzu gern verdrängt wird. Angesichts dieser inzwischen von vielen Seiten kritisierten Fehlentwicklungen stellt sich die Frage, ob man hierzulande legitimiert ist, der islamischen Welt in Sachen Tierliebe mit Moral zu kommen. Es gibt keinen Beweis dafür, dass zum Beispiel industrielles Schlachten mit vorheriger Betäubung den Tieren weniger Qualen zufügt als das handwerkliche und rituelle Schächten, wie es von altersher im Orient und unter Juden und Muslimen Pflicht ist.

Die rituelle Schlachtung im Islam, in Deutschland Schächten genannt, abgeleitet vom hebräischen Wort schachat, ist besonders umstritten, da dem lebenden Tier die Kehle durchschnitten wird, um es ausbluten zu lassen. Die Unterstellung mancher Tierschützer, Muslime würden Tiere quälen, ist wenig differenziert. Muslime möchten ihren religiösen Vorschriften ebenso Rechnung tragen, wie es etwa Juden längst eingeräumt wird.

Nach muslimischer Tradition wird bei Festen oder aus religiösen Anlässen ein Tier geschlachtet und das Fleisch an Bedürftige verteilt. Doch aufgrund des vor allem in Mitteleuropa gewaltigen Fleischkonsums gehen immer mehr Muslime dazu über, ein symbolisches Opfer in Form einer Spende zu leisten, zum Beispiel an Hilfsorganisationen, damit den wirklich Bedürftigen vor Ort geholfen wird.

Geschöpfliche Würde

Nach Sure 5, Vers 4 des Korans ist den Muslimen der Verzehr von »Verendetem, Blut, Schweinefleisch und allem, worüber ein anderer als der Name Allahs angerufen wurde,« verboten. Das bedeutet also, dass nur solches Fleisch halal – also statthaft, erlaubt – ist, das von einem Muslim geschlachtet wurde, weil ansonsten die Einhaltung der Gebote kaum zu gewährleisten ist.

In der islamischen Schlachtpraxis wird beim noch lebenden Tier die Halsschlagader durchtrennt, damit das Tier danach rasch und vollständig ausblutet. Um das gänzliche Ausbluten sicherzustellen, wird in der Regel eine vorherige Betäubung des Tieres als unzulässig angesehen und nur in Ausnahmen erlaubt. In Deutschland ist dagegen seit mehr als hundert Jahren das betäubungslose Schlachten von Wirbeltieren verboten.

Für einen muslimischen oder jüdischen Schlachter ist nicht nur das Leiden der Tiere, sondern auch ihre geschöpfliche Würde von Bedeutung. Ihre Ehre verbietet es ihm, in ein bereits leblos liegendes Tier zu schneiden. Sie sind bestrebt, dem Tier, solange es noch steht, den tödlichen Halsschnitt zuzufügen. Die Durchtrennung der Halsschlagader, sofern sie rasch und professionell »wie beim Biss des Raubtieres« erfolgt, unterbricht augenblicklich die Durchblutung des Gehirns und damit auch das Schmerzempfinden. Tiere, die auf diese Weise geschächtet werden, stoßen in aller Regel keine Todesschreie aus und fallen nach ungefähr dreißig Sekunden reglos zu Boden. Der Todeskampf eines elektrisch betäubten und danach geschlachteten Tieres dauert dagegen bis zu zwei Minuten voller Todesangst neben anderen gestressten Rindern und Schweinen in einem von Schmerzensschreien erfüllten Schlachthof.

Der Islam kennt eine Verantwortung des Menschen für alle Geschöpfe, deren Leben und Wohlbefinden zu schützen sind, und gebietet, dass ihnen nicht grundlos Schmerzen oder Schaden zugefügt werden dürfen. Damit geht der Islam in seinem Tierschutzgedanken sehr weit und verbietet nicht nur die körperliche Misshandlung, sondern er unterbindet auch psychische Beeinträchtigung, ja, selbst die verbale Abwertung eines Tieres. Im Islam war das Tier nie ein Gegenstand oder eine Sache, sondern stets Teil der Schöpfung, ja, der Ummah, also der Gemeinschaft. Lange Zeit war diese Betrachtungsweise in Deutschland hingegen nicht einmal im Grundgesetz verankert, bis 2002 im Artikel 20a Tierschutz als Staatsziel anerkannt wurde. Vorangegangen war eine jahrelange gesellschaftspolitische Debatte.

Im Koran wird immer wieder daran erinnert, dass Mensch und Tier gleichermaßen Teil der Schöpfung sind und dass der Mensch sich dereinst vor Allah auch für seinen Umgang mit den Tieren verantworten muss. Alle Tiere, die im Koran oder in den Hadithen erwähnt sind, werden ausschließlich positiv begriffen. So erzählt der Prophet die Geschichte eine Prostituierten, die an einem heißen Tag einen Hund um einen Brunnen herumgehen sah; seine Zunge hing ihm vor Durst aus dem Maul. Da schöpfte sie für ihn mit ihrem Schuh Wasser heraus. Für diese Tat wurden ihre Sünden vergeben.

Leider vergessen auch wir Muslime oftmals diese Ermahnungen im Koran, wie die Menschen sich gegenüber der Tierwelt zu verhalten haben. Gerade in der sogenannten islamischen Welt wird dieser Aspekt kaum beachtet oder bewusst gelebt.

Islamische Gebote zum Tierwohl

Der Islam lehrt uns, wachsam zu sein. Die am häufigsten im Zusammenhang mit Gott gebrauchten Beinamen, wie bereits erklärt, sind Ar-Rahman und Ar-Rahim, der Allerbarmer und der Allbarmherzige. Selbstverständlich schließt das Erbarmen des Schöpfers auch die Tiere ein. So dürfen zum Beispiel die Pilger auf ihrer Hadsch überhaupt keine Tiere töten, nicht einmal noch so kleine lästige Insekten. In Mekka selbst, dem heiligen Ort der Muslime, darf kein Geschöpf geschlachtet werden.

Im Koran werden Tiere an vielen Stellen erwähnt, einige Suren sind nach Tieren benannt. Hier ein Auszug aus der 16. Sure, An-

Nahl (die Biene), Verse 5–8: »5. Und er erschuf die Tiere für euch. Sie liefern euch Wärme und anderen Nutzen, und ihr ernährt euch von ihnen. 6. Und ihr erfreut euch an ihrer Schönheit, wenn ihr sie abends eintreibt und morgens austreibt. 7. Und sie tragen eure Lasten in Länder, die ihr sonst nicht ohne größte Mühe hättet erreichen können. Seht, euer Herr ist wahrlich gütig und barmherzig. 8. Und (er erschuf) die Pferde und die Kamele und die Esel, damit ihr auf ihnen reitet, und zum Schmuck.«

Hier sehen wir, dass Gott den Menschen Tiere zur Nutznießung, wie alles in seiner Schöpfung, hinterließ, keinesfalls aber, um sie auszubeuten, und er wünscht, dass wir Freude an ihnen haben. Tiere sind im Gegensatz zu uns Menschen Geschöpfe, die nicht entscheiden können oder müssen, was richtig und falsch ist. Gott hat sie so geschaffen, dass sie keinen freien Willen haben, sondern ihren Instinkten folgen. Das heißt aber nicht, dass sie nicht wissen, wer ihr Schöpfer ist. So heißt es in der Sure An-Noor: »Hast du nicht gesehen, dass (alle) Gott preisen, die in den Himmeln und auf der Erde sind, und die Vögel mit ausgebreiteten Flügeln? Jeder kennt sein Gebet und seinen Lobpreis. Und Gott weiß, was sie tun« (24:14).

Für Muslime ist es also selbstverständlich, dass wir mit den tierischen Mitgeschöpfen, wie mit aller Schöpfung, so umgehen sollen, dass wir ihnen keinen unnötigen Schaden zufügen, sie nicht zum Vergnügen misshandeln oder töten und sie als Nahrung nur so nutzen dürfen, wie Gott es erlaubt hat.

Es ist verboten, Tiere zu töten, außer für die Fleischgewinnung als Lebensmittel oder in Notwehr beziehungsweise bei zu befürchtendem Schaden (etwa Stechmücken, die Krankheiten übertragen). Jagd ist nur für den Fleischkonsum erlaubt. Schau-Tierkämpfe (wie den Stierkampf) zu organisieren beziehungsweise durchzuführen, ist nicht gestattet. Ebenso das Töten der Tiere vor anderen lebenden Tieren. Es ist verboten, Tieren eine Nahrung zu geben, die ihrer Natur widerspricht (etwa Tiermehl für Pflanzenfresser). Jedes Tier muss eine seiner Schöpfung entsprechende Umgebung (Umwelt) erhalten, weshalb Legebatterien und Massentierhaltung dem islamischen Ideal widersprechen.

Anno Hidschrae – lunarer Kalender der Muslime

Wie die Christen ihren Kalender mit der Geburt Jesu beginnen lassen, ist für die Muslime die Emigration Mohammeds von Mekka nach Medina, die Hidschra, das zentrale Ereignis für ihre Zeitrechnung. Im Jahr 622 nach Christus (auch A. D., Anno Domini) ist im Jahr 1 (A. H., Anno Hidschrae)im islamischen Kalender. Außerdem ist es ein lunarer Kalender, der nur 354 Tage hat. Die praktischen Folgen lassen sich insbesondere am Fastenmonat Ramadan beobachten. Der Ramadan wandert durch alle Jahreszeiten, er kann sowohl im kältesten Winter als auch im heißesten Sommer stattfinden. Dies folgt aus der Orientierung des Kalenderjahres an den Mondphasen. Das Mondjahr ist flexibel und immer elf Tage kürzer als das fixierte, an der Sonne orientierte Jahr, das im Gregorianischen Kalender festgeschrieben ist und das am 1. Januar beginnt und mit dem 31. Dezember endet.

Gesetzt den Fall, dass ein Mondjahr zusammen mit dem Gregorianischen Jahr an einem 1. Januar beginnt, und diese Konstellation ist ohne Weiteres möglich, so endet das Mondjahr nach 12 Monaten bereits am 21. Dezember. So verschiebt sich das Mondjahr im Vergleich zum Gregorianischen Jahr in drei Jahren um 30 Tage nach hinten und mit ihm auch der Fastenmonat Ramadan. Auf diese Weise wird die vermeintliche Ungerechtigkeit der unterschiedlichen Jahreszeiten und Tageslängen zwischen der nördlichen und der südlichen Erdhalbkugel ausgeglichen. So kommen Muslime weltweit unabhängig von ihrem Lebensmittelpunkt in den Genuss einer ausgleichenden Gerechtigkeit, da der Fastenmonat über einen Zeitraum von 35 Jahren durch alle Jahreszeiten wandert und dieser Zyklus ihnen kurze wie auch lange Fastentage beschert. Das nenne ich göttliche Gnade und Barmherzigkeit.

In Bezug auf formale Ereignisse und Termine orientieren sich die Muslime am Gregorianischen Kalender. Um ein Datum aus dem Gregorianische Kalender in den islamischen umzurechnen, muss man also 622 Jahre abziehen, das heißt, das Jahr 2016 entspricht dem Jahr 1594 in der Zeitrechnung der Muslime.

Die Namen der islamischen Monate lauten wie folgt:

1. Muhharram – der geschützte Monat (auch Trauermonat)
2. Safar – der leere Monat
3. Rabi Al-Awal – der erste Frühling (auch Rabi 1)
4. Rabi Al-Sani – der zweite Frühling (auch Rabi 2)
5. Dschamadi Al-Awal – der erste Monat der Trockenheit (auch Dschamadi 1)
6. Dschamadi Al-Akhir – der zweite Monat der Trockenheit (auch Dschamadi 2)
7. Radschab – der geehrte Monat
8. Schaban – der Monat der Trennung
9. Ramadan – der sengende Monat
10. Schawal – der Monat der Jagd
11. Dhu-l Quada – der Monat der Rast
12. Dhu-l Hadscha – der Monat der Wallfahrt

Hilal

Der Islam kennt keine eindeutigen Symbole, und so hat die Darstellung des Neumondes keine tiefere religiöse Bedeutung. Trotzdem ist der Halbmond im Kontext Islam, Orient und Muslime geläufig. Muslime setzen ihn in verschiedenen Zusammenhängen ein, wie etwa im Logo des Zentralrates der Muslime in Deutschland.

Der Halbmond erinnert Muslime an die islamische Zeitrechnung nach dem islamischen Kalenderjahr mit zwölf Mond-Monaten, wobei jeder Monat mit dem Neumond beginnt.

Die Abbildung der schmalen Sichel des Halbmondes (Hilal) schmückt vor allem Moscheekuppeln und findet sich grafisch so ziemlich auf jeder Landesfahne der islamischen Länder. Im Alltag sieht man ihn im Orient auf Ambulanzen (Roter Halbmond) oder als Hinweis auf eine Erste-Hilfe-Station oder medizinische Einrichtungen.

Bei interreligiösen Veranstaltungen hier bei uns wird der Hilal auch gerne als Symbol für den Islam benutzt, zur Unterscheidung zu den Symbolen anderer Religionen wie dem Judentum mit dem Davidstern und dem Kreuz für das Christentum.

Zwischen Weihnachten und Ramadan – Feste im Islam

Aufgewachsen bin ich ja, von außen betrachtet, in einer deutschen Weihnachtswelt. Mit einer deutschen Mutter und einem aus Syrien stammenden Vater. Doch meine ersten Erinnerungen sind von den Festen beider Kulturen geprägt. An Heiligabend und an den Weihnachtsfeiertagen waren wir bei der Familie meiner Mutter eingeladen. Gleichzeitg erinnere ich mich deutlich an das Opferfest oder das Ramadanfest. Wenn wir morgens sehr früh aufstanden, um in der Moschee zu beten und zu feiern. Danach wurden wir Kinder beschenkt, wie Weihnachten. Ich wurde also doppelt beschenkt. Das war eine ganz unmittelbare Erfahrung, für mich als Kind sehr schön, und man hat das eher selbstverständlich wahrgenommen. Beides ist Teil der Familienkultur. Und man muss kein Christ sein, um einen Weihnachtsbaum oder einen Adventskranz schön zu finden. Als Kind habe ich diese Tradition genossen.

Hieraus speist sich auch meine Überzeugung: Es gibt nicht zwei Welten für mich. Beides bildet meine Identität. Wenn ich diesbezüglich gefragt werde, spiele ich mit meiner Identität als Muslim mit Migrationshintergrund. Aber in anderer als der erwarteten Weise. Ich beziehe mich auf einen ganz anderen biografischen Hintergrund, den hugenottischen Teil der Familie mütterlicherseits. Denn es wird oft vergessen, dass Deutschland schon immer ein Einwanderungsland war, dass Menschen hierhergekommen sind, weitergezogen oder auch geblieben sind. So sind die Vorfahren meines Großvaters aus Frankreich vor den Katholiken geflohen, als die Hugenotten im 16. und 17. Jahrhundert dort verfolgt und getötet wurden.

Oft bezeichne ich mich als deutschen Weltbürger mit syrisch-alemannischem Hintergrund.

Dieses Spielen mit verschiedenen Bildern und Erfahrungen, mit Traditionen, die meine persönliche biografische Kultur ausmachen, speist sich aus einem großen Reichtum und schärft den Blick für echte Überzeugungen und herablassende Überheblichkeit, egal, ob christlicher oder muslimischer, deutscher oder arabischer Herkunft. So habe ich zuerst als Kind die Grimm'schen Märchen geliebt, die mir meine Mutter und Großmutter erzählt oder vorgelesen haben; viel später kamen die Erzählungen aus 1001 Nacht hinzu. Je mehr ich aus den verschiedenen Kulturen gelernt habe, desto deutlicher sind mir die Ähnlichkeiten, die Verbindungen geworden. Das gilt für die Geschichte und die in ihnen festgeschriebene, zutiefst menschliche Hoffnung, dass alles gut ausgeht, aber auch für die Geschichten rund um das Weihnachts- oder das Ramadanfest. Auch wenn sich der religiöse Hintergrund unterscheidet.

Aufgrund meiner Biografie betrachte ich die beiden Kulturen, mit denen ich lebe, wechselseitig aus verschiedenen Perspektiven. Wenn ich zum Beispiel Weihnachtsgrüße schreibe, fallen mir die tiefen Parallelen von Islam und Christentum ein. Die herausragende Bedeutung von Jesus, seiner Geburt und seiner Mutter, die im Islam immer wieder betont wird. Sie wird verehrt wegen ihrer Aufrichtigkeit, ihrer Güte als herausragende Frau.

Ich kann aus dieser Perspektive auch kritisch auf Auswüchse meines Glaubens schauen. Etwa wenn ich die Völlerei beim Ramadanfest kritisiere, das genauso wie das Weihnachtsfest eher ein Konsumfest statt ein Fest des Glaubens ist und damit den Entstehungshintergrund umkehrt. Ich sehe eben die Schwächen auf beiden Seiten. Man muss sich nicht verschulden, um Weihnachten zu feiern, man muss nicht an Ramadan doppelt so viel Fleisch essen wie sonst. Insbesondere angesichts der Massentierhaltung und auch angesichts der Gewohnheiten von Mohammed, den man fast als Vegetarier bezeichnen könnte. Und auch die Ursprünge des Weihnachtsfestes sind Armut, Flucht, Heimatlosigkeit. Die Geburt Jesu im Stall steht für eine Flüchtlingssituation, die im totalen Kontrast zu Völlerei und Konsum steht. Und sowohl Bibel als auch Koran fordern an vielen Stellen den Gläubigen auf, Fremde, in Not Geratene aufzunehmen. Einen Bedrohten zu beherbergen, ist, als würde man Gott beherbergen. Darin sind sich die Religionen einig.

Im Koran steht in vielen Versen, dass der Mensch ein vergessliches Wesen ist, das erinnert werden muss. Und Feste wie das Weihnachtsfest oder auch das Ramadanfest sind eben Anlässe, um die Menschen an die ursprünglichen Werte, die uns prägen, zu erinnern. Denn egal, welcher Religion man angehört, es gilt immer wieder sich anzustrengen. Im Arabischen heißt das »dschahada«. Das Substantiv daraus ist Dschihad, die Anstrengung – und hat nichts mit in den Krieg ziehen und Köpfe abschlagen zu tun. Den inneren Schweine- oder meinetwegen auch »Hammel«-Hund überwinden, darum geht es. Es geht um Leben im Maßhalten.

Für alle muslimischen Feste gilt, dass sie aufgrund des Mondkalenders sozusagen durch das Jahr wandern und daher zu unterschiedlichen Zeiten stattfinden.

Im Ramadan ist der Fastende sehr gefordert, körperliche und geistige Disziplin sind vonnöten. Wenn dann diese Herausforderung geschafft ist, freuen sich die Fastenden auf das Zuckerfest, das den Ramadan beschließt. Sie feiern mit Essen und Trinken in der Familie und in der Moschee als Gemeinschaft. Das Fest zieht sich über drei Tage. Am ersten Morgen wird die Moschee besucht, um das gemeinsame Gebet dieses Festtages abzuhalten. Danach gibt es ein großes Frühstück mit besonderen Leckereien, und die Kinder werden beschenkt. Später werden Freunde und Verwandte besucht. Süße Gerichte sind besonders beliebt, daher auch der Name Zuckerfest. Das hat sicher auch damit zu tun, dass der Fastende Zucker entbehrt hat. Zu diesem Fest kleiden sich die Menschen besonders und haben im Vorfeld ihre Wohnungen und Häuser besonders hergerichtet.

Das höchste islamische Fest ist das Opferfest, das über vier Tage begangen wird. Es erinnert an das auch im Alten Testament beschriebene große Opfer, das Abraham auf Gottes Geheiß zu bringen bereit war: seinen Sohn Ismael. Als Gott sah, dass Abraham seinen Sohn opfern würde, schicke er ihm ein Schaf, das er an dessen Stelle opfern sollte. Gläubige Muslime schlachten deshalb (oder lassen schlachten), wenn sie es sich leisten können, ein Tier, meist ein Schaf. Es wird in drei Teile geteilt. Der erste Teil wird armen Menschen gespendet, ein Drittel an Freunde und Verwandte verschenkt und das letzte Drittel für die eigene Familie behalten. Hierzulande, wo es Fleisch im Überfluss gibt, spenden viele Familien das Geld für den Kauf eine Tieres in arme Gegenden der Erde, damit es direkt dort auch den Bedürftigen zukommt. Am ersten Morgen des Festes trifft sich die Gemeinde zum Festtagsgebet in der Moschee. Man erinnert an die Pilger mit Sprechgesängen. Oft schließt sich ein Besuch auf dem Friedhof an, um der Verstorbenen der Familie zu gedenken. Später besuchen sich die Familien und halten ein festliches Mahl.

Außerdem gibt es das Aschura-Fest zum Gedenken an den Auszug Moses' aus Ägypten, das Neujahrsfest und das Fest zum Geburtstag des Propheten.

Bei den durch den Jahreslauf wandernden Festen zeigt sich wieder der am Mond orientierte Kalender. Dieser Kalender, der ja nicht bei Christi Geburt, sondern bei der Hidschra einsetzt, eröffnet eine weitere Dimension, wie ein Blick in die Menschheitsgeschichte, in einen weiteren Raum. Denn er erzählt die zeitliche Dimension menschlicher Existenz anders, als weitere Möglichkeit. Der jüdische Kalender fügt dem eine dritte Dimension hinzu. Die unterschiedlichen Kalender verorten die Menschen anders und bewahren das Bewusstsein dieser unterschiedlichen Zeit-Räume.

Für das Zusammenleben in kulturell vielfältigen Gesellschaften wäre es bereichernd und im Sinne der Integration, wenn die Feste etwa der Muslime in den gängigen Kalendern stehen würden, dass hier in Deutschland jeder genauso selbstverständlich in seinem Kalender findet, wann Ramadan ist, wie er nachlesen kann, wann Ostern ist. Das ist nicht nur wichtig für Schulen mit muslimischen Kindern und Lehrern, für Polizei oder Behörden, wo muslimische

Bürger arbeiten, sondern für jeden. Auch damit erweitern wir unser Gesichtsfeld. Ein großer Renner ist deshalb der interreligiöse Kalender, den mittlerweile christlich-islamische- jüdische Gesellschaften, aber auch Integrationsbeauftragte und ministerielle Stellen herausgeben.

Ein Teil von uns: muslimisches Leben

»Und es soll aus euch eine Gemeinschaft werden,
die zum Guten aufruft, das Rechte gebietet
und das Verwerfliche verbietet.
Jene sind es, denen es wohlergeht« (3:104).

In der Mitte der Gesellschaft –
Islam in Deutschland

Muslime in Deutschland – das ist kein neues Phänomen. Derzeit leben etwa 4,5 Millionen Muslime bei uns, das sind gut 5 Prozent der Gesamtbevölkerung, und damit sind es kaum mehr als beispielsweise in den Siebzigerjahren, als die ersten muslimischen Gastarbeiter nach Deutschland kamen, meist Muslime aus der Türkei. Inwieweit sich diese Zahl durch den aktuellen Flüchtlingszustrom verändern wird, bleibt abzuwarten, da ja nicht alle derzeit hier eintreffenden Flüchtlinge auf Dauer bleiben werden. 4,5 Millionen Muslime, das ist ein relativ überschaubarer Anteil. Gefühlt sind es bei vielen Menschen aber deutlich mehr. In einer Umfrage sollte beispielsweise geschätzt werden, wie viele Muslime in Deutschland leben. Die meisten Befragten vermuteten 10 Millionen und mehr. Das ist sicher auch ein Resultat der immer wieder aufflackernden, oft populistischen und medienwirksamen Debatten. Stichwort »Deutschland schafft sich ab«. Diese Gemengelage hat sich durch die aktuellen Entwicklungen eher verschärft. Sehr oft bestimmen nicht Fakten und belastbares Wissen die öffentliche Wahrnehmung, sondern Vorurteile und irrationale Abwehr, aber auch Ausgrenzung, die als herablassendes Wohlwollen daherkommt.

In den Siebzigerjahren bildeten sich die ersten muslimischen Gemeinden, meist türkische; durch den Jugoslawienkrieg kamen bosnische hinzu. Die Gemeinden, die meist kleine Hinterhofmoscheen mit Räumen für religiöse und gemeindliche Aktivitäten unterhielten, waren damals nicht nach außen ausgerichtet, sondern eher auf das Herkunftsland ihrer Mitglieder, sodass sie immer auch als Ersatzheimat fungierten. Die Menschen waren ja nicht gekommen, um zu bleiben. Die meisten gingen davon aus, nach ein paar Jahren nach Hause zurückzukehren. So war das Projekt Gastarbeiter auch vonseiten des Gastlandes angelegt. Man blieb also weitgehend unter sich. Durch die nachwachsenden Generationen rückten die Muslime weiter in die Mitte der deutschen Gesellschaft. Damit wuchsen auch das Bedürfnis und die Notwendigkeit, sich als Teil der neuen Heimat zu organisieren, sich Gehör zu verschaffen, den eigenen Sichtweisen und Interessen eine Plattform zu geben. Es entstanden verschiedene Zusammenschlüsse, die sich aus dem sogenannten Islamischen Arbeitskreis entwickelt haben. Der Zentralrat der Muslime in Deutschland (ZMD), der Verband islamischer Kulturzentren (ViKZ) und der Islamrat für die Bundesrepublik Deutschland (IR) mit jeweils über 300 Moscheegemeinden und die türkisch-islamische Union der Anstalt für Religion (DITIB) mit über 800 Gemeinden bieten seit Jahrzehnten umfänglich religiöse Dienstleistungen und soziale Betreuung an, die fast nur aus privaten Spenden finanziert werden.

Die Moscheen in Deutschland werden in der überwiegenden Zahl von den genannten vier Dachverbänden und Religionsgemeinschaften vertreten. Die Moscheen tragen seit Jahrzehnten die Kosten ihrer sozialen und religiösen Betreuung alleine. Die vier muslimischen Dachverbände mit ihren angeschlossenen Religionsgemeinschaften haben sich zudem 2007 zum Koordinationsrat der Muslime, kurz KRM, zusammengeschlossen, und auf der Länderebene sind ihre Moscheen vielerorts in sogenannten Schura-Räten und muslimischen Landesverbänden organisiert.

Wie die anderen Religionsgemeinschaften deckt der Zentralrat der Muslime jenen Teil der Muslime ab, der sich meist zum praktizierenden Teil der muslimischen Gemeinschaft zählt. Dabei ist es unerheblich, ob der Anteil nun 25 Prozent beträgt, wie das oft von der Politik eingeworfen wird, oder bis zu 40 Prozent, wie einige wissenschaftliche Erhebungen (etwa eine Untersuchung der Rhein-Ruhr-Universität von 2006) erklären. Fakt ist, dass in den Moscheen muslimisches Leben originär stattfindet und nicht auf der Straße oder am Bahnhofsplatz.

Vor Gott und den Menschen – muslimische Gemeinden

Den Mittelpunkt einer Gemeinde bildet die Moschee, sehr oft die sogenannte Hinterhofmoschee. Letztere sind häufig keine eigens dafür vorgesehenen Gebäude, sondern umgewidmete ehemalige Wohnungen, Büroräume und Ähnliches. Diese umfassen nicht nur den Gebetsraum, sondern auch Mehrzweckräume, Büros für die Gemeindearbeit, manchmal einen Teeraum. Hinterhofmoscheen gibt es in Deutschland etwa 2000; nur etwa 180 Moscheen treten durch ihre Architektur als Moschee im Ortsbild in Erscheinung. Noch einmal etwa 200 sind geplant oder befinden sich im Bau. In der Diskussion um Moscheebauten geht es nicht nur darum, dass diese sich schön darstellen, sondern auch darum, dass die Moscheen ihren Platz sichtbar in den Städten einnehmen und nicht an den Stadtrand verbannt werden. Die muslimischen Gemeinden wollen Transparenz, sie wollen sichtbar sein in der städtischen religiösen Vielfalt.

Die Freitagspredigt wird heute oft mehrsprachig gehalten, entweder auf Türkisch, Arabisch oder Bosnisch, und dann ins Deutsche übersetzt oder umgekehrt. Mit der Nachfrage entwickeln sich auch diese Angebote. Nicht selten wird aber immer mehr auf die neue Generation eingegangen, die besser Deutsch kann als die Landessprache ihrer Eltern. Es sollte aber ein natürlicher Prozess sein, und dieser soll nicht mit ideologischem Zeigefinger geführt werden. Schließlich erlebte beispielsweise über Jahrhunderte der Französische Dom in Berlin für die hugenottischen Gläubigen französische Predigten. Selbst heute findet für afrikanische Protestanten einmal im Monat ein Gottesdienst in französischer Sprache statt.

Der Islam kennt keine zentralistische Organisation wie etwa die katholische Kirche; man könnte also von einer flachen Hierarchie sprechen.

Da es keine kirchliche Struktur und keinen Klerus im Islam gibt, gibt es in diesem Sinn auch keine höchste Autorität, wie sie sich zum Beispiel in der katholischen Kirche durch das Amt eines Papstes ausdrückt. Muslimisches Denken ist pluralistisch ausgelegt, und Lehrmeinungen setzen sich kraft ihrer inhaltlichen Beweisführungen durch. Jeder Muslim ist aufgerufen, sich intensiv mit seiner Religion zu beschäftigen und die Nähe zu anerkannten Islamgelehrten zu suchen, um sein Wissen zu vertiefen. Im Koran wird der Muslim an verschiedensten Stellen dazu aufgefordert, seinen Verstand einzusetzen, um koranische Aussagen, Hinweise und Denkanstöße zu begreifen. Diese freie Urteilsbildung in Fragen der religiösen Praxis setzt sich nie absolut. Sie ist abhängig vom Wissensstand und von der Lebenserfahrung eines Menschen, und sie darf einer ständigen kritischen Betrachtung unterzogen werden, die auch zu einer vollständigen Revision und Aufhebung der ursprünglichen Beurteilung eines Sachverhalts führen kann. Orientierung suchen und finden Muslime bei den fundierten Lehrmeinungen der großen Gelehrten in der Geschichte des Islam.

Bei den schiitischen Muslimen gibt es im Unterschied zu den sunnitischen Muslimen eine institutionelle Geistlichkeit, die hierarchisch aufgestellt ist. In dieser Hierarchie sind die Ajatollahs für die schiitischen Muslime Referenzstelle in Fragen der Religionspraxis. An der Spitze dieser Hierarchie stehen Gelehrte, deren Aussagen und Verhaltensweisen als eine verbindliche »Quelle der Nachahmung« für den schiitischen Muslim angesehen werden.

Was ist ein Imam?

Der arabische Begriff Imam hat unterschiedliche Bedeutungen. Er kann (An-)Führer, Vorbeter oder großer Islamgelehrter beziehungsweise Islamologe bedeuten. Nicht jeder Vorbeter oder Führer ist auch ein großer Gelehrter, aber jeder große Gelehrte kann zweifellos ein Vorbeter oder Führer sein. Jeder Muslim, der über Grundkenntnisse des Islam verfügt, darf einem gemeinschaftlichen Gebet von Muslimen vorstehen und dieses leiten. Der Vorzug wird immer demjenigen gegeben, der den Koran besonders gut auf Arabisch rezitieren kann und der sich in seiner Gemeinschaft durch ein breites Wissen in Sachen Islam auszeichnet. In den Moscheen der muslimischen Welt hat sich diese Aufgabe zunehmend professionalisiert, sodass ein Imam in einer Moschee zuständig für die Leitung der täglichen, gemeinschaftlichen rituellen Gebete ist. Doch damit ist es nicht getan, denn mit der mittlerweile anspruchsvollen Aufgabe des Vorbeters in einer Moschee geht auch die Verwaltung sämtlicher die Moschee betreffenden Angelegenheiten einher.

Der festangestellte, privat oder staatlich finanzierte Imam ist Anlaufstelle für die Mitglieder, die sich seiner Moschee verbunden fühlen. Er ist für viele der erste Ansprechpartner für Fragen, die einen religiösen Bezug haben, da viele Imame über eine traditionelle, klassische oder universitäre Ausbildung verfügen. Insofern ist die Qualifizierung von Imamen in Deutschland ein wichtiges Thema für die muslimischen Verbände, denn Imame spielen eine zentrale Rolle im Leben der muslimischen Gemeinschaften in unserem Land. Erfreulich ist, dass es in immer mehr Moscheen bereits Imame gibt, aber insgesamt immer noch zu wenig, die über sehr gute Deutschkenntnisse verfügen, sodass die Freitagspredigten auf Deutsch gehalten werden. Die rituellen Gebete werden in der arabischen Sprache gelesen, weil Arabisch die Sprache des Koran ist. Gleiches gilt für Zitate aus dem Koran in den Predigten, denn auch sie werden im arabischen Original zitiert, bevor sie in eine andere Sprache übertragen werden. In vielen Moscheen, in denen der Imam aufgrund seiner nicht ausreichenden deutschen Sprachkenntnisse die Freitagspredigt in seiner Muttersprache hält, wird diese Predigt simultan in die deutsche Sprache übertragen. Diese Entwicklung ist insbesondere der Tatsache geschuldet, dass die hier in Deutschland lebende zweite und dritte Generation von Muslimen die deutsche Sprache beherrschen, im Unterschied zur Sprache ihrer Eltern.

Dennoch bleibt festzustellen, dass ein Imam kein Priester, Pfarrer oder Pastor ist, der in einem von seiner Kirche vorgegebenen Rahmen wirkt und arbeitet. Im Islam, besonders dem sunnitischen Islam, gibt es keinen Stand der Kleriker. Imame sind durch ihr äußeres Erscheinungsbild und durch ihre Kleidung nicht unbedingt als Imam zu erkennen. Auch liturgische Gewänder, Talare, Soutanen, Haartrachten und spezifische Kopfbedeckungen gibt es nicht, obgleich zur Erkennung und auch als bequeme Gebetskleidung Kopfbedeckung und Umhang in der Moschee eingesetzt werden. Im deutschen Kontext verfügt der Imam idealerweise über ein abgeschlossenes Studium der Islamologie, sehr gute Deutsch- und Arabischkenntnisse sowie gute Verwaltungskenntnisse, damit er für die Menschen in seiner Moscheegemeinschaft eine zuverlässige Anlaufstelle sein kann.

Kirchenstatus umstritten –
Rechte und Pflichten

»Erste muslimische Gemeinde erhält Kirchenstatus«, titelte im Sommer 2013 *Zeit online*. Was auf den ersten Blick überrascht, denn kaum jemand außerhalb der muslimischen Bevölkerung weiß, dass der Islam in Deutschland rechtlich noch nicht anerkannt ist und nicht den Status einer Körperschaft des öffentlichen Rechts besitzt, wie etwa die christlichen Kirchen, die jüdische Gemeinde und auch die Zeugen Jehovas. Aufgrund dieser ungeklärten Rechtslage findet für die Muslime und ihre Gemeinden in unserem Land so etwas wie ein Subsidiaritätsprinzip oder eine Solidarität im religionspolitischen Sinne kaum statt.

Mit der Anerkennung als Körperschaft des öffentlichen Rechts ist zum Beispiel das Recht verbunden, Steuern zu erheben oder öffentlich-rechtliche Dienstverhältnisse zu begründen. Gerade Letzteres ist unter Muslimen durchaus nicht unumstritten.

In diesen Zusammenhang gehören auch die Fragen nach Religionsunterricht an Schulen oder nach muslimischer Seelsorge und nach Lehrstühlen für islamische Theologie und nach der Ausbildung von Imamen in Deutschland oder dem Sitz im Rundfunkrat.

Pflichten ohne Rechte?

Obgleich die Moscheen den Kommunen und Ländern sowohl finanziell wie auch strukturell viel Arbeit abnehmen, verzichtet kaum eine Islamdebatte auf die schon obligatorische Pauschalkritik; damit gerät die zum Teil berechtigte Kritik an den Moscheegemeinden, an ihren Imamen oder ihren Strukturen, dass diese zu wenig in Sachen Integration leisten, in den Hintergrund. Eine jahrelange Debatte, die meist die Trennschärfe zwischen Extremismus und Religion vermissen ließ, fordert zudem ihren Tribut. Doch Religionsverfassungsrecht und Integrationspolitik können nicht im Rahmen von Sicherheitsgesetzen verhandelt und umgesetzt werden. Leider scheut sich nicht selten die Politik, wie sprichwörtlich der Teufel das Weihwasser, mit den Muslimen zusammen die rechtliche Anerkennung, wie diese für Christen und Juden selbstverständlich ist, anzusteuern. Der insbesondere bei Sonntagsreden gerne zitierte Slogan »Fördern und Fordern« wird so zur Farce. Sicher hat das auch mit den gestiegenen Zahlen konfessionsloser Menschen in unserem Land zu tun. Jedoch darf das kein Grund sein, diesem Recht und im Sinne der Umsetzung des verbrieften Grundrechts auf Gleichbehandlung zu entkommen. Es sei denn, man entschließt sich zu einer Änderung des vom Grundgesetz angelegten Konzeptes der nicht reinen und strikten Trennung von Religion und Staat. Dann aber gilt das für alle Religionsgemeinschaften.

Für die meisten Muslime steht ohnehin die Lehre im Vordergrund und nicht die Politik; deshalb hat auch der Zentralrat der Muslime beispielsweise in Bezug auf den Ausbildungsweg für Imame dafür plädiert, dass diese am besten hierzulande ausgebildet werden. Dafür müssten die rechtlichen und strukturellen Rahmenbedingungen geschaffen werden.

Da aber das Staatskirchenrecht in Deutschland nicht wie oben beschrieben bei allen gleich gut ankommt, stehen wir vor einem zusätzlichen Dilemma: Wer verhindern will, dass das Staatskirchenrecht nun auch auf den Islam hierzulande angewandt werden soll, behindert nicht nur die Muslime darin, sich rechtlich zu etablieren, sondern delegitimiert vorhandenes Verfassungsrecht. Wird der Islam in Deutschland rechtlich anerkannt, also sozusagen staatsrechtlich integriert, werden geltendes Staatskirchenrecht und Religionsverfassungsrecht stabilisiert. Und so plädieren nicht wenige in diesem Land für eine Art Sonderstatus für die Muslime unterhalb dessen, was unser Religionsverfassungsrecht vorsieht. Damit untergräbt man beides: die Rechte der Muslime und die Verfassung.

Wer baut, will bleiben – Moscheen und der Muslime Heimat

Ein bekanntes arabisches Sprichwort sagt: Hubul wattan minal iman – Heimatliebe kommt vom Glauben.

Doch leben die Muslime hierzulande in der Heimat, die sie lieben? Betrachten sie Deutschland als ihr Vaterland, als Glaubens- und Herzensangelegenheit? Viele von ihnen sind qua Geburt oder Sozialisation Deutsche. Ihre Eltern sind vor einem halben Jahrhundert auf Einladung Deutschlands als sogenannte Gastarbeiter hierhergekommen.

Doch die Identifikation mit ihrer neuen Heimat ist leider allzu oft noch immer ein kleinwüchsiges Pflänzchen. Das sehen wir unter anderem daran, dass deutsche Fußballstars mit türkischen Wurzeln doch lieber in der türkischen als in der deutschen Nationalmannschaft spielen.

Die »Aufnahmegesellschaft« verhält sich aber auch nicht anders. Obwohl ich hier geboren und aufgewachsen bin, werde ich immer noch gefragt, für welche Nationalmannschaft ich die Daumen drücke. Mich irritiert die Frage, weil es für mich schon als Kind nichts anders gab, als mit den Deutschen zu fiebern, obgleich ich schon damals – denn das hat sich ja erfreulicherweise heute geändert – erkannte, dass wir nicht immer den schönsten Fußball spielten. Das war mir aber »wurscht«.

Und war es nicht schon fast schaurig schön, als die »Welt zu Gast bei Freunden« war und Deutsche und Türken – mit und ohne Kopftuch – Schwarz-Rot-Gold trugen? Sie alle gemeinsam haben die Weltmeisterschaft zu einem Volksfest gemacht. Die Welt hat sich anno 2006 verwundert die Augen über »uns Deutsche« gerieben. Lang ist's her. Und man will die greifbaren Erinnerungen konservieren. Damals ist vielen klar geworden – selbst den Berufszynikern und Allesbekritlern, die immerfort bei solchen Aussagen den gefährlichen Gutmenschen wittern –, dass es in Deutschland auch anders, eben gemeinsam gehen kann!

Bei Freunden zu Hause?

Ist der Islam hierzulande überhaupt schon angekommen? Ich meine, ja. Denn der Islam ist überall auf der Welt zu Hause. Er bejaht ausdrücklich die Verschiedenartigkeit und bunte Vielfalt der Menschen. »Und niemals sendeten Wir einen Boten, als in der Sprache seines Volkes, damit er rede ihnen deutlich« (14:4).

Die Menschen sind diesem Verständnis nach verschieden, weil sie einander besser kennenlernen sollen. Menschen sollen nicht nach ihrer Volks- oder Ethnienzugehörigkeit beurteilt werden, sondern nach ihrer Rechtschaffenheit und Aufrichtigkeit. Ein Wetteifern um diese Werte würde uns sicherlich entspanntere Zeiten und weniger Ängste bescheren. Doch Muslime sind fehlbar wie alle Menschen. Sie handeln leider nicht immer so, wie es ihnen der Koran empfiehlt.

Ein weit verbreitetes islamisches Sprichwort sagt: »Lebe, als würdest du morgen sterben und als würdest du ewig leben.« Mit anderen Worten: Wir Muslime sollen hier unser tägliches Leben gestalten, wir sollen hier unsere Wohnhäuser für uns und unsere Nachkommen im Diesseits bauen. Und wir sollen gleichzeitig unsere Gotteshäuser hier errichten, damit wir uns darin auf unsere Begegnung mit Gott im Jenseits vorbereiten können.

Ignaz Bubis, der langjährige Vorsitzende des Zentralrats der Juden, hat einmal zum Bau von Gotteshäusern gesagt: »Wer baut, will bleiben.«

Doch wie viele Muslime leben immer noch auf gepackten Koffern, als wollten sie morgen abreisen? (Und damit meine ich nicht die Geflüchteten der Gegenwart.) Sie investieren lieber in ein prachtvolles Haus in einer fernen, oft fremd gewordenen Heimat. Sie erdulden im Gegenzug ein Leben in einer zu engen Wohnung – oft irgendwo am Rande der Stadt, am Rande der deutschen Gesellschaft.

Und wenn sie sich anschicken, Moscheen zu bauen, dann orientieren sie sich gerne an der traditionellen Architektur ihrer Herkunftsländer. Das ist an sich kein Problem, aber es zeigt leider auch, dass sich Muslime hierzulande oft scheuen, nach neuen Wegen – jenseits der vertrauten heimatlichen Gefilde – Ausschau zu halten.

In den Vereinigten Staaten zum Beispiel ist das etwas anders. Dort gibt es mehr als 2000 Moscheen, die die traditionelle muslimische Bauweise mit moderner amerikanischer Architektur verbinden. Beispiele dafür gibt es auch hier in Deutschland, etwa die wunderbare Moschee im oberbayerischen Penzberg. Aber sie sind, gemessen an der Notwendigkeit, sich in der deutschen Gesellschaft »zu verheimaten«, noch zu selten. In der neuen Heimat ankommen heißt auch, mit neuen Ideen zu experimentieren. Der Islam ist nicht statisch, er ist dynamisch. Muslimische Amerikaner kopieren nicht einfach Vorbilder aus Istanbul, Kairo oder Islamabad. Sie entwickeln Eigenes und zeigen damit Selbstbewusstsein *in* ihrer neuen Heimat und ein Bewusstsein *für* ihre neue Heimat.

Moschee – Ort der Niederwerfung

Die islamische Tradition kennt zwei Begriffe rund um das islamische Gotteshaus: einmal »Mesdschid« (arabisch), das bedeutet, ein Ort, wo Gott verehrt und angebetet wird, also Gottesdienste stattfinden. Dieser Begriff wird in vielen islamischen Ländern verwendet und ist in den Bezeichnungen der jeweiligen Sprachen in Europa noch zu erkennen, etwa in dem Wort Moschee.

Ein weiterer Begriff ist »Dschamia« (arabisch) und bezeichnet einen Ort der Versammlung, wo Wissen vermittelt wird und erworben werden kann. Es gehört ja zu den islamischen Pflichten, »Wissen zu erwerben, von der Wiege bis zur Bahre als Pflicht für Mann und Frau«. Dieser Begriff wird in manchen islamischen Ländern für Moscheen verwendet, aber auch zum Beispiel für Universitäten.

Größere Moscheen haben neben einem Gebetsraum Neben-
räume für Unterricht, Veranstaltungen, Feste oder für Einladungen
zum gemeinsamen Fastenbrechen im Ramadan.

Der Gebetsraum ist zumeist mit einem Teppich ausgelegt, der
nicht mit Straßenschuhen betreten werden soll. Ein »Mihrab« (Ge-
betsnische für den Imam, also den Vorbeter) zeigt die Gebetsrichtung (Qibla) nach Mekka an. Größere Moscheen besitzen auch ein
»Mimbar« (Kanzel), von der aus zum Beispiel am Freitag der Imam
eine Rede an die auf dem Teppich sitzende Versammlung hält. Ge-
betsnische und Kanzel sind zumeist mit orientalischer Ornamentik
verziert. Es gibt außerdem Regale mit Koranexemplaren, häufig in
verschiedenen Übertragungen.

Die Moscheen werden vor allem zu den fünf täglichen rituellen Gebeten aufgesucht, zum Freitagsgebet und gerne auch, um zu
Allah zu beten, um ein wenig zu verweilen, im Koran zu lesen oder
einen Freund zu treffen.

In ihrer Geschichte haben die Muslime ihre besten Baumeister
und Künstler zum Bau von Moscheen eingesetzt. Zeugnisse dieser kulturellen Leistungen bewundern Menschen aus aller Welt
bis heute etwa in Istanbul. Der Gundriss der klassischen Moschee
nimmt Bezug auf das erste Haus Mohammeds in Medina; erst später kam unter dem Einfluss der syrischen und persischen Kultur die
Kuppelstruktur hinzu.

Im Koran heißt es: »Suche in dem, was Gott dir gegeben hat, die
Wohnstatt des Jenseits; und vergiss deinen Teil an der Welt nicht;
und tue Gutes, wie Gott dir Gutes getan hat; und begehe kein Unheil auf Erden; denn Gott liebt die Unheilstifter nicht« (28:77).

Als der Prophet Abraham das Haus Gottes baute und seiner
Familie die örtliche Wohnstatt bereitete, hat er den Menschen aller
Religionen folgendes Bittgebet gegeben: »Mein Herr, mache dieses
Land zu einer Stätte der Sicherheit« (14:35). Wir Muslime sollten
dies häufiger lesen und dieses Gebet auch für unsere Wohnstätten
in Deutschland aussprechen.

Koranschule bei den Moscheegemeinden

Unter Koranschulen versteht man Kurse für muslimische Kinder, zumeist im Grundschulalter, die von den örtlichen Moscheegemeinden angeboten werden. Dort lernen die Kinder einfache Korantexte auswendig, damit sie später selbstständig ihre fünfmaligen täglichen Gebete verrichten können und deren Bedeutung verstehen. In manchen Moscheen wird das Arabisch-Unterricht genannt. Den Kindern werden neben den religiösen Inhalten auch islamische Ethik und Umgangsformen beigebracht. Für manche muslimischen Kinder ist das der einzige Ersatz für einen umfassenden islamischen Religionsunterricht, der an hiesigen Schulen noch kaum angeboten wird. Manche muslimischen Kinder in Deutschland kommen weder in den Genuss eines islamischen Religionsunterrichts, noch haben sie die Chance, eine sogenannte Koranschule zu besuchen. Koranschule im Sinne eines Drillens und stupiden Auswendiglernens lehne ich ab. Denn es ist wichtiger, die Bedeutung des Koran zu erfassen, als nur einfach Suren auswendig zu lernen.

Islambashing oder: Vorwand Minarett

Der Schweizer Volksentscheid 2007 gegen Minarette war ein Präzedenzfall. Er konterkariert die in der Menschenrechtscharta garantierte Religionsfreiheit. Es ging bei dieser Abstimmung nicht um Ästhetik. Es ging nicht darum, wie Minarette gebaut werden. Darüber kann und soll diskutiert werden. Ich bin sehr für eine Debatte um eine Architektur, die zeitgenössisch sowie bautechnisch »schön« ist und die gleichzeitig religiösen Erfordernissen Rechnung trägt.

In der Schweiz ging es um die grundsätzliche Frage, ob die Mehrheit einer Minderheit vorschreiben darf, wie diese ihre Gotteshäuser zu bauen hat. Dies legt der Volksentscheid nahe, der in der Schweizer Verfassung ein Bauverbot für Minarette verankern will. Minarette sind kein Gotteshaus, aber sie sind Teil des muslimischen Gotteshauses. Wenn eine Moschee ohne Minarett gebaut werden soll, dann darf das einzig und allein die Einscheidung der muslimischen Bauträger sein.

Ich erinnere nochmals an Ignaz Bubis und sein Diktum zum Neubau von Synagogen: »Wer baut, will bleiben.« Genau darum geht es. Und deshalb schmerzt der Ausgang des Plebiszits. Denn ein Teil der Schweizer Bevölkerung hat deutlich gesagt: Ihr seid hier nicht willkommen, ihr sollt hier nicht bleiben.

Die Schweizer haben im Grunde nicht gegen Minarette abgestimmt, sondern gegen die Werte ihrer eigenen Verfassung. Das Abstimmungsergebnis steht im krassen Widerspruch zum Schweizer Modell, das bisher für Weltoffenheit, Liberalität und Toleranz stand. Der Kollateralschaden dieses Urnengangs lässt sich bislang nicht absehen. Ebenso wenig die Wirkung auf andere Länder Europas. Leider hat sich der Trend zur Abschottung auch in der Schweiz weiter verstärkt und haben sich die Debatten um »Ausländer« verschärft. Dies haben insbesondere die beiden »Ausschaffungsabstimmungen« 2015 und 2016 gezeigt.

Ich fürchte, wenn es eine ähnliche Abstimmung in Deutschland gäbe, würde das Ergebnis ähnlich ausfallen. Denn die Islamfeindlichkeit hat zugenommen, und die Debatten um den Islam arten immer häufiger zu Angstdebatten aus. Teile der Politik bagatellisieren dieses Phänomen, reden es klein oder betreiben sogar selbst aktiv Islambashing, anstatt entschlossen dagegen vorzugehen.

Meist kommt die Phobie ganz adrett oder harmlos daher: entweder als sogenannte Kritik an den Muslimen – nach dem Motto: »Man wird das doch noch sagen dürfen.« Oder es werden diffuse Warnungen vor der »Islamisierung Europas« in die Welt gesetzt – wie in der Schweiz geschehen. Oft verbergen sich dahinter blanker Rassismus oder heillose Fremdenangst. Warum sonst nimmt die Hetze gegen Muslime derart zu, die, gepaart mit Desinformationen über den Islam, propagandistisch durch ein weit gestreutes Netzwerk unters Volk gebracht wird? Wir ernten jetzt, was selbst ein Teil unserer sogenannten Elite vormacht: Sie führen Angstdebatten, anstatt sachlich Lösungen zu diskutieren.

Langfristig kann es unserer Gesellschaft nur zum Schaden gereichen, wenn wir nicht endlich jenen »Hasspredigern« entschlossen entgegentreten, die eine Glaubensgemeinschaft von mehr als vier Millionen Menschen pauschal verleumden.

»Und wenn die Türken kämen, dann würde wir ihnen Moscheen bauen«

Um eine sich ausbreitende Stimmung der Intoleranz gegenüber Muslimen zu ändern, brauchen wir mehr denn je den Dialog der Religionsgemeinschaften. Wir müssen die Begegnung aller gesellschaftlichen Gruppen fördern. Mir fällt einiges dazu ein, wie wir das hinkriegen können: Tage der offenen Moschee, Kirchentage, Islamkonferenzen. Aber mehr als alles andere brauchen wir das Gespräch mit unseren Nächsten, mit den Nachbarn, den Bekannten, den Arbeitskollegen. Und wir brauchen viel mehr mutige Politiker und Journalisten, die klar Position beziehen gegen Intoleranz und Angstmache. In Zeiten sozialer und globaler Verunsicherung sowie zunehmender Identitätskrisen fallen einigen Leuten nur noch Sündenbockdiskussionen und Schwarzer-Peter-Spiele ein. Ich wünsche mir, dass sich dagegen in Zukunft klarer und deutlicher Politiker, Journalisten und Kirchenfrauen und -männer engagieren. Ich wünsche mir, dass der Geist der europäischen Aufklärung, auf die wir zu Recht so stolz sind, die Integrationsdebatte um folgenden Gedanken von Friedrich II. bereichert, der 1740 verfügt hat: »Alle Religionen sind gleich und gut, wenn nur die Leute, die sich zu ihnen bekennen, ehrliche Leute sind. Und wenn die Türken [...] kämen und wollten hier im Lande wohnen, dann würden wir ihnen Moscheen [...] bauen.«
Unsere Toleranzfähigkeit misst sich nicht am Getöse, mit dem wir wie oft das Wort Toleranz in den Mund nehmen, sondern daran, ob man Toleranz lebt und bereit ist, dafür einzustehen, selbst wenn es, wie derzeit, noch so unpopulär erscheint.

Ein Minarett ist eben nicht das Ende des Abendlandes. Bei aller verständlichen Aufregung: Wir müssen die Moschee im Dorf lassen.

In der Schweiz ging es damals um vier Minarette für rund 400 000 Muslime. Politiker und Medien haben in dem einstigen Modellstaat für Toleranz rechten Demagogen und Scharfmachern das Feld überlassen. Diese haben eine hysterische Angstdebatte über Ausländer und Muslime losgetreten. Ohne jedes Augenmaß und fern aller Fakten. Angst macht blind, das wissen wir. Angst führt zu Fehlentwicklungen. Genau das ist in der Schweiz passiert. Fehler lassen sich korrigieren. Und genau darauf hoffe und vertraue ich.

Oft wird bei der Debatte auch ins Feld geführt, ob Muslime hier in Deutschland Moscheen und Minarette bauen dürften, hänge doch davon ab, ob Christen in einigen sogenannten islamischen Ländern ihrerseits Kirchen bauen dürften. Diese Argumentation beschreibt auf den Punkt das Dilemma und auch die Unwürdigkeit in der Diskussion. Muslime werden dabei zu Paria, ja zu Vasallen eines anderen Staates gemacht, und die vom Grundgesetz zuerkannte Religionsfreiheit für alle wird eingeschränkt, zumindest an Bedingungen geknüpft. Diese Reziprozität ist ein rechtsstaalich absurdes Theater, oft auch vor dem Hintergrund, dass nicht wenige Muslime in ihren Ländern ebenso Repressionen und massive Einschränkungen, was die Menschenrechte angeht, erleben.

Tag der offenen Moschee (ToM)

Jedes Jahr öffnen bundesweit über tausend Moscheen ihre Pforten zum »Tag der offenen Moschee«. Diese Aktion geht auf eine im Jahre 2007 gestartete Initiative des Zentralrats der Muslime in Deutschland zurück und entwickelte sich zum Selbstläufer. Moscheen aller islamischen Verbände nehmen Jahr für Jahr daran teil. Der bewusst gewählte Zeitpunkt am Tag der Deutschen Einheit soll das Selbstverständnis der Muslime als Teil der Deutschen Einheit und ihre Verbundenheit mit der Gesamtbevölkerung zum Ausdruck bringen.

Der Tag wird veranstaltet zur Information, zur Selbstdarstellung und zum gegenseitigen Kennenlernen. Es geht um Öffnung und Dialog. Die Menschen sollen sich ein eigenes Bild vom Islam und von den Muslimen machen und sich eine Meinung bilden. Meist führt fehlendes Wissen über Muslime zu Vorurteilen, die ein gedeihliches Miteinander in der Gesellschaft erschweren. Dies lag oft auch an den beschränkten Möglichkeiten der Muslime, Wissen weiterzugeben und Fragen zu beantworten. Sprachliche Barrieren und fehlende Bereitschaft der Ansprechpartner kamen in der Vergangenheit hinzu. Durch fähige Moscheeführer wird heute dem Informationsbedürfnis der Bevölkerung stärker Rechnung getragen, als es noch vor Jahren der Fall war. Viele Moscheen sorgen auch für das leibliche Wohl ihrer Besucher und bieten musikalische Darbietungen an, was zu einer anregenden Atmosphäre beiträgt. Hemmschwellen können damit abgebaut werden, denn Besucher kommen oft zunächst mit einem gewissen Unbehagen. Viele sind misstrauisch und wollen sich nur vergewissern, ob ihre Nachbarn den negativen Stereotypen aus den Medien tatsächlich entsprechen. Für viele Besucher ist es der erste Kontakt mit Muslimen. Manche sind enttäuscht, da sie sich eine Moschee prächtiger vorgestellt hatten, manche überrascht, da sie die Gebäude kannten und nie für eine Moschee gehalten hatten.

Zum ersten Mal lud der Koordinierungsrat der Muslime (KRM) im Jahr 2007 unter dem Motto »Moscheen – Brücken für eine gemeinsame Zukunft« zu diesem Tag ein. Die vier größten islamischen Dachverbände Zentralrat der Muslime, Islamrat, DITIB und der Verein islamischer Kulturzentren hatten sich im März 2007 zu der Spitzenorganisation KRM zusammengeschlossen und verdeutlichen die Einheit der Muslime in Deutschland seither auch in der gemeinsamen Organisation des ToM. Neben Moscheeführungen und Informationsveranstaltungen eröffnete der Tag der offenen Moschee 2007 zudem die Möglichkeit, einen Einblick in den Fastentag der Muslime zu gewinnen. Denn der Tag fiel in die Zeit des Ramadan, des Fastenmonats der Muslime. Der Ramadan war daher auch das vorherrschende Thema bei den angebotenen Vorträgen und Seminaren. Viele Gemeinden nutzten diese Möglichkeit dazu, das gemeinsame Fastenbrechen bei Sonnenuntergang in das Programm aufzunehmen.

Da sich der islamische Kalender nicht mit dem hiesigen Gregorianischen Kalender deckt, fiel der ToM 2008 auf das Ramadanfest am Ende des Fastenmonats. Das Motto 2008 lautete »Moscheen – Orte der Besinnung und des Feierns«. Die Broschüre behandelte Bedeutung und Praxis von muslimischen Feiertagen, insbesondere des Ramadanfestes. Dieser Tag wurde zum Anlass genommen, Nachbarn und Interessierte zum gemeinsamen Feiern einzuladen und sie an dem Fest der Liebe teilhaben zu lassen.

»Moscheen – ein fester Teil der Gesellschaft. 60 Jahre Bundesrepublik und die Muslime« lautete das Motto 2009. Ziel war es, aufzuzeigen, dass Muslime in Deutschland angekommen sind und sich als Teil dieses Landes sehen. Muslime sind heute in allen Gesellschaftsschichten anzutreffen, in allen Altersgruppen. Vor dreißig Jahren waren sie eine wesentlich homogenere Gruppe. Heute haben sie größtenteils den Gedanken aufgegeben, in die Herkunftsländer zurückzukehren, ja, sie lassen sich sogar zunehmend in Deutschland beerdigen. Sichtbares Zeichen der Verwurzelung und der Identifikation mit diesem Land sind zudem Moscheen, die sowohl als Gebetsstätten als auch als Bildungs- und Begegnungszentren dienen.

In der Broschüre 2009 wurde denn auch auf die Angebote in Moscheen, auf deren Potenziale und auf das ehrenamtliche Engagement der Muslime eingegangen, die einen wichtigen Beitrag zur Integration und zum Gemeinwohl leisten. Es wurde dazu eingeladen, einen Blick auf die oft unterschätzte Arbeit von Moscheen als religiöse und soziale Orte zu werfen. Die Resonanz war mäßig, eher rückläufig. 2009 war aber auch das Jahr der Minarett-Debatte, die medial stark aufbereitet wurde. Interessant war, dass das Innenleben der Moschee nur einen Bruchteil des Interesses auf sich zog wie das Minarett, das eigentlich Zubehör ist.

Unter dem Titel »Der Koran – 1400 Jahre, aktuell und mitten im Leben« wurde beim letzten Tag der offenen Moschee des 1400. Jahres seit dem Beginn der Offenbarung des Koran gedacht und diese, für Muslime, Geburtsstunde ihres Glaubens gefeiert. Der Koordinierungsrat der Muslime in Deutschland nahm dieses historische Ereignis zum Anlass, um ein zentrales Anliegen des Koran zum Thema des Tages der offenen Moschee zu machen. In der begleitenden Broschüre wurde der Begriff der »Verantwortung« auf der Basis des Koran erläutert. Anhand verschiedener Lebensbereiche wurde gezeigt, was Muslime unter Verantwortung verstehen und wie sie dies innerhalb der Gesellschaft umsetzen möchten. Im Zentrum stand die Frage, worin die Verantwortung der Moscheen innerhalb der Gesellschaft besteht und wie man dieser Verantwortung gerecht werden kann. Die Moscheegemeinden griffen das Thema in Form von Seminaren und Koranrezitationen auf.

Der Tag der offenen Moschee ist ein positiver Beitrag der Muslime zu der Gesellschaft, der sie sich zugehörig fühlen; er ist nicht Ausdruck einer Defensivhaltung oder Opferrolle, sondern nimmt selbstbewusst Stellung, immer auch aus aktuellem Anlass. Diese Gelegenheit wird genutzt, den Islam aus einer anderen Perspektive zu zeigen als jener, die vielfach die Medien prägt, nämlich aus der der Muslime selbst. Das Motto bezieht sich jeweils auf das unmittelbare Leben der Muslime und zeigt, was für sie wichtig ist und womit sie sich beschäftigen, worüber sie sich freuen, wie sie feiern und welches Gemeindeleben sich in den Moscheen abspielt.

Es gibt sehr viel kritisches Material in Bezug auf Muslime, aber nur sehr wenig Authentisches, was von Muslimen selbst herrührt und ihre Begeisterung für ihren Glauben erklärt. Ein großes Manko, das auch nicht durch den ToM aufgefangen werden kann. Dennoch sind solche Aktionen aus meiner Sicht ein guter Anfang und bieten Anstöße zum Nachdenken. Denn das Gespräch über Muslime kann nie so effektiv sein wie Gespräche *mit* ihnen.

Freiheit des Denkens:
Widersprüche

»Und wir haben den Kindern Adams Ehre erwiesen.
Wir haben sie auf dem Festland und auf dem Meer getragen
und ihnen einiges von den köstlichen Dingen beschert,
und wir haben sie vor vielen von denen, die wir geschaffen
haben, eindeutig bevorzugt« (17:70).

Menschenrechte sind nicht verhandelbar –
Menschenwürde und Islam

In Zeiten von Syrienkrieg, IS und Flüchtlingskrise scheinen die Maßstäbe selbst in gemäßigten Teilen der europäischen Gesellschaften zu verrutschen. Angst, Hysterie und Hetze scheinen Raum zu gewinnen. Dabei sind die Grenzen zu Übergriffen fließend (das deutsche Innenministerium dokumentierte für 2015 eine Vervierfachung der Anschläge auf Unterkünfte von Flüchtlingen, insgesamt über 850; statistisch wurde jeden Tag ein Mensch Opfer rassistisch motivierter Gewalt). Die Dunkelziffer ist sicherlich weitaus höher, Diskriminierungen und Übergriffe auf Menschen mit anderer Hautfarbe, Herkunft oder Religion oder wegen ihrer sexuellen Identität nicht inbegriffen. Menschenrechte sind also auch in unserem Land nicht ungefährdet und müssen stets verteidigt werden.

Die Unterzeichnung der Menschenrechtscharta diente damals weltweit als nachvollziehbarer Maßstab, ob ein Land sich zu den Menschenrechten bekennt. Dabei übersieht man, dass dieses Abkommen, das am 10. Dezember 1948 von einigen Staaten unterschrieben wurde, bis heute von vielen dieser Staaten nicht vollständig umgesetzt, befolgt und respektiert wird.

»Wir prangern zu Recht die Menschenrechtssituation in vielen Ländern der Erde an. Gleichzeitig dürfen wir aber nicht verkennen, dass auch manche westliche Regierungen Rückschritte machen«, stellen die Autoren des Human Rights Watch (HRW) im »World Report 2016« fest. (Die Organisation untersucht alljährlich die Entwicklung der Menschenrechte in mehr als 90 Ländern.) Viele Regierungen versuchten, mit einer Einschränkung der Menschenrechte mehr Sicherheit zu erreichen, so das ernüchternde Fazit. In Europa seien schon heute ein verstärkter Antisemitismus und eine wachsende Islamfeindlichkeit zu beobachten, heißt es in dem fast

700 Seiten langen Bericht weiter. Viele europäische Regierungen erfassten weder Hassverbrechen gegen Juden noch gegen Muslime auf adäquate Weise. Auch Sinti und Roma litten in mehreren EU-Ländern unter anhaltender Verfolgung.

Und gerade Muslime müssen laut Human Rights Watch insbesondere nach den Pariser und Brüsseler Anschlägen der Terrormiliz Islamischer Staat (IS) immer wieder als Sündenbock herhalten. Vor diesem Hintergrund werde ich sehr oft gefragt: Wie steht der Islam zu den Menschenrechten? Kennt der Islam Menschenrechte, kennt der Islam Freiheit? Manche stellen diese Fragen und erwarten sachliche Antworten. Andere stellen sie provokativ und unterstellen, dass im Islam solche Werte nicht existieren. Deshalb möchte ich hier Grundsätze der Menschenrechte zusammenfassen, die aus dem Islam zu begründen sind – damit jeder sich ein eigenes Urteil bilden kann. Dabei ist es im Ergebnis unerheblich, wie man die Menschenrechte ableitet. Hauptsache, man achtet sie. Da gibt es leider weltweit Umsetzungsdefizite. Erschreckend, dass auch viele Muslime hier versagen, obwohl die eigene Religion solche Menschenrechtsverletzungen sanktioniert.

Die Menschenrechte sind von Gott gegeben

In der islamischen Betrachtung der Rechte des Menschen geht man von Gott als Souverän aus. Für Muslime sind die Menschenrechte von Gott gegeben. Dies steht nicht zwangsläufig im Widerspruch zu den Allgemeinen Menschenrechten. Für Muslime ist lediglich Gott der Ausgangspunkt dieser Rechte, nicht der Mensch. Die Menschenrechte im Islam sind ein unantastbarer Bestandteil jedes Menschenlebens.

1. Schutz der Menschenwürde:
Das erste Grundrecht ist das Recht auf die Würde des Menschen. Im Islam gilt der Grundsatz, die Würde des Menschen zu ehren und zu schützen. Somit hat der Schutz der Menschenwürde bei den

Muslimen einen besonders hohen Stellenwert und ist ein zentraler Teil ihres Glaubens. Im Koran heißt es: »Und wir haben den Kindern Adams Ehre erwiesen.« Das bedeutet, nicht nur den Muslimen, nicht nur den Gläubigen, sondern allen Kindern Adams hat Gott Ehre erwiesen und hat ihnen aufgrund dieser Abstammung Würde verliehen. Daraus ergibt sich geradezu die Verpflichtung, die Ehre und Würde jedes Menschen anzuerkennen und zu achten.

»Und wir haben den Kindern Adams Ehre erwiesen, wir haben sie auf dem Festland und auf dem Meer getragen und ihnen einiges von den köstlichen Dingen beschert, und wir haben sie vor vielen von denen, die wir geschaffen haben, eindeutig bevorzugt« (17:70). Dieser Vers in seiner Gesamtheit betont außerdem die Sonderstellung des Menschen vor allen anderen Geschöpfen. Abdullah Ibnu Umar, ein Gefährte des Propheten, erblickte die Kaaba, das Zentrum des Gebetes und des Glaubens für Muslime, und sagte: »Bei Allah, du bist würdevoll und du bist ehrenvoll. Und bei Allah, der Mensch ist noch würdevoller und ehrenvoller als du.«

Gott hat dem Menschen von seinem Geist eingehaucht, damit trägt jeder Mensch etwas Göttliches in sich. Und Gottes Barmherzigkeit garantiert die Würde des Menschen. Der Islam achtet also uneingeschränkt die Würde des Menschen und garantiert jedem deren Schutz. Denn »die ewige Erwählung des Menschen zu Gottes Geschöpf begründet dessen Würde... Dort, wo ein Mensch gedemütigt wird, dort, wo seine Würde nicht mehr anerkannt wird, herrscht Erbarmungslosigkeit im menschlichen Zusammenleben«, schreibt der Islampädagoge Mouhanad Khorchide.

2. Verbot jeder Diskriminierung:
Der Islam bekämpft Diskriminierung und kennt keine Bevorzugung aufgrund der Abstammung oder anderer Maßstäbe:
»O ihr Menschen, wir haben euch von einem männlichen und weiblichen Wesen erschaffen, und wir haben euch zu Verbänden und Stämmen gemacht, damit ihr einander kennenlernt. Der Angesehenste von euch bei Gott, das ist der Gottesfürchtigste von euch. Gott weiß Bescheid und hat Kenntnis von allem« (49:13).

Damit ist gemeint, dass die Menschen verschieden sind, um sich kennenzulernen. Der Mensch wird weder nach seiner Abstammung noch nach seiner Zugehörigkeit zu einem Volk oder einer Ethnie beurteilt. Gottesfürchtigkeit drückt sich in den Taten und in der Rechtschaffenheit des Menschen aus. Wer gottesfürchtig ist, hält sich an Gott und seinen Propheten, indem er das Gute gebietet und das Schlechte verbietet.

Das heißt, die Taten und die Rechtschaffenheit eines Menschen machen ihn zu einem besseren oder schlechteren Menschen. Die Tatsache, dass alle Menschen von einem Wesen stammen, wird an vielen Stellen im Koran erwähnt. Es heißt weiter in der Sure 4:

»O ihr Menschen, fürchtet euren Herrn, der euch aus einem einzigen Wesen erschuf. Aus ihm seine Gattin erschuf und aus ihnen beiden viele Männer und Frauen entstehen und sich ausbreiten ließ. Und fürchtet Gott, in dessen Namen ihr einander bittet, und (achtet) die Verwandtschaftsbande. Gott ist Wächter über euch« (4:1).

Diese Herkunft lässt mich in jedem Menschen einen Bruder oder eine Schwester sehen, weil wir alle von diesem gemeinsamen Vater und dieser gemeinsamen Mutter abstammen. In seinen beiden wichtigsten Reden – zum einen in der Rede bei der Eröffnung der Kaaba (Mekka) für die Pilgerfahrt nach abrahamitischer Tradition und in der Rede bei seiner einzigen Pilgerfahrt – betonte der Prophet diese Verbindungen. Als er nach Mekka kam, sagte er: »Weder wird der Araber vor dem Nichtaraber, noch der Weiße vor dem Schwarzen bevorzugt, es sei denn durch seine Taten.«

Der Islam kennt, wie bereits beschrieben, auch keine Diskriminierung und Abstufung aufgrund des Geschlechts. Ein Spruch des Propheten besagt dazu: »Die Frauen sind Zwillingsgeschwister der Männer.« Das heißt, sie stammen alle von demselben Vater und derselben Mutter ab und sind deshalb nicht besser oder schlechter als ihre andersgeschlechtlichen Geschwister. Im Koran heißt es:

»Wer etwas Schlechtes tut, dem wird gleich viel vergolten. Und diejenigen, die Gutes tun, ob Mann oder Frau, und dabei gläubig sind, werden ins Paradies eingehen, wo ihnen Unterhalt beschert wird ohne Abrechnung« (40:40).

Oder: »Da erhörte sie ihr Herr: Ich lasse keine Tat verlorengehen, die einer von euch getan hat, ob Mann oder Frau. Die einen stammen ja von den anderen« (3:195).

Aus diesen beiden Versen wird deutlich, dass die Bewertung der Werke beider Geschlechter durch Gott gleich ist, im Diesseits wie im Jenseits. So leiteten die islamischen Gelehrten aus diesen Versen übrigens schon damals die Regel ab: »Gleicher Lohn für gleiche Arbeit.«

Blickt man auf viele der muslimischen Mehrheitsgesellschaften, so sind die meisten in ihrer historisch gewachsenen Form weit von dieser Grundfreiheit entfernt. Und das betrifft nicht allein die staatlich verordnete Unfreiheit der Frauen, sondern auch das Bewusstsein weiter Teile der Bevölkerung – Männer wie Frauen.

3. Religionsfreiheit:

Die Religionsfreiheit ist ein Teil der Glaubenslehre im Islam. Er verpflichtet zum Respekt anderen Religionen gegenüber und spricht dem Menschen die Freiheit des Glaubens und der Ausübung einer Religion zu. Er geht davon aus, dass die Religion eine Überzeugung ist, die nicht erzwungen werden kann.

»Es gibt keinen Zwang in der Religion. Der richtige Wandel unterscheidet sich nunmehr klar vom Irrweg« (2:256).

Ein anderer Vers sagt unmissverständlich:

»Euch eure Religion und mir meine Religion« (109:6).

Als der Prophet nach Medina kam und die erste islamische Gesellschaft gründete, schloss er als Erstes ein Abkommen zwischen den Muslimen und den dortigen jüdischen Gemeinden. In Absatz 2 dieses historischen Abkommens heißt es: »Die Juden sind eine Gemeinschaft mit den Gläubigen. Den Juden ihre Religion und den Muslimen ihre Religion.« Der Islam hat selbst den Kampf und Krieg erlaubt zum Schutz aller Religionen, nicht nur zum Schutz der eigenen Religion. In der Begründung dieser Erlaubnis heißt es im Koran:

»Gott verteidigt diejenigen, die glauben. Gott liebt keinen Undankbaren, Treulosen. Erlaubnis (zum Kampf) ist denen gegeben, die bekämpft werden, weil ihnen ja Unrecht getan wurde, und Gott hat gewiss die Macht, sie zu unterstützen. Ihnen, die zu Unrecht aus ihren Wohnstätten vertrieben wurden, nur weil sie sagen: Unser Herr ist Gott. Und hätte Gott nicht die einen Menschen durch die anderen abgewehrt, so wären gewiss Mönchsklausen, Kirchen, Gebetsstätten und Moscheen zerstört worden, in denen des Namens Gottes viel gedacht wird« (22:38 ff.).

4. Gemeinsame Gesellschaft aller Menschen:

Im Islam bilden die Menschen eine einzige Gemeinschaft, eine Gesellschaft für alle Menschen, in der keine Gruppierung mit Privilegien ausgestattet ist, und Gott gebietet Gerechtigkeit und Güte gegenüber allen Teilen dieser großen Gemeinschaft. Dazu heißt es im Koran:

»Gott verbietet euch nicht, denen, die nicht gegen euch der Religion wegen gekämpft und euch nicht aus euren Wohnstätten vertrieben haben, Güte zu zeigen und Gerechtigkeit angedeihen zu lassen. Gott liebt die, die gerecht handeln« (60:8).

Der Dialog ist damit im Islam verankert. Die Muslime sind aufgerufen, den Dialog zu suchen und zu pflegen, nicht weil es jetzt modern geworden ist, sondern weil es im Koran steht, und zwar seit 14 Jahrhunderten. Wir müssen den Dialog mit all unseren Kräften anstreben und ihn mit all unserer Liebe und Barmherzigkeit führen:

»Und streitet mit den Leuten des Buches nur auf die beste Art, mit Ausnahme derer von ihnen, die Unrecht tun. Und sagt: Wir glauben an das, was zu uns herabgesandt und zu euch herabgesandt wurde. Unser Gott und euer Gott ist einer. Und wir sind ihm ergeben« (29:46).

Das bedeutet, man solle mit den Andersgläubigen den intellektuellen Streit pflegen, also diskutieren, und das nur auf die beste Art und Weise. Wir brauchen also keine neue Auslegung des Islam, um auf den Dialog zu setzen.

Die Muslime zur Zeit des Propheten gingen noch einen Schritt weiter. Sie zeigten sich besonders offen gegenüber anderen Religionsgemeinschaften – insbesondere Juden und Christen, den Angehörigen der beiden anderen Offenbarungsreligionen. Der Islam erlaubt eine Tisch- und Ehegemeinschaft mit diesen Andersgläubigen.

5. Schutz des Lebens und des Vermögens:
In der Rede des Propheten bei seiner Pilgerfahrt hieß es:

»O ihr Menschen, euer Vermögen, eure Ehre und euer Leben ist unter euch so heilig wie dieser Tag und dieser Monat und dieser Ort.«

Das alles ist im selben Maße heilig und unantastbar wie der Pilgertag, der heilige Monat und die heilige Stadt Mekka. Im Koran wird ein Vergleich gezogen, der auch im Alten Testament zu lesen ist: dass der Schutz eines einzigen Lebens dem Schutz der ganzen Menschheit gleicht und dass das Töten eines einzelnen Menschen dem Töten der ganzen Menschheit gleicht.

»Aus diesem Grund haben wir den Kindern Israels vorgeschrieben, wenn einer jemanden tötet, jedoch nicht wegen eines Mordes oder weil er auf der Erde Unheil stiftet, so ist es, als hätte er alle Menschen getötet. Und wenn ihn jemand am Leben erhält, so ist es, als ob er alle Menschen am Leben erhalten hätte« (5:32).

6. Schutz der Persönlichkeit und der persönlichen Umgebung:
Dieser Schutz wird in folgenden Zitaten deutlich:

»O ihr, die ihr glaubt, betretet nicht Häuser, die nicht eure eigenen Häuser sind, bis ihr euch bemerkbar gemacht und ihre Bewohner begrüßt habt. Das ist besser für euch, auf dass ihr es bedenket. Wenn ihr niemanden darin findet, dann tretet nicht ein, bis man es euch erlaubt. Und wenn man zu euch sagt: ›Kehrt um!‹, dann sollt ihr umkehren. Das ist lauterer für euch, und Gott weiß, was ihr tut« (24:27).

Die islamischen Gelehrten leiten daraus den Schutz der Persönlichkeit einer Person vor Eingriffen in ihre Lebens- und Freiheitsbereiche ab und betrachten ihn als einen Teil ihres Allgemeinschutzes. Eine weitere Schutzmaßnahme für die eigene Privatsphäre wird im folgenden Vers erwähnt:

»O ihr, die ihr glaubt, meidet viel von den Mutmaßungen« (49:12).

Auch Mutmaßungen werden im Islam als Verletzung der privaten Umgebung und somit der Menschenrechte betrachtet.

»O ihr, die ihr glaubt, die einen sollen nicht die anderen verhöhnen, vielleicht sind diese eben besser als sie. Auch sollen nicht Frauen andere Frauen verhöhnen, vielleicht sind diese eben besser als sie. Und nörgelt nicht untereinander. Und gebt einander keine Schimpfnamen. Welch schlimmer Name, der des Frevels, nach der Annahme des Glaubens! Diejenigen, die nicht umkehren, sind die, die Unrecht tun. O ihr, die ihr glaubt, meidet viel von den Mutmaßungen. Manche Mutmaßung ist Sünde. Spioniert nicht und führt nicht üble Nachrede übereinander. Möchte denn einer von euch das Fleisch seines Bruders, wenn er tot ist, essen? Es wäre euch doch zuwider. Fürchtet Gott. Gott wendet sich gnädig zu und ist barmherzig« (49:11 ff.).

All das gilt als Verletzung der privaten Sphäre. Auch Verleumdungen anderer Art, etwa von Ehre, Keuschheit und Vertrauenswürdigkeit, werden im Islam als eine Verletzung der Persönlichkeit betrachtet.

7. Recht auf Fürsorge:
Der Islam schreibt das Recht auf Fürsorge für die einzelnen Mitglieder seiner Gesellschaft und Gemeinschaft fest. Diese gegenseitige Fürsorge ist ein Teil des islamischen Gesetzes. Der Islam hat es nicht dabei belassen, zu Almosen aufzurufen, er hat dies als Teil seines Gesetzes etabliert. Die Zakat ist die Pflichtabgabe eines jeden Muslim und eine der fünf Säulen des Islam. Damit wird das Recht auf Fürsorge praktisch umgesetzt. Im Koran heißt es:

»Nimm von ihrem Vermögen ein Almosen, mit dem du sie rein machst und läuterst. Und bitte um Segen für sie. Dein Gebet ist für sie eine Beruhigung. Und Gott hört und weiß alles« (9:103).

So wird diese Maßnahme der Fürsorge direkt in Zusammenhang mit dem Segen und der Läuterung Gottes genannt, soziale Pflicht unmittelbar mit dem Glauben und dem Gottesdienst verknüpft. Ein Spruch des Propheten ergänzt:

»Der Bittsteller hat Rechtsanspruch auf Hilfe, auch wenn er auf einem Pferd geritten kommt.«

Das heißt, auch wenn sein Aussehen Armut nicht vermuten lässt, hat er Anrecht auf Hilfe von der Gemeinschaft. Wenn er um etwas bittet, dann muss ihm geholfen werden, bis er aus seiner Notsituation herauskommt.

8. Recht auf Bildung:

Wissen ist die Grundlage des Iman (das bedeutet innere Überzeugung) und damit notwendig für die richtige islamische Lebensweise, um das Wohlgefallen Allahs und damit das Paradies erlangen zu können. Im Islam ist blinder Glaube nicht erwünscht, denn Iman (nicht zu verwechseln mit dem Imam) heißt Überzeugung, die auf Wissen basiert. Aus diesem Grund muss jeder Muslim dafür sorgen, dass er zumindest ein gesundes Grundlagenwissen hat. Wissen ist also Teil der Verehrung Gottes. Jedem Muslim ist vorgeschrieben, sich Wissen anzueignen, um zur Erkenntnis Gottes und der eigenen Welt zu gelangen. In einem Spruch des Propheten heißt es:

»Sich Wissen anzueignen ist die Pflicht eines jeden Muslim.« Und eine andere Überlieferung ergänzt: »...Pflicht eines jeden Muslim und einer jeden Muslimah.«

Es ist nicht nur die Pflicht eines Muslim, sich Wissen anzueignen, sondern es ist auch die Pflicht der Gemeinschaft, dem einzelnen Mitglied die nötige Bildung zu ermöglichen. Das hat der Prophet selber praktiziert, indem er als Lehrer der Gemeinde half. Er hielt für Männer und Frauen gemeinsame Sitzungen ab und vermittelte ihnen Wissen. Somit hat er vorbildhaft gezeigt, dass die islamische Gemeinde sich um die Bildung des Einzelnen sorgen muss und dass umgekehrt jeder Einzelne ein Recht darauf hat.

9. Recht auf eine gesunde Umgebung:

Im Islam hat jeder das Recht auf eine gesunde Umgebung in allen Bereichen des Lebens. Die soziale Sphäre des Einzelnen darf nicht verletzt werden, und sein Recht, in einer gesunden Gesellschaft in Ruhe und Frieden zu leben, darf nicht beschränkt werden. Dieses Recht bezieht sich nicht nur auf das Gesundheitliche und Hygienische, sondern auch auf Moral und Ethik. Der Einzelne hat das

Recht, vom Staat zu verlangen, dass die Gesellschaft frei von Personen bleibt, die die Ethik missachten oder die gesellschaftliche Moral angreifen. Die Freiheit des Einzelnen wird verletzt, wenn ihm eine menschenverachtende und entwürdigende Atmosphäre aufgezwungen wird, der er sich nicht entziehen kann.

Weitere Rechte lassen sich aus den oben genannten Grundrechten ableiten.

1. Die politischen Rechte:
- Wie steht der Islam zum Wahlrecht, kennt er das Wahlrecht für jeden Einzelnen?
  Entweder ist das Staatsoberhaupt vom Volk gewählt und gewollt, oder der ganze Staat gilt als nichtislamisch. Die früheren Gelehrten haben ausdrücklich festgestellt, dass demjenigen, mit dessen Führung die islamische Gemeinschaft einverstanden ist, Gehorsam und Hilfe gebührt. Folglich stehen dem Oberhaupt, mit dem die Gemeinschaft nicht einverstanden ist, kein Gehorsam und keine Hilfe von der Gemeinschaft zu. Die Form des Wahlrechts blieb jedoch offen und kann gesellschaftlichen Gegebenheiten angepasst werden. Das bedeutet, dass unsere heutigen präsidialen oder parlamentarischen Demokratien nicht nur islamkonform, ja sogar islamgewollt sind und gleichbedeutend das, was der IS anstrebt und praktiziert, höchst verwerflich und unislamisch ist.
- In der Zeit von Mekka galt bereits das Recht auf gegenseitige Beratung, obwohl es damals keinen Staat im herkömmlichen Sinn gab. Dieses Recht wurde als eine Eigenschaft der Muslime erwähnt. Es heißt im Koran: »Und diejenigen, die ihre Angelegenheiten durch gegenseitige Beratungen regeln« (42:38).
  Nachdem das muslimische Staatsgefüge errichtet worden war, wurde in Medina dieses Prinzip durch einen Befehl von Gott an den Propheten offenbart: »So verzeihe ihnen und bitte für sie um Vergebung und ziehe sie zurate in ihren Angelegenheiten« (3:159). Das Prinzip der gegenseitigen Beratung ist also ein Teil des Staatsverständnisses.

- Ein weiteres Recht betrifft die stetige Kontrolle der Verantwortungsträger. Dieses Recht ergibt sich etwa aus folgendem Ausspruch des Propheten: »Religiös sein heißt, aufrichtig sein und aufrichtigen Rat erteilen.«
»Wem gegenüber?«, fragten einige der Gefährten. Der Prophet antwortete: »Gott gegenüber, seiner Schrift, seinem Gesandten, den Führern der Muslime und der Gesellschaft.«
Jemandem einen Rat geben setzt voraus, ihn zunächst zu beobachten, zu kontrollieren und ihn gegebenenfalls dann zur Mäßigung oder Besserung zu ermahnen. Dieses gilt auch für den Führer des Staates.

- Selbstverständlich gibt es das Recht auf die Abwahl eines Staatsoberhauptes oder Führers. Ebenso das Recht auf ein Amt und das Recht auf Kandidatur für die einzelnen Ressorts im Staat. Der Prophet sagt dazu: »Ihr sollt zuhören und gehorchen, auch wenn euer Führer einer mit schwarzem Gesicht und Krauskopf ist.«

2. Die Zivilrechte:
Unter den Zivilrechten versteht man die Gleichheits- und Freiheitsrechte, zum Beispiel Gleichheit vor dem Gesetz und Gleichheit vor der Justiz.

- Alle Gebote, Verbote und Regeln im Islam gelten für alle. Es gibt keine Regeln, die eine soziale Schicht vor den anderen privilegiert. Im Gegenteil, es darf keine soziale Ungleichheit existieren. Weiterhin ist jeder Mensch vor der Justiz gleich. In einem Spruch des Propheten heißt es: »Bei Gott, auch wenn Fatima, die Tochter Mohammeds, stehlen würde, würde ich das Gesetz Gottes gegen sie ausüben.«
Jeder ist vor dem Gesetz gleichgestellt. Gerechtigkeit ist das Recht für jeden in dieser Gesellschaft und stellt für den Muslim eine Art Gottesdienst dar. Der Koran sagt dazu: »O ihr, die ihr glaubt, tretet für die Gerechtigkeit ein. Und legt Zeugnis für Gott ab. Auch wenn es gegen euch selbst oder die Eltern und die Angehörigen sein sollte« (4:135).

3. Wirtschaftliche und sozialpolitische Rechte:

- Zu den wirtschaftlichen und sozialpolitischen Rechten gehört das Recht auf Arbeit. Beispiele, von denen man dies ableiten kann, sind sehr oft in der Lebensweise des Propheten erwähnt worden. Ein Mensch kam zum Propheten und bat ihn um ein Almosen. Der Prophet gab ihm aber kein Almosen, sondern er reichte ihm ein Seil und eine Axt und sagte ihm, er solle gehen und arbeiten. Er forderte ihn damit zum Arbeiten auf und stellte ihm die notwendigen Mittel zur Verfügung. Die Gelehrten leiten daraus das Recht des Einzelnen auf eine Arbeitsstelle ab und gleichzeitig die Pflicht des Staates, für den Einzelnen solche Möglichkeiten anzubieten.

- Das Recht auf soziale Fürsorge gehört zu den Besonderheiten einer islamischen Gesellschaft, welches unter anderem beim Bayt-ul Mâl, dem Haus des Geldes, verortet ist. Die Aufgabe dieses Hauses besteht darin, jedem Bedürftigen den nötigen Lebensunterhalt zur Verfügung zu stellen. Das Recht auf Unterhalt in der Familie wird im Islam weiter als in nichtislamischen Gesellschaften gefasst. Für Unterhalt zu sorgen, obliegt nicht nur dem Ehemann oder der Ehefrau, sondern obliegt ebenfalls der Großfamilie. Wenn Eheleute selbst nicht füreinander sorgen können, dann hat die Großfamilie die Pflicht, für diese Familienmitglieder zu sorgen.

Wichtig scheint mir, die grundsätzliche Offenheit und Freiheit des Menschen als im Islam angelegt herausgestellt zu haben. Das heißt aber eben nicht, dass im Koran und in den Hadithen zu allem und jedem nachgeschaut werden kann und das Vorgefundene dann entweder eins zu eins übernommen werden oder gar abgeleitet werden kann. Vieles muss neu gedacht und entwickelt werden. Die tiefe Bedeutung hinter ethischen oder grundsätzlichen Maßgaben erschließt sich, wenn gefragt wird, was im Kern gewollt ist. Auf das Staatswesen bezogen heißt das zum Beispiel: Der Islam spricht im Kern einer Demokratie, wie auch immer sie gestaltet ist, das Wort und lehnt eine Diktatur ab.

Gleichzeitig ist der Vergleich mit der Realität insbesondere in muslimischen Mehrheitsgesellschaften ernüchternd, was aber immer im Blick bleiben muss, um, auch wenn es schmerzhaft ist, die Diskrepanz zwischen Tat und Wort aufzuzeigen, ungeachtet einer womöglich goldenen muslimischen Geschichte; denn wir leben im Hier und Jetzt.

Wichtig ist aber auch, hier kurz darauf hinzuweisen, dass die meisten muslimischen Mehrheitsgesellschaften heute noch keine überzeugende Antwort gefunden haben, wie sie einen freiheitlichen Staat islamischer Prägung gestalten können. Es scheint so, dass eine islamisch grundierte politische Ethik für eine offene Gesellschaft heute eher von Muslimen in Europa entwickelt werden könnte, zusammen mit Reformbewegungen, Protestgruppierungen und Intellektuellen, die sich in muslimischen Ländern für freiheitliche Gesellschaften einsetzen.

Zwischen Wunsch und Wirklichkeit –
Friedensauftrag des Islam

Die sogenannte islamische Welt ist Schauplatz vieler regionaler oder internationaler kriegerischer Auseinandersetzungen. Wie kann das sein, wenn sich doch der Islam als Religion des Friedens versteht?

Der Islam trägt in seiner Bezeichnung schon die Verpflichtung zum Frieden. Denn das Wort Islam beinhaltet das Stammwort und Verb salama (heil bleiben oder heil werden). Und dieses Stammwort sehen wir wieder in dem Wort silm (Friedfertigkeit), in dem Wort salam (Friede) und in dem Wort istislam (Unterwerfung und Hingabe). Das Wort Islam beinhaltet all diese Bedeutungen und Aspekte. Das Wort Salam ist auch ein Gottesname, einer der 99 Namen, die sich Gott gegeben hat.

»Er ist Gott, außer dem es keinen Gott gibt, der König, der Heilige, der Inbegriff des Friedens, der Stifter der Sicherheit« (59:22). Salam ist für uns also ein Name Gottes. Wenn wir Gott anbeten, dann können wir ihn auch mit dem Wort Salam anbeten.

Der Begriff Friede kommt im Koran mehr als fünfzigmal vor. Der Prophet und Gesandte Gottes Mohammed pflegte jeden Tag dieses Bittgebet vorzusprechen: »O Gott, du bist der Friede, von dir kommt der Friede, so lass uns in Frieden leben.« Ausgehend von dieser sprachlichen Deutung des Wortes Islam wird er als »die Religion des Friedens« definiert.

Eine weitere Bedeutung des Wortes Islam ist Unterwerfung oder Hingabe. Abgeleitet von dieser zweiten Deutung wird der Islam als »die Religion, die die Hingabe zu Gott, dem Schöpfer in allen Bereichen des Lebens« definiert. Die Hingabe an Gott ermöglicht mir als Muslim Frieden mit Gott, mit meinen Mitmenschen und meiner Umwelt zu machen.

Ausgangspunkt für den Weltfrieden ist der einzelne Mensch in dieser Gesellschaft. Kulturen werden von einzelnen Personen gemacht, und Kulturkonflikte werden auch von Einzelnen verursacht. Erkennt der Einzelne seine Rolle, seine Größe und die richtige Beziehung zu den anderen Mitgeschöpfen, das heißt, erkennt der Einzelne seinen richtigen Platz im Universum, so wird er Ausgangspunkt für den Frieden im gesamten Universum. Geschieht dies nicht, dann sehen wir, wie Einzelpersonen die Welt tyrannisieren, Völker vernichten und Kulturen in den Untergang treiben. Der Islam sieht seine Aufgabe darin, dem einzelnen Menschen diese friedvolle und friedenschaffende Rolle in der Gesellschaft zu ermöglichen, indem er die friedfertige Gestaltung von drei Sphären für seine Anhänger regelt:

Beziehung zu Muslimen

Der Islam verpflichtet seine Anhänger, untereinander Frieden zu stiften. Der Gesandte Gottes Mohammed definierte den Begriff Muslim mit den Worten: »Der Muslim ist derjenige, vor dessen Zunge und Hand die Muslime in Sicherheit sind.« Konflikte innerhalb der islamischen Gemeinschaft zu schlichten, ist laut Koran eine Pflicht des Einzelnen und der gesamten Gemeinschaft:

»Und wenn zwei Gruppen von den Gläubigen einander bekämpfen, so stiftet Frieden zwischen ihnen. Wenn die eine von ihnen gegen die andere in ungerechter Weise vorgeht, dann kämpft gegen diejenige, die in ungerechter Weise vorgeht, bis sie zum Befehl Gottes umkehrt. Wenn sie umkehrt, dann stiftet Frieden zwischen ihnen nach Gerechtigkeit, und handelt dabei gerecht. Gott liebt die, die gerecht handeln« (49:9).

Der Prophet betont: »Der Muslim ist des anderen Muslim Bruder, er geht nicht ungerecht gegen ihn vor und lässt ihn nicht im Stich.« Der gewalttätige, kriegerische Umgang einzelner Muslime miteinander wird, wie die letzte Rede des Propheten betont, dem Abfall von der Religion gleichgesetzt: »Werdet nach mir nicht ungläubig, indem die einen von euch den anderen die Köpfe abschlagen.«

Dieses Diktum lässt keine Interpretationsspielräume bei der Betrachtung von aktuellen Kriegsgebieten und zieht ein unmissverständliches Urteil zu den menschenverachtenden Taten von IS und Konsorten nach sich.

Der Islam sieht Menschen anderer Glaubensbekenntnisse nicht als Ungläubige oder Heiden, sondern bezeichnet sie als Andersgläubige und regelt den Umgang mit ihnen auf der Basis des Respekts und der Hochachtung und nicht auf der Basis von Gegnerschaft und Feindschaft. Der Koran betont, dass auch diese ihren Lohn bei ihrem Herrn bekommen werden. So begegnet der Muslim mit Respekt den Werken dieser Andersgläubigen. »Diejenigen, die glauben, und diejenigen, die Juden sind, und die Christen und die Sabier, all die, die an Gott und den Jüngsten Tag glauben und Gutes tun, erhalten ihren Lohn bei ihrem Herrn, sie haben nichts zu befürchten, und sie werden nicht traurig sein« (2:62).

Auch wenn der Koran die Unterschiede zwischen den Religionen erwähnt und an vielen Stellen einen intellektuellen Streit mit den Anhängern dieser Religionen führt, so verpflichtet er gleichzeitig die Muslime, einen solchen Streit »auf die beste Art und Weise« zu führen.

Dieser Streit soll nicht die Vereinnahmung, die Bevormundung oder die Tyrannisierung der anderen zum Ziel haben, sondern lediglich die Vergewisserung der eigenen Überzeugung und Standpunkte. »Sprich: O ihr Leute des Buches, kommt her zu einem zwischen uns und euch gleich angenommenen Wort: dass wir Gott allein dienen und ihm nichts beigesellen und dass wir nicht einander zu Herren nehmen neben Gott. Doch wenn sie sich abkehren, dann sagt: Bezeugt, dass wir Gott ergeben sind« (3:64).

Umgang mit Andersgläubigen

1. Der Islam geht von der Einheit in der Menschheit aus: »O ihr Menschen, fürchtet euren Herrn, der euch aus einem einzigen Wesen erschuf, aus ihm seine Gattin erschuf und aus ihnen beiden viele Männer und Frauen entstehen und sich ausbreiten ließ« (4:1).

2. Die authentischen Quellen des Islam sprechen allen Menschen Ehre und Würde zu und verpflichten seine Anhänger, diese bei jedem zu respektieren und zu achten: »Und wir haben den Kindern Adams Ehre erwiesen; wir haben sie auf dem Festland und auf dem Meer getragen und ihnen einiges von den köstlichen Dingen beschert, und wir haben sie vor vielen von denen, die wir erschaffen haben, eindeutig bevorzugt« (17:70).

3. Der Glaube an die früheren Propheten und ihre Schriften ist ein unabdingbarer Bestandteil der islamischen Glaubenslehre. Der Koran spricht von allen Propheten und vor allem von Moses und Jesus mit großem Respekt.

4. Die Muslime sind, wie gesehen, durch den koranischen Text zur Hochschätzung der Werke der Andersgläubigen verpflichtet. Dabei erkennt der Koran die Freiheit in der Religionswahl an, keine zu besitzen oder den Wechsel zu einer anderen und jene der Religionsausübung: »Es gibt keinen Zwang in der Religion. Der richtige Wandel unterscheidet sich nunmehr klar vom Irrweg« (2:256).

6. Der Islam verpflichtet die Muslime, mit Andersgläubigen den Dialog auf die beste Art und Weise zu führen: »Und streitet mit den Leuten des Buches nur auf die beste Art, mit Ausnahme derer von ihnen, die Unrecht tun. Und sagt: Unser Gott und euer Gott ist einer. Und wir sind ihm ergeben« (29:46).

7. Durch die Erlaubnis einer Tisch- und Ehegemeinschaft mit Andersgläubigen wird den Muslimen die gesellschaftliche Praktizierung dieser Theorien nahegelegt: »Heute sind euch die köstlichen Dinge erlaubt. Die Speise derer, denen das Buch zugekommen ist, ist euch erlaubt, und eure Speise ist ihnen erlaubt« (5:5).

Die große Menschenfamilie

Die dritte Sphäre, in der das Verhalten der Muslime in Hinblick auf Schaffung des Friedens geregelt wird, fasst alle Menschen unabhängig von ihren Weltanschauungen und Überzeugungen zusammen. Der oben genannte Prophetenspruch wird wie folgt ergänzt: »Der Muslim ist derjenige, vor dessen Zunge und Hand die Muslime sicher sind, und der Gläubige ist derjenige, vor dem die Menschen in Sicherheit sind.« Die Beziehung zu allen Menschen basiert auf der Brüderlichkeit in der Menschheit.

»O ihr Menschen, fürchtet euren Herrn, der euch aus einem einzigen Wesen erschuf, aus ihm seine Gattin erschuf und aus ihnen beiden viele Männer und Frauen entstehen und sich ausbreiten ließ. Und fürchtet Gott, in dessen Namen ihr einander bittet, und (achtet) die Verwandtschaftsbande. Gott ist Wächter über euch« (4:1).

Diese Tatsache wird erzieherisch öfter im Koran erwähnt und führt uns immer wieder zu der Brüderlichkeit in der Abstammung der Menschheit zurück. Mohammed pflegte täglich in einem Bittgebet zu sagen: »O Gott, ich bezeuge, dass du der Herr der Welten bist. Ich bezeuge, dass alle Menschen Brüder sind.« Die Brüderlichkeit bringt Herzlichkeit, Wärme und Liebe zu den Menschen.

»Gott verbietet euch nicht, denen, die nicht gegen euch der Religion wegen gekämpft und euch nicht aus euren Wohnstätten vertrieben haben, Pietät zu zeigen und Gerechtigkeit angedeihen zu lassen. Gott liebt ja die, die gerecht handeln« (60:8).

Zumindest wird jedoch Gerechtigkeit im Verhalten gegenüber allen Menschen verlangt, auch denen gegenüber, die man nicht mag oder gerade hasst. »O ihr, die ihr glaubt, tretet für Gott ein und legt Zeugnis für die Gerechtigkeit ab. Und der Hass gegen bestimmte Leute soll euch nicht dazu verleiten, nicht gerecht zu sein. Seid gerecht, das entspricht eher der Gottesfurcht. Und fürchtet Gott. Gott hat Kenntnis von dem, was ihr tut« (5:8).

Der Islam betrachtet soziale Fürsorge, die auch einen Beitrag zum Frieden in der Gesellschaft leisten kann, als eine Art Gottesdienst und betont, dass Frömmigkeit sich nicht nur darin ausdrückt, dass man betet und fastet, sondern auch darin, dass man den Schwächsten in der Gesellschaft seine Brüderlichkeit und Liebe zeigt. Bei dieser Fürsorge unterscheidet der Islam nicht zwischen Muslimen und Nichtmuslimen.

»Frömmigkeit besteht nicht darin, dass ihr euer Gesicht nach Osten oder Westen wendet. Frömmigkeit besteht darin, dass man an Gott, den Jüngsten Tag, die Engel, das Buch und die Propheten glaubt, dass man, aus Liebe zu ihm, den Verwandten, den Waisen, den Bedürftigen, den Reisenden und den Bettlern Geld zukommen lässt und es für den Loskauf der Sklaven und Gefangenen ausgibt und dass man das Gebet verrichtet und die Abgabe entrichtet. (Fromm sind auch) die, die ihre eingegangenen Verpflichtungen erfüllen, und die, die in Not und Drangsal und zur Zeit der Gefahr geduldig sind. Sie sind es, die wahrhaftig sind, und sie sind die Gottesfürchtigen« (2:177).

Natürlich ist der Menschheitstraum vom Frieden nicht nur bei Muslimen zu Hause, auch die Friedensbotschaft Jesu zerschellt jeden Tag neu an der Realität. Demokratisch legitimierte Regierungen, die hehre Ziele verfolgen, Menschenrechte achten, handeln oft nicht nur im außenpolitischen Gefüge anders. Für den Muslim gehört Frieden machen zu seinen Kernaufgaben, daran will ich mich und andere mit diesen Texten erinnern. Es gehört zu seinem religiösen Verständnis und seinen gesellschaftlichen Aufgaben, diesen tagtäglich, so gut es geht, zu leben, umzusetzen, ohne Ausreden, ohne Unterlass und Entschuldigung. Das Streben nach Frieden nutzt aber auch dem guten Charakter. Der Prophet sagte einst:

»Die schwerwiegendste Sache, die für den Gläubigen am Tage der Auferstehung in die Waagschale gelegt wird, ist ein guter Charakter, und Gott verabscheut gewiss den (Menschen), der unanständige und beleidigende Worte gebraucht.«

Arabischer Frühling als Versprechen – Islam und Freiheit

Tief in uns Menschen existiert eine Friedenssehnsucht – ganz gleich, ob wir religiös orientiert sind oder nicht. Für die Menschen rund um den Globus war zu Beginn dieses Jahrtausends Barack Obama zur Projektionsfläche für eine bisher unerfüllte Sehnsucht nach Frieden in der Welt geworden. Die Menschen wollten kein Blutvergießen mehr im Nahen Osten, keinen Krieg im Irak, keine Abscheulichkeiten aus dem Abu-Ghuraib-Gefängnis und kein Guantanamo mehr. Sie wollten Frieden. Sie begeisterten sich für den Hoffnungsträger der Weltmacht USA. Und sie wollten Teil des »WE« sein, von dem Obama in seinem »Yes, We Can« immer sprach. Bei seinem ersten Besuch in Berlin, noch als Präsidentschaftskandidat, fasste er die Hoffnungen der Menschen zusammen: »Die Mauern zwischen reichen und armen Ländern müssen fallen. Die Mauern zwischen Rassen und Stämmen; zwischen Inländern und Einwanderern, zwischen Christen und Muslimen und Juden dürfen nicht stehen bleiben. Das sind jetzt die Mauern, die wir niederreißen müssen.«

Auch wenn Obama diesen selbst gestellten Anspruch in seinen zwei Amtszeit bisher kaum erfüllte – ja, vieles von dem Erhofften nicht mal im Ansatz anpackte –, bleibt doch die Tatsache, dass er es wagte, seine Vorstellung von einem Neuanfang in diese klaren Worte zu fassen, sein politisches Vermächtnis. Denn es sind genau diese Sätze, die wir von unseren Politikern hören wollen: Die Kriege sollen aufhören, das Unrecht in der Welt soll beseitigt werden, es muss mehr Gerechtigkeit auf dieser Erde herrschen.

Doch Obama wusste schon damals, dass er diese Sehnsucht nicht würde stillen können: »Die Bürde der Weltbürgerschaft bindet uns. Ein Wechsel in Washington allein ändert daran nichts. Von uns allen wird mehr erwartet, nicht weniger.« Wie wahr. Wie entzaubernd.

Wieder einmal wird jetzt, zum Ende der Ära Obama, mehr als deutlich, dass einer allein kein Heiland des Friedens sein kann. Auf die Taten vieler kommt es an. Wir alle müssen für den Frieden eintreten, wenn wir diesen wirklich wollen. Lippenbekenntnisse bringen uns nicht voran. Im Koran wird sogar eindringlich vor einem Lippenbekenntnis zum Frieden gewarnt: »Und wenn ihnen gesagt wird: ›Stiftet kein Unheil auf der Erde‹, so sagen sie: ›Wir sind doch die, die Gutes tun.‹ Gewiss jedoch sind sie jene, die Unheil stiften, aber sie empfinden es nicht« (2:11–12).

Botschafter des Friedens werden wir nur dann, wenn wir die Herausforderungen des Alltags meistern; wenn wir uns mit unserem Nachbarn oder unserer Arbeitskollegin ins Benehmen setzen; wenn wir fair sind im Studium und beim Spiel; wenn wir in der Synagoge, in der Kirche oder in der Moschee über Ausgleich und Versöhnung sprechen; wenn wir das bei den zwischenmenschlichen Begegnungen ebenso praktizieren wie bei den Dialogveranstaltungen mit Menschen anderer religiöser Orientierung oder Weltanschauung. Unser Bekenntnis zum Frieden wird immer wieder auf die Probe gestellt: Was bringen uns konkret unsere Friedensappelle, welchen praktischen, menschlichen Nutzen haben sie für unsere Familie, für Freunde oder auch für unsere Konkurrenten?

Gottes Gesandter Mohammed sagte dazu: »Ein guter Mensch ist jener, der den Menschen nützlich ist.« Er sagte übrigens nicht »der dem Muslim am nützlichsten ist«.

Was nutzt es beispielsweise, wenn wir Muslime immer wieder beteuern: Islam bedeutet Frieden, und ein Muslim definiert sich als einer, der mit sich, seiner Umwelt und mit Gott Frieden macht? Was nützt dies, wenn viele Menschen hierzulande Angst vor DEM Islam haben? Wenn ihre Furcht angesichts manch grausamer Tat, vermeintlich begangen im Namen des Islam, weiter wächst? Dann ist es an uns Muslimen, uns noch mehr anzustrengen als bisher.

Erwartet wird, dass wir unseren Dienst am Menschen intensivieren, dass wir hart für eine Friedensdividende arbeiten – egal ob in Deutschland, den USA, in Mekka oder Rom.

Letztendlich denken wir als religiös geleitete Menschen, dass es Gottes alleinige Macht und sein alleiniger Wille ist, Frieden auf Erden zu bringen. Ihn um dieses Geschenk zu bitten, ihn zu preisen und bei ihm und dem von ihm Gebotenen Zuflucht vor dem Schlechten und der Versuchung in unserem Leben zu suchen, ist die Erwartung Gottes an uns Menschen. Und schließlich heißt es im Koran: »Gott ändert nicht den Zustand eines Volkes, bis sie das ändern, was in ihnen selbst ist« (13:11).

Mut und Freiheitssehnsucht

Letzteres dürfte auch die bittere Lehre aus den Aufständen und Revolutionen der jüngsten Zeit im arabischen Raum sein. Gewiss, die gewaltfreie Entschlossenheit der Bürger Ägyptens, Tunesiens und auch anderer arabischer Länder hat uns alle beeindruckt. Unter Gefahr von Leib und Leben sind sie auf die Straße gegangen, um für Freiheit zu kämpfen. Sie waren entschlossen, sie waren friedlich, und fast alle Schichten der Gesellschaft waren an diesem Aufbegehren gegen die Unterdrückung beteiligt: Jung und Alt, Männer und Frauen, Liberale und Konservative, Geistliche und Aktivisten, Muslime und Christen, Vertreter aller politischen Lager – sie alle haben sich gegen die Jahrzehnte währenden Diktaturen gestemmt.

Waren wir etwa Zeugen einer Zeitenwende in der islamischen Welt geworden, deren Verlauf unumkehrbar ist, auch wenn sie gerade erst einmal eine Pause macht? Eine mit vielen Opfern verbundene Wende obendrein? Denn wir dürfen die Tausende von Toten und Verletzten nicht vergessen, die Opfer der brutalen Schergen der Regime vor der Revolution geworden sind, und auch jene, die zum Teil aktuell wieder verfolgt, gefoltert und eingekerkert oder getötet werden. Die Revolution in der arabischen Welt steht erst an ihrem Anfang.

Dennoch bleibt etwas von dem Mut und der Freiheitssehnsucht bestehen, dennoch werden wir Bilder der Freude, des Muts und der Hoffnung nicht vergessen: Die Menschen der Welt waren für eine kurze Zeit Zeuge geworden, wie Christen Muslime während des Freitagsgebets auf dem Tahrir-Platz vor bezahlten Schlägern schützten und wie Muslime Christen während der Sonntagsmesse schützten. Die ägyptische Revolution schenkte uns Bilder einer fast platonischen Gesellschaft, die nicht in das eingeschliffene Feindbild von Christenverfolgung und gewalttätigen Muslimen passten. Ebenso, und wenn auch nur für kurze Zeit, ist einmal mehr deutlich geworden, dass Islam und Demokratie zusammengehören können, ja, sogar müssen.

Angesichts der beeindruckenden und mit friedlichen Mitteln eingeleiteten demokratischen Umwälzungen sollten es die Hohenpriester der Angst schwerer haben, ihre These von der islamischen Weltherrschaft weiterhin an den Mann/die Frau zu bringen. Aber weit gefehlt, wie wir inzwischen wissen.

Es hätte genügt, die Plakate der Demonstranten zu lesen und ihre Slogans zu hören, um zu erkennen, was diese Menschen millionenfach auf die Straße getrieben hat: nicht religiöser Fanatismus, sondern die Sehnsucht nach Freiheit, Bürgerrechten, fairen Wahlen und einem Leben in Würde. Aber hiesige Experten und Islamkritiker konnten die Plakate nicht lesen und die Slogans nicht verstehen, weil sie im doppelten Wortsinn die Sprache der muslimischen Völker nicht verstehen. Sie wollten nicht einsehen, dass die arabischen Völker die gleiche Sehnsucht hatten wie die osteuropäischen Völker vor dem Fall des Eisernen Vorhangs, wie die Menschen, die überall auf der Welt auf Obama hofften.

Zur Erinnerung: Die Menschen in der arabischen Welt sind nicht für den Islam auf die Straße gegangen – denn der Großteil ist ohnehin muslimisch –, sondern für Freiheit, Gerechtigkeit und Demokratie, was aber nicht im Widerspruch zum Islam steht. Denn natürlich bejaht ein richtiges Islamverständnis diese so wichtigen Grundlagen eines modernen gesellschaftlichen Lebens vollumfänglich. Und die religiösen Parteien? Sie haben, von Tunesien vielleicht einmal abgesehen, nicht verstanden, dass sie nicht in erster Linie gewählt worden sind, weil sie den Islam propagierten, sondern weil sie über Jahrzehnte von den alten Machthabern unterdrückt und verfolgt worden sind und sie die Einzigen waren, die beim Volk politisches Ansehen und Vertrauen genossen. Es ist geradezu eine politische Albernheit, die Ereignisse nach dem Sturz der korrupten Machthaber als Phase eines Showdowns der »Säkularisten« gegen die »Islamisten« zu beschreiben. Diese Wahrnehmung erfasst weder die Realität, geschweige denn kann sie als Grundlage einer seriösen Analyse der Situation herhalten. Es ist vielmehr das erklärte Ziel der Propagandisten, Fundamentalisten und Heißsporne auf beiden Seiten, dass wir ihnen wieder einmal auf den Leim gehen, weil sie von dieser Fehldeutung der Entwicklungen profitieren wollen.

Allen hiesigen Unkenrufen zum Trotz haben also religiöse Fanatiker bei den Volksaufständen keine dominante Rolle gespielt. Muslimische Aktivisten haben stets betont, dass der Einfluss radikaler Kräfte marginal ist. Geglaubt hat man ihnen im Westen nicht. Geglaubt hat man den Diktatoren, die ihre Gewaltherrschaft und ihren Massenmord mit der angeblichen islamistischen Gefahr begründeten. Geglaubt hat man sogenannten Islamkritikern, die praktizierenden Muslimen grundsätzlich die Fähigkeit zur Zivilgesellschaft absprechen.

Religiös-politische Gruppierungen, wie die Muslimbruderschaft in Ägypten, werden sich dem demokratischen Wettbewerb stellen müssen; aber dieser liegt derzeit in weiter Ferne. Sie werden ernsthafte Antworten auf die gewaltigen wirtschaftlichen und sozialen Probleme ihrer Länder geben müssen, wenn sie vor den Wählern bestehen wollen. Und die religiöse Ideologisierung als konzeptionelles Modell wird dabei kaum fruchten und helfen.

Westlicher Kleinmut vertraut Diktatoren

Angesichts der dramatischen Veränderungen in der arabischen Welt muss die westliche Staatengemeinschaft ihre Sicherheitsarchitektur im Nahen Osten hinterfragen. War es richtig, jahrzehntelang auf Diktaturen zu setzen und Milliarden für eine zweifelhafte Antiterrorpolitik aufzuwenden? War es richtig, mit Autokraten Geschäfte zu machen, Menschenrechtsverletzungen zu ignorieren und auf eine Scheinstabilität zu setzen? Die vermeintlichen Bollwerke gegen die sogenannten Islamisten und Dschihadisten hätten sich schnell als teuer bezahlte Sandburgen entpuppt, wenn wir endlich verstehen, dass sich als beste Gegenmittel gegen Fanatismus in den arabischen Ländern bürgerliche Freiheiten, soziale Gerechtigkeit und prosperierende Wirtschaften geradezu anbieten. All das haben die Mubaraks, Ben Alis, Assads und Gaddafis ihren Bürgern vorenthalten. Aber es scheint mir so, als ob wir uns in einer geistigen Verstrickung verirrt haben, die uns intellektuell gefangen hält und uns einhämmert: Predige Freiheit, aber vertraue den Diktatoren. Angesichts des Fortschreitens des nahöstlichen Terrors, der spätestens nach dem Anschlag auf die Zeitschrift *Charlie Hebdo* auch in Europa angekommen ist, erscheint mir diese Sichtweise mehr als riskant. Dies war auch einer der Hauptgründe, warum wir vom Zentralrat der Muslime uns schnell entschieden haben, am 13. Januar 2015 eine Mahnwache am Brandenburger Tor zu organisieren. Wir wollten ein Zeichen für ein weltoffenes und tolerantes Deutschland sowie für Meinungsfreiheit und Freiheit in der Religionsausübung setzen. In der schlimmen Krise sah ich trotz allem ermutigende Anzeichen für einen Aufbruch zu einem neuen WIR-Gefühl und Anlass zur Hoffnung, dass Menschen unterschiedlicher Herkunft und Orientierung friedlich zusammenleben können.

Große Dankbarkeit empfinde ich angesichts der vielen überwältigenden positiven und herzlichen Reaktionen auf unsere Mahnwache »Gesicht zeigen – gemeinsam stehen«. Derartiges habe ich zuvor nicht erfahren. Nie zuvor haben zahlreiche deutsche Fernsehkanäle – von den ausländischen Sendeanstalten ganz zu schweigen – eine Großkundgebung der Muslime live (!) übertragen. Erstmalig ist die Spitze des Staates der Einladung der Muslime gefolgt, ja, und endlich haben wir hörbar unsere Stimme erheben und in die Gesamtgesellschaft hinein ein wichtiges Signal senden können. Das alles trotz des schrecklichen Beweggrundes und trotz der kurzen Vorbereitungszeit von nur vier Tagen.

Wir haben alle – zumindest an diesem einen Tag, am 13. Januar 2015 – das positive, das friedliche Gesicht des Islam gesehen. Eines Islam, den die überwältigende Mehrheit der Muslime tagtäglich lebt. Und an den wir immer wieder erinnern müssen, wenn wieder kriminelle Wahnsinnige meinen, im Namen des Islam Schandtaten begehen zu müssen.

Mein Wunsch, meine Hoffnung damals am Brandenburger Tor war: Lasst uns darauf in Zukunft aufbauen und lasst uns das nicht kaputt machen. Lasst uns weitere Zeichen des Friedens setzen, weitere Veranstaltungen der Verständigung und des Miteinanders organisieren. Ganz im Sinne der Worte des Bundespräsidenten Joachim Gauck, die er den vielen tausend Teilnehmern, der Bundeskanzlerin Angela Merkel, des Vizekanzlers Sigmar Gabriel, dem gesamten Kabinett und den Spitzen der Kirchen, der Gewerkschaften, den wichtigsten Organisationen der Zivilgesellschaft und uns allen auf der Kundgebung an jenem Tag zurief: »Wir lassen und nicht auseinanderdividieren!«

Angst, Menschenverachtung, Machtgier –
Gewalt und Versöhnung

Islam und Gewalt; Islam und Terrorismus. Das sind Begriffskombinationen, die heute leider beinah in aller Munde sind, die sich aus meiner Sicht aber gegenseitig ausschließen. Und doch dürfen wir nicht so tun, als führten wir eine den Muslimen aufgezwungene Diskussion. Es gibt diesen im Namen des Islam begangenen Terrorismus. Die jüngsten Anschläge in Paris zeugen ebenso davon wie die Selbstmordattentate von Istanbul oder Beirut. Nichtmuslime wurden genauso Opfer dieses religiös bemäntelten Irrsinns wie Muslime, wobei Letztere weltweit zahlenmäßig in der Mehrheit sind.

Angesichts des unendlichen Leids, das diese Terroristen über unzählige Menschen gebracht haben, müssen wir uns fragen: Warum verüben manche Muslime solche abscheulichen Taten? Und warum tun sie so, als seien Juden und Christen die eingeschworenen Feinde des Islam?

Haben denn die Attentäter nicht gewusst, dass der Islam den Schutz von Synagogen, Kirchen und Moscheen gleichermaßen gebietet (22:38 ff.)?

Wissen sie denn nicht, dass der ehrwürdige Prophet Mohammed ausdrücklich fordert, Christen und Juden unbehelligt zu lassen? Wissen sie nicht, dass er angekündigt hat, am Jüngsten Tag als Fürsprecher der ungerecht behandelten Christen und Juden aufzutreten (Hadith)? Und des Weiteren sagt er: »Der Gläubige ist derjenige, vor dem die Menschen in Sicherheit sind« (Hadith). Er sagt nicht, »vor dem allein die Muslime in Sicherheit sind«, sondern er spricht von allen Menschen – ungeachtet ihrer Glaubenszugehörigkeit.

Ist den Mördern – und nur so kann ich diese Selbstmordattentäter bezeichnen, die meinen, unschuldiges Blut in ihrem vermeintlichen Krieg vergießen zu müssen – denn entgangen, dass der Koran Mord und Selbstmord verbietet (4:29; 5:32)?

Wut und Trauer erfassen viele Menschen und gerade auch Muslime angesichts dieser Fragen. Moscheen und muslimische Verbände hierzulande haben diesen Terrorismus wiederholt mit Wort und Tat verurteilt. Gerade von hochrangigen islamischen Geistlichen und Gelehrten erwarte ich unmissverständliche Positionen. Es ist wichtig, einen auf friedliche Koexistenz ausgerichteten Islam zu predigen. Doch der Koran fordert mehr. Er fordert die Muslime ausdrücklich auf, gerecht zu handeln: »Seid Wahrer der Gerechtigkeit, (…), auch wenn es gegen euch selbst oder die Eltern und nächsten Verwandten sein sollte!« (4:135).

Innerislamischer Nährboden des Terrors

Es ist dabei höchste Zeit zur muslimischen Selbstkritik, die einen wunden Punkt der derzeitigen muslimischen Geisteswelt ansprechen muss. Der sogenannte islamistische Terror (später mehr, warum sogenannt) etwa der des sogenannten Islamischen Staates (IS) ist nicht zuletzt das Produkt ursprünglich muslimischen Fehldenkens. Ein Denken, das nihilistische und totalitäre Züge aufweist, das meint, jedes Mittel heilige den Zweck, und das damit fundamental gegen islamische Grundsätze verstößt. Heute ist das vielen islamischen Gelehrten klar. Aber der Geist aus der Flasche wütet in nie dagewesener Größenordnung und Ausprägung in der islamischen Welt. Der Prophet hat selbst in den bedrängtesten Momenten, als die Existenz seiner Gemeinde auf dem Spiel stand, kein Kamikaze- und kein Himmelfahrtskommando angeordnet.

Der Irrglaube, über terroristische Aktivitäten und die Pervertierung der eigenen religiösen Grundsätze Veränderungen herbeibomben zu können, trägt gegenwärtig leider maßgeblich zum Erscheinungsbild des Islam bei. Dabei wird bedauerlicherweise zumeist übersehen, dass die überwältigende Mehrheit der Muslime sich damit keineswegs identifiziert, sondern vielmehr Abscheu und Ekel davor empfindet.

Unser Prophet hat eindringlich vor solchen Leuten in den eigenen Reihen gewarnt, als er sagte: »Nein der Übertreibung in der Religion« (Gesammelte Hadithe, »Riyadh as-Ssalihin«), und er wiederholte dies dreimal hintereinander. Das arabische Wort für Übertreibung Assabiye, heißt auch so viel wie fanatisch, Übertreiber in der Religion.

Die Botschaft des Islam lautet heute wie früher: Nicht über die Macht, sondern über die Moral! Mit einem guten Charakter und der Hingabe an Gott sind die wahren Erfolge im Diesseits und bei Gott zu erzielen.

»Jakobiner-Islam«

Doch wir scheinen geradewegs auf einen »Jakobiner-Islam« zuzusteuern, zu dem offenbar manche Muslime eine gewisse Affinität entwickelt haben. Damals, nach der Französischen Revolution, errichtete Robespierres eine allein auf Macht gegründete Schreckensherrschaft. Später versuchte er dann, das große Köpferollen nachträglich moralisch zu legitimieren. So ähnlich gebärden sich auch die Terroristen mit ihrem Guillotinen-Islam. Sie morden und ziehen die Religion mit ihren schändlichen Taten in den Schmutz. Alle Versuche, ihr unmoralisches Vorgehen mit islamischen Grundsätzen zu rechtfertigen, sind verwerflich und zum Scheitern verurteilt.

Solange einzelne Muslime meinen, mit allen menschlichen und zivilisatorischen Konventionen, ja mit den Geboten des Islam selbst brechen zu können, um blind zuzuschlagen, haben wir ein beträchtliches innerislamisches Problem.

Die zahllosen Selbstmordanschläge im Irak oder in Afghanistan sind weitere traurige Belege einer krassen Fehlentwicklung. Wir Muslime dürfen davor nicht die Augen verschließen. Wir dürfen uns aus falsch verstandener Brüderlichkeit nicht scheuen, die Dinge beim Namen zu nennen. Ob das im »fernen« England der Fall ist oder ob es die »Kofferbomber« hierzulande sind.

Couragiert ist der, der jenen Schreibtischtätern, Halbgelehrten und sonstigen Anstiftern ein lautes Nein entgegenhält. Denn diese Leute versuchen, die vielen ungerecht behandelten, gedemütigten, gefolterten und getöteten Muslime in der Welt für ihre finsteren Zwecke zu instrumentalisieren. Sie verweisen zwar richtigerweise auf das Unrecht, welches diesen Menschen tagtäglich zugefügt wird, aber sie stiften ihrerseits dazu an, im Namen des Islam unschuldige Menschen zu entführen, Bomben zu zünden oder andere barbarische Akte zu verüben. Unrecht mit Unrecht zu vergelten, hat in der Geschichte noch niemals funktioniert.

Unsere gegenwärtige Lage ist dadurch geprägt, dass viele muslimische Aufklärer es nicht wagen, die Dinge beim Namen zu nennen. Doch wir müssen den Mut dazu finden, weil es nicht nur um Moral und Unmoral geht, sondern auch um Gerechtigkeit. Muslime müssen nicht Weltgerichte irgendwelcher Terroristen fürchten – auch wenn diese noch so inbrünstig den Namen Gottes missbrauchen. Sie müssen einzig jenen Tag fürchten, an dem sie vor ihrem Schöpfer stehen und gefragt werden: Was habt ihr angesichts dieser krassen Fehlentwicklungen getan? Dann darf die Antwort nicht lauten: Wir haben uns in der Opferrolle gefallen, uns sind die Nerven durchgegangen, und wir haben dann den Islam besudelt mit dem Blut unschuldiger Menschen! Nein, das darf, bei Allah, nicht unsere Antwort sein!

Eine Politik, wonach der Zweck die Mittel heiligt, eine militärische Operation, die noch dazu eine moralische sein soll und deren Verantwortliche sich als Opfer von Unrecht gerieren? Nein, das geht eindeutig nicht zusammen. Dies ist die sprichwörtliche Quadratur des Kreises, und allein der krampfhafte Versuch, diese umzusetzen, muss kläglich scheitern. (Auch wenn das in der Geschichte unter dem Deckmantel von Religion immer wieder versucht worden ist.) Denn das führt unweigerlich zum Nihilismus, zur Bereitschaft, jederzeit für das angeblich höhere Ziel die eigenen Werte zu negieren und schließlich zu verraten. Aber genau dieser Irrglaube hat sich im muslimischen Denken eingenistet. Da nutzt es kaum, wenn man sein eigenes Vorgehen fürs Erste in geschickte Rhetorik verpackt und sich hinter einem höchst fragwürdigen Anspruch auf Deutungshoheit versteckt. Eines Tages kommt die ganze, die wahre Geschichte zum Vorschein.

Muslimische Inquisition

Takfir bedeutet, einen Muslim oder eine Gruppe von Muslimen der Apostasie (Ridda) zu bezichtigen und damit zum Ungläubigen, also Kafir (Plural: Kuffar), zu erklären. Die meisten islamischen Gelehrten lehnen dies ab, manche ziehen es in Betracht, aber unter hohen Auflagen, sodass eine praktische Umsetzung damit unmöglich wird. Dennoch hat sich diese Form des inquisitorischen Islam über die Jahre bei einigen poltitischen Handlangern eingeschlichen und dient insbesondere zur Machtausübung beziehungsweise zum Missbrauch der Religion für rigorose Machtansprüche.

Auch in Deutschland ist diese gefährliche Unsitte leider verbreitet. So erreichen mich oft anonyme E-Mails oder Briefe, die zum Takfir auffordern oder mich zum Ungläubigen erklären. Auch wenn solche Fehlgeleiteten keine Grundlage haben, auf der sie argumentieren könnten, verwirren sie gerade jüngere, weniger gefestigte Muslime, und manch einer meint tatsächlich, selbst Hand anlegen und diesen Menschen »beseitigen« zu müssen.

Die Praxis des Takfir stammt aus dem letzten Jahrhundert, und leider ist eine Zunahme festzustellen – insbesondere auch durch das Medium Internet, das diesen Angriffen aufgrund der Anonymität Voschub leistet. Denunziation wird religiös bemäntelt. Takfir ist zu einem Werkzeug der Unwissenden geworden, um Missbrauch und Ermordung von Muslimen zu rechtfertigen.

Diejenigen, die Takfir in der muslimischen Welt einführten, haben sich zwischen die Offenbarung und die Muslime gestellt. Sie haben die Leute von den Gelehrten getrennt.

In seiner »Tabaqat« schrieb Imam Asch-Scha'rani: »Einmal wurde Schaikh Al-Islam Taqi Ad-Din As-Subki gefragt, ob es notwendig sei, jene zu Nichtmuslimen zu erklären, die (schädliche) Neuerungen in den Islam einbringen und einige Verse des Koran falsch auslegen? Er entgegnete: ›Ich sollte wissen, dass es für jene, die Allah fürchten, sehr schwierig ist, jemanden des Unglaubens zu beschuldigen, der sagt, dass es keinen Gott gibt außer Allah und dass Mohammed sein Gesandter ist.«

Es ist also höchst verwerflich, einen Muslim des Unglaubens zu bezichtigen. Es ist, als würden wir uns als Richter, als Gott aufspielen und den Menschen beurteilen – und das ist die größte Sünde im Islam. Tausende nicht des Unglaubens zu beschuldigen und sich darin zu irren, ist besser als im Falle eines einzigen Muslim einen Fehler zu begehen, indem man diesen irrtümlich angreift. Es gibt einen bekannten religiösen Spruch: »Ich ziehe es vor, wenn ein Imam eine Person fälschlicherweise entschuldigt, als wenn er diese fälschlicherweise beschuldigt.«

Die großen muslimischen Gelehrten gingen der Praxis des Takfir immer aus dem Weg. Die Menschen brauchen Weisheit und gute Ermahnung, Erinnerung und liebevolle Erziehung, aber keine Religionspolizei. Wir brauchen Aufklärung und keine Fitna (wörtlich: Versuchung; Unruhe oder Bürgerkrieg im übertragenen Sinne).

Kein Zweck heiligt die Mittel

Vielleicht sollte man aus zwei Jahrtausenden Religionsgeschichte im Osten wie im Westen endlich lernen. Denn die Behauptung, ein Zweck könne die Mittel heiligen, klingt sehr nach religiösen Eiferern, Fundamentalisten und Diktatoren, die Gott bemühen, um ihre eigentlichen Machtansprüche zu verschleiern. Gott (und darin ähneln sich die heraufbeschworenen Bilder vom strafenden christlichen oder muslimischen Gott) wurde und wird hier instrumentalisiert im Dienst eines weltlichen Machterhalts. Die göttlich verbrämte Forderung bedingungslosen Gehorsams unterlegt Glauben mit Angst. Damit wird er zur geistigen Diktatur, die von repressiven Regimen seit Jahrhunderten genutzt wird, um weltliche Interessen durchzusetzen.

Ich stelle mir bereits heute die Fragen, die unsere Kinder und Enkel mir stellen werden. Sie werden mich und uns eines Tages dafür attackieren, dass wir vor den Katastrophen und Eskalationen im Nahen Osten – und damit meine ich nicht nur den israelisch-palästinensischen Konflikt – die Augen verschließen. Ich fürchte aber noch viel mehr den Tag, an dem ich vor meinem Schöpfer stehen werde und der mir die gleichen Fragen hinsichtlich meiner Verantwortung, gegen das Unrecht meine Stimme zu erheben, stellen wird.

Man wird über die Schande von Gaza, von Syrien, vom Irak, von Afghanistan und von den vielen nicht die Schlagzeilen erreichenden Orten auf unserer Erde sprechen. Von der Unterdrückung, der Demütigung und dem vollständigen Versagen der Weltgemeinschaft, der Muslime im Speziellen, diesem Einhalt zu gebieten, wird noch in Hunderten von Jahren die Rede sein. Angesichts des Ausmaßes dieses Schreckens, erschrecke ich vor meiner eigenen Hilflosigkeit. Ich schäme mich auch dieser wenigen Zeilen, die ich hier zu Papier bringe, sind sie doch nicht mehr als ein kümmerlicher Versuch, wenigstens die Stimme zu erheben.

Wer etwas sagt, muss daraufhin an seinen Taten gemessen werden. Wer Frieden ernsthaft will, muss auch alles versuchen, diesen umzusetzen, oder sich darum zumindest ehrlich bemühen. Wer zum Beispiel fortwährend und einer territorialen Doktrin eines Besatzers folgend, eine kolonial anmutende Siedlungspolitik betreibt, fast zwei Millionen Männer, Frauen und Kinder in ein Gefängnis sperrt, außergerichtliche Tötungen, rassistische Hetztiraden, kollektive Bestrafungen einer Ethnie und den Tod von Zivilisten billigend in Kauf nimmt, muss sich die Frage gefallen lassen, ob er tatsächlich und überhaupt einen gerechten Frieden will. Und wer einen Guerillakrieg auf dem Rücken der Bevölkerung führt und Raketen auf Wohngebiete abfeuert, muss das ebenso, auch wenn er mit Blick auf eigene fehlende staatliche Struktur und militärische Unterlegenheit im asymmetrischen Verhältnis zum Gegner steht.

Wer vorgibt, den Feind bekämpfen zu wollen, gleichzeitig aber bereit ist, Unschuldige, Frauen, Kinder, ja, ganze Familien von einer auf die andere Sekunde zu vernichten, weil sich der Feind angeblich hinter diesen zivilen Zielen (Schulen, Krankenhäuser, Moscheen) verbarrikadiert, oder wer alle Zivilisten wegen der Wehrpflicht für Mann und Frau zu Soldaten und damit zu Zielscheiben erklärt, all jenen sage ich: Dann könnt ihr doch gleich zum Flächenbombardement oder zur Atombombe greifen. Am teuflischen Prinzip, wonach jeder Zweck die Mittel heiligt, ändert sich dabei nichts.

Vergewaltigung von Religion

Mir stößt auch die Scheinheiligkeit der arabischen Politik auf. Einerseits singen sie das Loblied auf die Freiheitsliebe der Palästinenser, feiern deren Widerstand gegen die Besatzung durch einen übermächtigen Gegner, doch letztendlich geht viele das Schicksal dieses gedemütigten Volkes nicht wirklich etwas an. Ich habe die jahrelangen Gesänge auf Konferenzen, Tagungen und anderen Treffen satt, in denen nicht selten Judentum mit Israel gleichgesetzt wird, Juden aufgrund ihrer Religionszugehörigkeit beleidigt werden und dieses Verhalten je nach Couleur mal patriotisch, mal pseudoreligiös unterlegt wird. Ich habe diese Vereinnahmung meiner religiösen Überzeugung immer als Vergewaltigung meiner Religion empfunden, und der sich daraus destillierende Hass hat mich angewidert und beschämt. Fanatisierte Gruppierungen entstehen in solch einer Gemengelage. Selbstmordattentate, Terroranschläge und Massenexekutionen sind Folge der Perversion von Religionen. Sie haben alle denselben Ursprung in der Handlungsmaxime, dass jeder Zweck die Mittel heiligt, und Takfir gehört dazu.

Die kriminelle IS-Bande brandschatzt und mordet nun im Irak und in Syrien, der Wiege der Menschheit, und hat nach 1600 (eintausendundsechshundert!) Jahren die christlichen Iraker aus Mossul fast vollständig vertrieben. Regionale Mächte unterstützen mit viel Geld militante Gruppen auf sunnitischer und schiitischer Seite, die sich gegenseitig massakrieren, um den jeweils eigenen Machthunger zu stillen, und die Großmächte schauen zu beziehungsweise bedienen die eine oder andere Partei mit Waffen. Lange noch bevor der DAESCH, eine arabische Abkürzung (was ohnehin selten ist) für »Islamischer Staat von Irak und Scham (Großsyrien)«, im Westen bekannt wurde, haben wir im Zentralrat der Muslime in Deutschland (ZMD) dazu nicht nur Stellung bezogen, sondern ihn auch politisch und religiös eingeordnet und zwar anlässlich der Eroberung Mossuls, lange noch bevor sie die Jesiden in den kurdischen Gebieten angriffen und in der Öffentlichkeit in Erscheinung getreten sind.

Damals unterstützten wir in diesem Zusammenhang eine Petition unseres Mitglieds Deutsche Muslimliga: »Helfen wir den Christen im Irak! Solidarität mit Menschen in Not ist eine menschliche Pflicht und ein verbindlicher Maßstab für alle.«

In der ZMD-Erkärung heißt es unter anderem: »Die Vertreibung der irakischen Christen durch die terroristische ISIS ist ein Akt des Unrechtes, ist gegen den Islam, verstößt gegen internationales Recht und gegen die Menschlichkeit. Solidarität mit allen Menschen in Notsituationen ist ein elementares Gebot im Islam. Der ZMD verweist in diesem Zusammenhang auf eine gesicherte Aussage des Propheten Mohammed (Hadith), wonach dieser Muslime ermahnt, sich gegen diejenigen zu stellen, die Nichtmuslimen Unrecht antun, sie diskriminieren, ihnen etwas auferlegen, was sie nicht zu tun vermögen, oder ihnen etwas rauben, gegen diese werde er ›der Ankläger am Tage der Auferstehung sein‹.«

Der ZMD verurteilt also jegliche Doppelmoral und ruft alle Muslime in Deutschland dazu auf, gerade in Zeiten der Kriege, wo, wie in Syrien, Muslime die Hauptleidtragenden sind, gerecht zu handeln und Unrecht, egal, gegen wen, als solches deutlich zu benennen. Das Vorgehen gegen die Christen im Irak ist zu verurteilen, und es muss alles getan werden, damit »unseren christlichen Brüdern und Schwestern« ihr Recht zurückgegeben wird.

»Mitmenschlichkeit und Solidarität mit Menschen in Not sind essenzielle Charaktereigenschaften des Menschseins. Sie sind darüber hinaus zentrale Lehren der abrahamitischen Religionen. Ein Jude, Christ oder Muslim sollte diese Lehren seiner Religion weder einem tagespolitischen Zeitgeist noch einer falsch verstandenen Verbundenheit mit Glaubensgeschwistern, die ein eklatantes Unrecht begehen, unterordnen. Mitmenschlichkeit und Solidarität sind keine Werte, die nur einseitig eingefordert werden können. Wer Frieden will, macht diese Werte zum allgemein verbindlichen und verpflichtenden Maßstab, an dem wir uns alle – Juden, Christen und Muslime – messen lassen müssen, wann und wo auch immer Menschen in Not geraten.«

Einer solchen faschistoiden Politik, wie der des IS, erteilen wir alle als Gläubige, die die abrahamitischen und zivilisatorischen Werte hochhalten, also eine eindeutige Absage. Zombies werden auf diese Weise produziert, militante Politzombies, die zum Himmel schreiendes Unrecht begehen, die skrupellos, terroristisch, gewalttätig und grenzenlos grausam sind.

Handlungsmaxime muss sein: Jene, die die Menschenrechte mit Füßen treten, die rechtsstaatliche Normen missachten, die die schrecklichen Erfahrungen der Menschheitskriege, welche stets für das vermeintlich »höhere Ziel« geführt wurden, vergessen, sie vernichten, was unser Menschsein ausmacht: unsere Mitmenschlichkeit! Und sie missachten den Kern des Islam: dass Gott Barmherzigkeit ist.

Unsere Welt ist in ein gefährliches Ungleichgewicht geraten, und wir Muslime sind mittendrin. Wo bleibt unser Aufschrei, ein Aufschrei gegen diese Schande? Wo ist der Aufruf zum demütigen Gebet, dass unser Schöpfer unsere Menschlichkeit in diesen Tagen der Schande erhalten möge? Wo ist die Bereitschaft, dass wir angesichts dieser Grausamkeiten ehrlich bleiben, damit die Ehre und Würde des Menschengeschlechtes radikal und kompromisslos verteidigt werden können?

Ja, hier bekenne ich, dass ich ein Radikaler bin. In diesem Punkt muss ich radikal sein: für die Rechte der Unterdrückten und um Mensch zu bleiben. Und den Gewaltzombies rufe ich zu: Nein, ich will und werde mich niemals von eurem Hass verleiten lassen, nicht heute, nicht morgen, niemals!

»Ihr, die ihr die Überzeugung verinnerlicht habt! Setzt euch für Gott ein und seid Zeugen und Zeuginnen der Gerechtigkeit. Und die Abneigung gegen eine Gruppe soll euch nicht (dazu) verleiten, anders als gerecht zu handeln. Seid gerecht, das ist der Ehrfurcht vor Gott näher« (5:8).

Kampfbegriff »Islamismus«

Als Folge dieser dramatischen Entwicklungen haben sich weitere Fehlurteile und auch Vorurteile gegenüber »dem Islam« eingeschlichen. Wen wundert es? In der Folge beherrschen Extreme die Analysen zur gegenwärtigen Situation der arabischen Welt. Entweder wird eine militante, rückwärtsgewandte islamische Lösung prognostiziert oder eine auf pseudosäkularem Verständnis gegründete Diktatur. Dazwischen soll es angeblich nichts geben. Zugegeben, derzeit haben meist die Hardliner und Scharfmacher auf beiden Seiten das Sagen und tragen zu dieser verengten Sichtweise, zwischen Pech und Schwefel, bei. Aber wird das der Situation vor Ort gerecht, geschweige denn den Sehnsüchten und Wünschen einer Mehrheit der Bevölkerung?

Anstatt darüber politisch zu diskutieren, zu analysieren, wie und wann zum Beispiel ein Marshall-Plan für die arabische Region aufzustellen wäre oder wie die mehrheitlich gemäßigten Kräfte des Westens trotz seines begrenzten Einflusses imstande sein könnten, alle Beteiligten an einen Tisch zu bringen, wird ein altbekannter Nebenschauplatz wieder zum Hauptschauplatz aufgebauscht: der Kampf der angeblich Religiösen gegen die angeblich religiös Nonkonformen. Alles Religiöse erscheint demnach verdächtig und wird mittels des politischen Kampfbegriffs »Islamismus« entweder als gewalttätig oder rückwärtsgewandt, mindestens aber verblendet abgetan. Alle anderen, also alle außer den Muslimen, handeln, so wird stillschweigend vorausgesetzt, besonnen, objektiv und modern. Besonders zynische Zuspitzung erfuhr dieses Verständnis anlässlich des Militärcoups in Ägypten. Wenn sogenannte »Islamisten« eine Wahl gewinnen, kidnappen sie oder höhlen die Demokratie aus, wenn sogenannte »Säkularisten« einen Militärcoup organisieren, dann sichern sie dem Land Frieden und Freiheit. Dass sich diese beiden Gruppen so in Wirklichkeit nie gegenüberstanden, interessiert herzlich wenig.

Und vom Maghreb bis nach Indien wird bei komplexen und sehr unterschiedlichen Anlässen stets der gleiche Terminus verwendet: Islamisten dort und Islamisten hier. Ob die menschenverachtende, bombende und mehrheitlich Muslime auf dem Gewissen habende Al-Kaida, der IS, die an der Seite Assads kämpfende Hisbollah, Al-Nahda und die Muslimbruderschaft, bisweilen auch die Regierungen in der Türkei und die Monarchien am Golf, die seit Jahrhunderten berüchtigten Kidnapper in der Mali-Region, die Aufständischen in Syrien. Alle bekommen undifferenziert, scheinbar willkürlich das Etikett »Islamist« aufgedrückt. Und so werden seriöse Demokraten, die anhand ihrer Politik beurteilt werden wollen und nicht wegen ihrer muslimischen Gesinnung, mit mordenden Terroristen gleichgestellt, und ideologisch verbrämte Neo-Salafisten werden mit kriminellen Schwerverbrechern, die den Islam für ihre Zwecke missbrauchen, auf eine Stufe gestellt.

Längst gibt es tragfähige, politisch exakte und nachhaltige Terminologien für bestimmte politisch-religiöse Gruppen oder eine differenzierte Beschreibung bestimmter gesellschaftlicher Prozesse. Wir kennen diese auch aus dem Kontext anderer Religionen. Zu Recht bekommen fanatische Evangelikale oder fundamentalistische Opus-Dei-Anhänger eben nicht das Etikett Christismus angehängt. Warum wird diese undifferenzierte Etikettierung beim Islam seit Jahrzehnten bemüht, ohne diese zu hinterfragen? Etwa, weil sich mit dem Begriff Islamismus leicht unbeschadet in Indifferenz schwelgen lässt und Menschen, sobald als Muslime erkannt, stets mit (Extremismus-)Vorbehalt begegnet werden kann? Nicht wenige glauben das wirklich. So stellt dieser Vorbehalt doch nichts anderes dar als eine Diffamierung und bedient altbekannte Stereotype und Vorurteile.

Einmal angeklebt, dient heute das Etikett Islamismus vielfach als Vollstreckungstitel ohne Anklage, Gerichtsverfahren und Urteil – ein Vorurteil eben. Alte und neue Machthaber wissen dies zu schätzen und setzen es geschickt ein. Die Angst vor DEN Islamisten ist der Treibsand, dessen Sandkörner im Auge manchem Kommentator und Politiker die Sehkraft schwächen. Wir kennen diesen Diskurs gegenüber den Muslimen auch hierzulande, als berüchtigtes und wirkmächtiges Instrument mit all seinen kriminalisierenden und degradierenden Nebenwirkungen. Je nach Großwetterlage sind selbst etablierte Muslime solchen Attacken ausgesetzt. Dies zeigt zum Beispiel die gerade in den USA tobende Diffamierungskampagne der Rechten gegen Muslime oder auch muslimische Kongressabgeordnete, die sich angesichts der Lage in der arabischen Welt zum tausendsten Mal gegenüber Terror erklären und von ihm distanzieren dürfen. Die NPD und ihre berüchtigten Ableger stehen in Deutschland übrigens dem in nichts nach und nutzen derzeit diese Vorbehaltsdebatte munter für ihren Wahlkampf aus.

Generalverdacht gegen Muslime

Durch solche Fehlentwicklungen angespornt, entsteht eine – auch wirtschaftlich äußerst attraktive – Islamindustrie: Eine Schar von Islamkritikern, Islam-Hobbyauslegern, Islamexperten, darunter auch Komiker, Agnostiker und Heilsprediger, müht sich, den Muslim der Gewalttätigkeit zu überführen oder in ihm pauschal eine Gefahr zu sehen – es sei denn, er schwört dem Islam ab. Jede Gelegenheit wird dafür genutzt, um die Ressentiments gegenüber den Muslimen, gut versteckt hinter diesem angeblich seriösen Bemühen um Aufklärung, zu befördern.

Reicht es nicht aus, wenn ISIS, Al-Kaida etc. – also mutmaßliche Muslime selber – den Islam besudeln, in den Dreck ziehen und missbrauchen? Muss man als aufgeklärte und kritische Gesellschaft auch noch in dieselbe Kerbe schlagen und gleichsam mit diebischem Vergnügen und wider besseres Wissen den islamischen Glauben als Folie von Terror und Extremismus heranziehen? Indem man beispielsweise bestimmte Verse aus dem Koran aus dem Zusammenhang reißt und obendrein einer fundamentalistischen Lesart als »Beweis« den Vorzug gibt? Hier geht es nicht um Koranexegese, sondern darum, mit missionarischem Eifer den Muslim als Verbrecher zu entlarven. Der allgemeine antimuslimische Diskurs in der Öffentlichkeit scheint diesem Vorgehen recht zu geben.

Dies alles befeuert immer von Neuem einen Generalverdacht gegenüber den Muslimen, offenbart die mangelnde Antizipierfähigkeit unserer Gesellschaft und, was fast noch schwerer wiegt, es betreibt mitunter das Geschäft der Propaganda der Terroristen und Extremisten selbst. Dies alles ist nicht ungefährlich, macht es doch Islamfeindlichkeit erst salonfähig.

Leider lassen aber immer wieder bestimmte Politiker und Medien eine Trennschärfe zwischen der friedlichen Religion des Islam, den die überwältigende Mehrheit der Muslime vertritt und lebt, und Extremisten auf der anderen Seite sträflich vermissen. Und leider, das gehört zur Wahrheit auch dazu, gibt es immer wieder vereinzelt unbelehrbare Muslime hierzulande, die gewollt oder ungewollt als extremistische Stichwortgeber fungieren.

Natürlich sind die IS-Milizen eine Katastrophe für uns Muslime; sie gehen mit äußerster Brutalität vor, setzen ihre Menschenverachtung medial in Szene, respektieren nichts, was wir als gesellschaftlich vereinbarte Werte ansehen. Die größere Gefahr aber ist das Unrecht, das den Nährboden für solche Verbrecher bildet. Die Konzeptionslosigkeit und unterlassene Hilfe der Weltgemeinschaft zum Beispiel in Syrien und in der arabischen Welt hat in der Region ein Vakuum geschaffen, das von solchen Warlords und Kriminellen ausgefüllt wird. Solche Phänomene waren schon bei den Taliban und bei Al-Kaida zu beobachten.

Der Zulauf, den der IS auch hier in Europa erfährt, wird durch die Berichterstattung der Medien forciert, die diesen Kriminellen regelrechte Werbeblöcke einräumen. Ein Jugendlicher, der weiß, dass er ein Millionenpublikum erreicht, wenn er der Kanzlerin mit einem YouTube-Video droht, wird dadurch doch erst recht animiert. Je mehr wir ihnen diesen Gefallen tun, desto perverser werden sie. Sensationsgier wird bedient. Dagegen hilft nicht nur Repression, sondern vor allem mehr Prävention. Diese animalische, perverse Anziehungskraft ungehemmter Grausamkeit und schrankenloser Menschenverachtung können wir nur kontern, indem wir die große Mehrheit der jungen Muslime stärken und klarmachen, dass richtig gelebter Glaube eines der probatesten Mittel ist, sich gegenüber Extremismus zu immunisieren.

Zu allem Überfluss kommt die Verbitterung vieler Muslime über das mangelnde Mitgefühl hinzu, insbesondere wenn sie selber Opfer von Hassverbrechen oder Anschlägen sind. So wurden zum Beispiel 2015 in den USA und Kanada auffällig viele Anschläge auf Muslime verübt. Der bislang schlimmste ereignete sich in Chapel Hill, North Carolina, wo drei junge Erwachsene (Deah Barakat, Yusor Abu Salha und Razan Abu Salha) von einem Weißen erschossen wurden. Es ist stark anzunehmen – der Prozess läuft noch –, dass der Täter aus Hass auf Muslime gehandelt hat. Die Tat ereignete sich kurz nach den schrecklichen Anschlägen auf *Charlie Hebdo*. Weltweit und auch in den USA machte die Meldung kaum Schlagzeilen, löste aber große Angst in den islamischen Gemeinden aus. Erinnert sei auch an die Anschläge des rechtsextremistischen NSU und an die Anschläge auf Flüchtlingsunterkünfte, die derzeit erschreckenderweise zum Alltag gehören.

Versöhnung und Barmherzigkeit

Aber nun in Wehklagen zu verfallen, mal mit Ironie, mal mit bitterem Zynismus, mal anklagend und mal resignierend zu reagieren, ist der falsche Weg. Die Empathie gegenüber Muslimen ist an einen Tiefpunkt gelangt, und wir Muslime selbst müssen uns fragen, warum das so ist.

Natürlich hat das auch mit all den negativen Schlagzeilen der letzten Jahre im Kontext Islam zu tun, mit den Verwerfungen und extremen Entwicklungen in vielen Teilen der muslimischen Welt. Überrascht dürften wir also nicht sein, und Verbitterung nach der Devise »Hallo, liebe Medien, ich bin auch Opfer« wird kaum die Trendwende einleiten. Im Gegenteil, dies alles macht, schon wegen der ausbleibenden Reaktion, unsere Herzen hart, und damit würde der Terror doch ein zweites Mal zuschlagen, und zwar in mir selber. Das möchte ich aber verhindern.

Erinnert sei also nochmals an die drei ermordeten Studenten; im Internet werden sie »The three Winners« genannt. Sie haben ein vorbildliches Leben geführt. Dem Glauben, dem Wissen und der humanitären Arbeit verpflichtet, waren sie muslimische Amerikaner, auf die ihr Land stolz sein kann. Sie hatten ein großes Herz für Flüchtlinge, und sie legten ein vorbildliches, zivilgesellschaftliches Engagement an den Tag. Dieses Ansinnen, dieser Einsatz hat der Attentäter jäh unterbrochen. Doch lernen wir aus ihrem Leben, versuchen wir sie als Vorbild zu nehmen. Dies setzt voraus, dass ich aus meinem Herzen sprichwörtlich keine Mördergrube mache und Versöhnung und Barmherzigkeit gegenüber jenen walten lasse, die so trefflich mit »denn sie wissen nicht was sie tun« in einem Bibelvers umschrieben werden.

Heute, das müssen wir so klar wie selbstkritisch sehen, wird Islam, werden Muslime eher nicht mit Barmherzigkeit und Versöhnung in Verbindung gebracht. Eine solche Sichtweise bleibt die Ausnahme. Diese Gedanken gingen mir ausgerechnet in Dresden durch den Kopf, wo wir zum siebzigsten Mal der Bombennacht vom 13. Februar 1945 und der Millionen Toten gedachten, die durch die Nationalsozialisten um Leben gekommen sind. Es kamen Vertreter der einst von Hitler-Deutschland geschundenen Länder als Freunde zu uns und endzündeten in der wiederaufgebauten Dresdener Frauenkirche Kerzen. Der Bundespräsident, der Erzbischof von Canterbury und andere hielten Reden, die ein weltoffenes, ein tolerantes, ein den Völkern, den Religionen und Kulturen in unserem Land und in der Welt zugewandtes Deutschland beschworen. Dabei waren sie sich einig: Krieg beginnt nicht erst mit dem Waffengang, er beginnt viel früher in den Köpfen von Menschen, und es gibt tiefe Gräben in unserem Land, die es gemeinsam zu überwinden gilt. Viele tausend Menschen bezeugten diese Vision anschließend mit einer riesigen Menschenkette in der Stadt.

Wir Muslime müssen verstehen lernen, dass es zu unseren vornehmsten Aufgaben gehört, an diese Dingen anzuknüpfen und uns auch dort einzusetzen. Nach der Bombardierung konnte sich Dresdens Versöhnung mit der Welt und der Welt mit der Stadt doch nur behutsam entwickeln, weil es Frauen und Männer gab, die einst bereit waren, selbst in den schmerzlichen Stunden den Gedanken der Versöhnung nie außer Acht zu lassen. Sie wussten: All das macht uns erst zu Menschen mit Würde und Ehre.

In diesem Sinne gilt auch für uns Muslime in diesen schwierigen Zeiten, angesichts von Hass, Vorurteilen, Krieg, ein Gedanke des Bundespräsidenten Joachim Gauck: »Wer bereit ist, die Fixierung auf das eigene Schicksal zu überwinden, erfährt auch einen Akt der Selbstbefreiung. Er lernt, sich in größerem, historischem Kontext neu zu sehen, und wird empfänglich für das Schicksal des Anderen. Zwar erleben wir manchmal immer noch Konkurrenz zwischen verschiedenen Opfergruppen. Doch zunehmend gelingt es, das Erinnern an Humanität auszurichten, an der Wahrung und Verteidigung dessen, was den Menschen zum Menschen macht: an seiner Würde und seiner Fähigkeit zum Mitgefühl.«

Hoffnung als Motor:
Perspektiven

»Sprich: ›O meine Diener, die ihr euch gegen eure eigenen Seelen maßlos verhalten habt, verzweifelt nicht an Gottes Barmherzigkeit. Gott vergibt fürwahr alle Schuld. Er ist der Allverzeihende, der Barmherzige‹« (39:53).

»… doch meine Barmherzigkeit umfasst alle Dinge …« (7:156).

Binde dein Kamel fest, und dann vertraue auf Gott – Hoffnung heißt nicht Fatalismus

Die jahrtausendealten Fragen des Menschen nach seinem Ursprung und nach dem Zweck und Ziel seines Daseins, welche die gesamte Menschheit in ihrer geistigen irdischen Entwicklung vorantreiben, haben für den Menschen stets elementare, ja existenzielle Bedeutung.

Durch die starke materialistische Prägung des Lebens in der Neuzeit scheint die Suche nach Antworten auf diese Fragen nebensächlich geworden zu sein. Der vornehmlich materiell ausgerichtete Mensch der Moderne sieht keine Notwendigkeit für eine nach innen gerichtete wie nach außen praktizierte Religion in seinem Leben. Er sieht seinen Ursprung ausschließlich in dem von den Wissenschaften aufgestellten Theorien von der Entstehung des Lebens auf dieser Erde, glaubt nur an das, was er ergreifen und begreifen oder qua Experiment beweisen kann, und erliegt deshalb dem in diesem geistigen Kontext existierenden – dann allerdings nur folgerichtigen – Irrtum, den Sinn und Zweck seines Daseins ausschließlich in der Befriedigung seiner materiellen Bedürfnisse zu sehen.

Doch das Bedürfnis der menschlichen Seele nach Nahrung in Form immaterieller Güter und Werte lässt sich nicht auf Dauer unterdrücken. Die Notwendigkeit, den menschlichen Geist zu nähren, hat sich in der Geschichte immer wieder gezeigt. Zuletzt im Zeitalter der europäischen Aufklärung, als der Mensch sich »seines eigenen Verstandes« bediente und sich von den Ketten der Bevormundung, zum Beispiel durch kirchliche Dogmen oder durch den Absolutheitsanspruch von Monarchen, befreite. Doch angesichts einer heute vorherrschenden Überbewertung des menschlichen Verstandes könnte man meinen, dass der Mensch im Siegestaumel des

Alles ist erkenn- und machbar jetzt Gefahr läuft, seinen Verstand auf einen Altar zu setzen, um ihn dort einem Götzen gleich anzubeten.

Aufklärerisches Licht der Religion

Dem islamischen Verständnis vom menschlichen Dasein ist der Konflikt zwischen weltlicher und religiöser Macht fremd. Im Islam ist alles materielle Sein in der göttlichen Allmacht aufgehoben. Daher ist alles, was existiert, zu Gott gehörig, heilig; dies bedeutet, dass eine absolut wirkende profane, weltliche Macht, die das Maß aller Dinge ist und an der alles Sein gemessen wird, nicht existiert.

Jeder Mensch ist Gottes eigenverantwortliches Geschöpf auf Erden mit allen ihm von Gott verliehenen Rechten und Pflichten. Im Idealfall ist weltliches, vernunftgemäßes Denken und Handeln immer auch ein an Religion orientiertes und von ihr erklärtes Denken und Handeln. »Wahrlich, alles Gute wird mit dem Verstand erkannt, und keine Religion hat der, der keine Vernunft besitzt« (Hadith).

Es gibt also auch das aufklärerische Licht der Religionen. Wenn dieses Licht jedoch erlischt, wird die Religion zu einer Art privatem Seelentrost, ohne jegliche Auswirkung auf die gelebte gesellschaftliche Realität, reduziert. Nach einer Überlieferung des Propheten Mohammed spricht Gott zu den Menschen »Die Geschichte von mir und den Menschen und den Dschinn.« Dies sind Lichtwesen, über deren Existenz der Koran oft berichtet. Damit erkennt der Muslim an, dass neben ihm mindestens noch ein weiteres Wesen mit der Möglichkeit zur freien Entscheidung ausgestattet ist.

Wie weit diese Entscheidungsfreiheit des Menschen reicht, bis hin zur Entscheidung gegen seinen Schöpfer, zeigt sich in folgenden Worten: »Ich erschaffe und ein anderer wird angebetet. Ich gebe, und einem anderen wird gedankt. Ich sende das Gute von mir meinen Dienern herab, und ihre Bösartigkeit steigt zu mir herauf. Ich neige mich ihnen mit meiner Gnade zu und bedarf ihrer nicht; und sie entfernen sich von mir mit ihren Sünden und sind doch auf keinen außer mich angewiesen. (…) Die Leute, die mir gehorsam sind, sind die Leute meiner Liebe, und die Leute, die mir ungehorsam sind, lasse ich die Hoffnung auf meine Gnade nicht aufgeben. Wenn sie bereuen, dann bin ich ihr Geliebter, und wenn sie nicht bereuen, dann bin ich ihr Heiler. Ich prüfe sie mit Belastungen, damit ich sie von ihren Fehlern reinige. (…) Wer von ihnen mir mit Reue entgegenkommt, den erwarte ich schon von weit weg, und wer sich von mir abwendet, den rufe ich von ganz nah: ›Wo gehst du hin? Hast du einen anderen Schöpfer außer mir?‹« (Hadith).

Die Muslime sind überzeugt, dass der Islam die Menschen aus der Unmündigkeit einer engen Stammesgesellschaft in die Mündigkeit geführt hat. Durch den Islam wurden für jene Zeit geradezu revolutionäre Grundsätze für das Leben der Menschheit festgeschrieben. Und ganz entscheidend, der Islam war nie antiwissenschaftlich und somit auch nicht vernunftfeindlich. Daran sei in diesem Zusammenhang nochmals erinnert. Viele bahnbrechende Erkenntnisse, Ideen und Kunstwerke sind im Licht des Islam entstanden. Es gibt keine Trennung von Wissenschaft und Religion oder Religion und Vernunft. Dies unterscheidet den Islam deutlich von der christlichen Religion. Die Muslime waren in ihrer Geschichte nicht trotz, sondern wegen ihrer Religion zu wissenschaftlichen Höchstleistungen und fortschrittlichem Denken und Handeln fähig. Muslime haben sich nicht wie im christlich geprägten Teil Europas von der Religion lossagen müssen, um Mündigkeit zu erlangen.

Angst durch selbst verschuldete Unmündigkeit?

Schaut man auf die Gegenwart in der arabischen Welt und auch in europäischen Gesellschaften, scheinen sich die Entwicklungen verkehrt zu haben. Die muslimischen Gemeinschaften in Deutschland beispielsweise sind angesichts der immer wiederkehrenden Ressentiments teilweise desillusioniert. Sie müssen nahezu im Wochentakt erfahren, dass ihr Beitrag bei der gesellschaftlichen Aufgabe, Werte wie Gerechtigkeit, Gleichheit vor dem Gesetz und Rechtsstaatlichkeit – dies sind vom deutschen Grundgesetz verbriefte Rechte wie auch die in Paragraf 1 unseres Grundgesetzes festgestellte umfassende Verteidigung der Menschenwürde – immer wieder mit Leben zu erfüllen und neu zu erfinden, nicht gefragt ist. Stattdessen werden Vorurteile und Aversionen gegenüber Minderheiten in offensichtlicher Ermangelung eigener Identitäten gepflegt und vehement verteidigt. Die Folge: Allein im Jahr 2015 haben Rechtsradikale über tausend Flüchtlingsheime angezündet, zum Teil darauf geschossen oder Brandbomben geworfen. Allein der ZMD beklagte 2015 über zwanzig Attentate auf seine Moscheen, ganz zu schweigen von den unzähligen Übergriffen auf Muslime oder Hassdelikten. Das alles raubt viel Energie, lässt wenig Zeit zum Nachdenken, was wir alle so dringend brauchen.

Allerdings möchte ich selbstkritisch anmerken, dass Muslime hierzulande der Gesamtgesellschaft bisher kaum sichtbare und auch wenig substanzielle Angebote gemacht haben, wie sie diese durch den Menschen geschaffenen Herausforderungen der Moderne bewältigen wollen. Ihr Beitrag zur Verbesserung dieser das Individuum belastenden Situation bleibt bislang, bis auf das Zahlen von Steuern und die eingesetzte Arbeitskraft, aus. Die intellektuellen muslimischen Eliten vermögen – bis auf wenige Ausnahmen – kaum auf Augenhöhe den hiesigen Eliten zu begegnen. Die muslimischen Verbände sind viel zu sehr mit dem Erhalt und Überleben der noch einigermaßen funktionierenden muslimischen Mitgliedsgemeinschaften beschäftigt, als dass sie sich nutzbringend dieser Aufgabe widmen könnten. Und die neben den extremistisch gesinnten durchaus in Teilen auch der Religion des Islam zugewandten Neo-Salafisten verschrecken ihre Umwelt mit fragwürdigen Übertreibungen in der Religionspraxis. In Ermangelung einer selbstbewussten, eigenen oder im Entstehen begriffenen Identität versehen sie ihr Verständnis vom Islam mit einem folkloristischen, orientalisch gefärbten Glanz, der sich in kniehohen Hosen, bis zu den Fußknöcheln reichenden weiten Hemden und Rauschebart ausdrückt.

Vorbilder und Visionen sind gefragt

So gilt es also, nach Vorbildern für eine gelungene Gemeinschaft zu suchen. Zwar gab es die Konzeption einer gemeinsamen globalen Weltgemeinschaft, ähnlich wie der Gedanke von »Fraternité« es impliziert; dieser findet im islamologischen Konzept des arabischen Begriffes von Ummah ein viel älteres Ebenbild und wurde bereits im siebten Jahrhundert durch den Propheten praktiziert und manifestiert. Doch aufgrund der globalen Vernetzung, der schnelleren Verfügbarkeit von Informationen aus den verschiedenen Regionen unserer Welt verändert sich der gesellschaftliche ebenso wie der religiöse Diskurs mit atemberaubender Geschwindigkeit, und die Muslime hinken oft hinterher. Interessant, dass zum Beispiel auch ein Thema wie die freie Religionsausübung in der muslimischen Welt viel ausgedehnter und breiter diskutiert wird als im nichtmuslimisch geprägten Raum. Oder wie muslimische Intellektuelle, Politiker und Wissenschaftler sich grenzenübergreifend Gedanken darüber machen, wie ein gerechter, demokratischer Staat aussehen kann. Das ist eine spannende Frage unter anderem vor dem Hintergrund der bereits angesprochenen gesellschaftlichen Entwicklungen. Ich bin sicher, dass diese Diskussionen auch in Europa ihren Niederschlag finden werden. Sie werden einerseits von der in Europa praktizierten und seit über 60 Jahre friedlichen demokratischen Rechtsstaatlichkeit angeregt. Andererseits werden sich in der Zukunft Muslime höchstwahrscheinlich noch stärker in das Ringen für ein gerechteres gesellschaftliches Leben in Europa einmischen.

Der Philosoph und Denker Muhammad Iqbal, der in Johann Wolfgang von Goethes Werken Inspiration fand und der sich intensiv mit Hegel und dessen Philosophie auseinandersetzte, hat mich zu folgender Überlegung angeregt: Erkenntnis muss als Erkenntnisstrahl betrachtet werden, der kein Ende hat, sondern stets weitergedacht werden muss. Ein solches Denken schließt die Auffassung aus, dass zu einem bestimmten Zeitpunkt der Höhepunkt der Geschichte der Menschheit erreicht wurde. Dies setzt allerdings voraus, ohne Scheuklappen, offen für die Debatten und Diskurse, die andere führen, über den eigenen Tellerrand zu schauen. Es gibt zahlreiche Beispiele von muslimischen Denkern, die diese Offenheit in ihrem Denken und Handeln zeigten und zeigen. Ich würde mir wünschen, dass diese Bereitschaft der aufrechten Wahrnehmung, der Anerkennung des Anderen und der ehrlichen Auseinandersetzung mit dem Anderen in der gesellschaftlichen Debatte um den Islam und die Muslime auch in Deutschland stärker zum Tragen kommen würde. Mehr Demut täte uns allen gut.

Hoffnung ist größer als das Meer

In stürmischen Zeiten nehmen individuelle Zukunftsängste signifikant zu. Weil eben keine noch so gute Anlage in Lebens- oder Rentenversicherungen, deren Aktienwert global wirkende Spekulanten gerade unermüdlich verbrannten, Halt in einem von Unwägbarkeiten geprägten Leben geben können. Wie weitreichend ist dann die Erkenntnis, dass der wahre Beschützer, Ernährer und Erhalter des Menschen stets Gott, der Erhabene selbst ist? Da der Mensch dazu neigt, sich selbst zu vergessen, gerät auch Gott bei ihm in Vergessenheit.

Der Islam ist, wie ich gezeigt habe, eine Religion, die von der täglichen Praxis lebt. Der Muslim betet fünfmal am Tag und geht jedes Mal mit Gott direkt ein Zwiegespräch ein. Eine Konstellation, in der man für sich auch immer wieder Vertrauen und Sicherheit findet. In vielen Versen des Koran werden Zuversicht und das Gottvertrauen beschrieben: »Im Gedenken an Gott beruhigen sich die Herzen«, so heißt es in einem Vers. Man hat natürlich keine Garantie dafür, dass man von den Unwägbarkeiten des Lebens verschont bleibt, aber hier gründet eine Form von Gewissheit für den mit der Religion verbundenen Menschen, dass Gott einem beisteht – egal, was einem widerfährt.

Es ist ein bisschen so wie bei Grimms Märchen, die ich in meiner Kindheit so geliebt habe. Wir hegen die starke Hoffnung, dass die

Geschichte gut ausgeht. Wir lesen diese Märchen den Kindern ja auch gerade deshalb vor, damit sie so etwas wie Grundvertrauen in das Leben entwickeln, obgleich wir wissen, dass sie Enttäuschungen und Rückschläge erleben werden. Dennoch setzen wir ihnen diesen Keim ein, der Hoffnung heißt und wovon sie womöglich ihr Leben lang zehren, in guten wie in schlechten Zeiten. Religionsfreie Menschen werden diese Einstellung zum Leben vielleicht als Selbsttäuschung diskreditieren, aber ich bin der festen Überzeugung, dass der Mensch Gott braucht, um aus seinem Leben Erfüllung zu schöpfen, um dem Leben mit all seinen Höhen und Tiefen positiv zugewandt zu bleiben. Ein Leben ohne Gott ist für mich, wie wahrscheinlich für alle praktizierenden Gläubigen, welcher Religion auch immer, ein sinnfreies Leben.

Jeder Muslim kennt den Ausspruch – den Hadith – des Propheten Mohammed: »Binde dein Kamel fest, und dann vertraue auf Gott.« Mohammed gab diesen Ratschlag einem Mann, der aus falsch verstandener Frömmigkeit die Zügel seines Kamels auf den Boden warf und meinte, er habe es nicht nötig, sein Tier anzubinden, denn er vertraue ja auf Gott.

Binde dein Kamel fest! Kann man dem Hang des Menschen zum Fatalismus, der gerade den Muslimen immer zum Vorwurf gemacht wird, deutlicher widersprechen? Denn die Aufforderung will heißen: Sei umsichtig und klug, handle und triff Vorkehrungen für die Sicherheit des dir Anvertrauten, statt alleine auf Gottes Fürsorge zu setzen. Dies ist ein lebensbejahender Aufruf zur Eigenverantwortlichkeit.

In den Romanen von Karl May ist oft zu lesen, der Muslim glaube so fest an das Kismet, sein unausweichliches Schicksal, dass er sich untätig dem Lauf der Welt ergebe. Fatalismus. Würden Muslime ernsthaft dementsprechend gehandelt haben, die kleine Gemeinschaft damals um den Propheten Mohammed wäre längst als Randnotiz der Geschichte vergessen worden.

Das Gebet und die weltlichen Angelegenheiten gehören gleichermaßen geregelt. Zum erfolgreichen Absolvieren einer Prüfung gehört neben Gottvertrauen vor allem der fleißige und unbändige Lernwille.

Bei der zweiten Hälfte des Hadith »Vertraue auf Gott« wird es schon etwas schwieriger. »Binde dein Kamel fest« ist vollkommen richtig – doch der Mensch muss wissen, dass sich der Knoten aller Sorgfalt zum Trotz lösen kann. Das Kamel könnte krank werden, ja sogar sterben. Es kann einen Unfall geben, das Trinkwasser könnte verseucht sein, oder eine Naturkatastrophe rafft das Kamel hinweg. Und dennoch bleibt die Gleichung richtig, weil sie den Menschen von seiner Sorgfaltspflicht nicht entbindet, obwohl dieser weiß, dass sein Schicksal letztendlich in Gottes Hand liegt.

Aber im Jenseits …, mag man nun entgegnen. Wir dürfen darauf hoffen, dass am Tag des Jüngsten Gerichts darauf geschaut wird, welche Absichten wir verfolgt haben und dass der, dem unverschuldet Übel widerfahren ist, dafür getröstet und entschädigt wird. Dies ist ein Versprechen, das Gott denjenigen gibt, die seine Gebote befolgen.

Es heißt also nicht, dass jede Arbeit automatisch funktioniert, die wir mit Gottvertrauen beginnen. Es heißt nicht, dass solches Vertrauen jede Katastrophe fernhält. Die tieferen Regeln dieser Welt sind für uns nicht erkennbar, oder erst im Rückblick. Gott allein besitzt das Wissen des Unsichtbaren, heißt es oft im Koran. Der Welten Abläufe sind nicht wirklich nachvollziehbar. Die Schwierigkeit, sich ihnen trotzdem anzuvertrauen, stellt sich für gläubige und nichtgläubige, religionsfreie wie auch religionsnahe Muslime und Nichtmuslime gleichermaßen. Ohne Vertrauen ließe sich das nicht machen. Ohne dieses Gottvertrauen kann ich diesem meinem Leben keine Festigkeit geben.

Aber ich kann nicht sagen: Ich lege die Hand auf den Koran, und der Krebs ist besiegt. Es gibt einige Muslime, die sich dieser falschen Auffassung ergeben, weil sie die Religion in ihrer ganzen Tragweite nicht verstanden haben. Diese bilden eine Minderheit im Bereich der wortwörtlichen, bisweilen widersinnigen Lesarten des Koran. Sie mögen in diese Richtung gehen, aber das entspricht nicht dem durch die gelehrte Tradition vorgegebenen Verständnis der islamischen Lehre. Hätten Muslime früher so gehandelt und gedacht, kein einziger Wissenschaftler vom Range eines Ibn Sina oder eines Ibn Rushd hätte in der muslimischen Gemeinschaft heranwachsen können. Der Islam sagt »Ja« zur Wissenschaft und zur Medizin. Zur Heilung einer Krankheit braucht es neben dem Glauben in Form von Ergebenheit in Gott eben und bedingt und gleichzeitig selbstverständlich auch Ärzte oder Therapeuten beides ergänzt sich, gehört also zusammen.

Vertrauen und Hoffnung heißt also, dass wir nicht fatalistisch durchs Leben gehen. Nach dem Motto, es ist doch ohnehin vorgeschrieben. So hätte man seinen freien Willen aufgegeben. Vergleichbar mit der irrigen Einbildung, bei Nichtabgabe meiner Stimme doch an der Wahlurne abgestimmt zu haben. Muslime sind davon überzeugt, dass der Mensch einen freien Willen hat. Gleichzeitig weiß der allwissende und über Raum und Zeit stehende Gott aber bereits im Voraus, welchen Weg der Mensch einschlägt, er kennt alles, weil er der Erschaffer vom Anfang und Ende der Zeit ist. Alles, was uns widerfährt, Glück oder Unglück, ist so vorhergesehen und unveränderbar. Ein scheinbarer Widerspruch, der selbst durch Nachdenken aus der Perspektive des Menschen nicht restlos auflösbar ist, aus der Perspektive des Schöpfers, des Ewigen, dennoch vollkommen logisch ist. Auch deshalb haben sich im islamischen Kontext gerade bei diesen die Existenz des Menschen betreffenden Fragestellungen verschiedene Denkschulen, also Philosophieschulen, herausgebildet. Nicht immer konfliktfrei, denn selbst große Strömungen wie die Rechtsschulen und Schiiten und Sunniten entwickelten hier ihre unterschiedlichen Schwerpunkte. Alle diese Richtungen würden aber unterschreiben, dass ein Hadern mit seinem Schicksal aus religiöser Sicht nicht viel Sinn macht.

Ein Schicksalsschlag kann so leichter verkraftet werden, muss es aber selbstverständlich nicht. Solch ein Schicksalsschlag kann auch eine Möglichkeit sein, sich zu besinnen und an das Wesentliche, das wirklich Wichtige im Leben zu denken. Schicksalsschläge könnten die religiöse Überzeugung weiter festigen, aber auch das Gegenteil ist möglich. Unser Prophet sagt: »Wen Gott liebt, den prüft er.« Das ist keine Geringschätzung des religiösen Menschen durch Gott, sondern eine Prüfung, wie ernst wir es mit unserer Religion meinen, wie standfest wir in unserer religiösen Überzeugung sind. Ein eindrückliches Beispiel dafür ist die in allen abrahamitischen Religionen bekannte Geschichte von Abraham, in der Gott ihn bis an die Grenzen menschlicher Vorstellungskraft prüfte, ob er für Gott seinen eigenen Sohn opfern würde. Als Abraham ansetzte, seinen erstgeborenen Sohn Ismail zu opfern, hielt ihn Gott zurück und belohnte ihn für die bestandene Prüfung, für seine gottergebene Standhaftigkeit. Muslime erinnern sich dieser Begebenheit alljährlich aus Anlass der Hadsch zum Opferfest, indem sie ein Lamm oder ein größeres Tier schlachten und das Fleisch an Bedürftige verteilen. Sie vergewissern sich auch der Tatsache, dass der Schöpfer niemals ein Menschenopfer erwartet.

Im persönlichen Umfeld erleben wir immer Geschichten, die uns manchmal an den Rand der Verzweiflung bringen. Ein innig geliebter Mensch verstirbt, ein Urlaub endet tragisch, weil plötzlich eine Flutwelle dort die ganze Familie und Tausende andere hinwegnimmt. Warum? Warum nicht hadern mit diesem Fallbeil des Schicksals? So überschwemmte eine in ihrem Ausmaß schier unbeschreibliche, geradezu apokalyptisch wirkende Sintflut vor über zehn Jahren das muslimisch geprägte Indonesien auf der Insel Sumatra. Ausläufer des Tsunamis trafen aber auch Regionen wie Bander Aceh in Malaysia und die Urlaubsregionen Thailands.

Ich erinnere mich noch sehr gut an eine Szene in einer Nachrichtensendung, die aus einem Konsumtempel in Thailands Touristenmetropole Khao Lak berichtete, welche wie andere Städte in dieser Region um viele Tote und Verletzte trauerte. Ein Priester betete zusammen mit hunderten Trauergästen verschiedener Religionen. Der Altar – sonst die Präsentationsfläche, wo verkauft und Waren angepriesen werden – war umgeben von grellem Licht der angrenzenden Geschäfte und deren neonbeleuchteten Reklametafeln. An diesem Tag war dieser Platz für den Gedenkgottesdienst der Flutopfer umfunktioniert worden. Doch damit nicht genug, die surreal anmutende Situation erhielt durch den abschließenden, beinahe »erlösend« wirkenden Satz des Priesters einen fast heiligen Nimbus: »Und wir hoffen, dass die Toten in das Paradies kommen.«

Die Verheißung der paradiesischen »Erlösung« war der *Tagesschau* immerhin die Erstmeldung wert, wenige Tage nach einer der größten Naturkatastrophen der jüngsten Menschheitsgeschichte. Der Erlösungsgedanke scheint tatsächlich allen Religionen und Weltanschauungen gemein zu sein, insbesondere wenn Katastrophen apokalyptischer Art über den Menschen hereinbrechen. Nach solchen folgenschweren Ereignissen spendet der Glaube oder die Religion Trost für die Hinterbliebenen, und sie stärkt die Hoffnung, dass ihre Lieben nicht umsonst gestorben sind. Denn sie sind zwar tot, aber bei Gott dem Barmherzigen und Gütigen aufgenommen.

Ein paar Minuten nach jener *Tagesschau*-Ausgabe schmetterte Udo Jürgens nach seinem Auftritt zu Beginn der ZDF-Spendengala zugunsten der Flutopfer dem Zuschauer den Satz entgegen: »Wo war denn der Gott, an den ihr glaubt, nach dem Ausbruch des Tsunamis?« Pikanterweise gab er selber die Antwort, Tage vorher in einem Interview zum Jahreswechsel. Darin rügte der bekennende Atheist die Intellektuellen mit den Worten: »Wenn Sie die Momente der Erlösung nicht zulassen auf Konzerten (…), dann vergehen Sie sich an der Musik!« Interessant und aufschlussreich! Er und viele andere glauben an die von ihnen zur Religion erhobene Kraft der Musik und die durch sie erlebbare Erlösung. Andere glauben wieder an Buddha, andere an Jahwe. Und wieder andere sind von der Existenz Allahs überzeugt. Treffend heißt es dazu in der Sure 109 des Koran: »Ihr habt eure Religion, und ich habe meine Religion.«

Die Flutkatastrophe, diese gewaltige Naturkatastrophe machte uns Menschen unsere Verletzlichkeit, unsere Endlichkeit bewusst – Frühwarnsystem hin oder her. Die Natur schlug »unzivilisiert« auf Menschen, Häuser, auf Flora und Fauna ein und vernichtete diese. Da helfen auch keine mobilen schnellen Öko-Eingreiftruppen. Und die angedachten Sicherheitspakete gegen den von Menschen betriebenen Terror wirken vor diesem Hintergrund beinah lächerlich. Natürlich können Frühwarnsysteme Schäden eindämmen, sie sind wichtig und notwendig, jedoch können sie unseren Wunsch nach absoluter Sicherheit eben nicht befriedigen. Der tragische Germanwings-Absturz, nicht durch einen technischen Fehler oder menschliches Versagen, sondern durch einen todessüchtigen kranken Piloten macht die Verletzlichkeit noch einmal dramatisch klar.

Im Zusammenhang der Jahrhundertkatastrophe des Tsunamis sprach der damalige Bundespräsident Johannes Rau weise von der »Weltinnenpolitik«. Bundeskanzler Gerhard Schröder mahnte sogar: »Politische Lager sind jetzt nicht wichtig, religiöse und ideologische Unterschiede auch nicht. Es geht um Solidarität aus gemeinsamer Verantwortung.« Die Globalisierung tritt aus dem Reich der Ökonomie in das Weltenreich der Menschen ein. So werden Flüchtlinge zu Botschaftern weltweiter Ungerechtigkeit. Hat Gott dies auch zugelassen? Oder erst durch die Katastrophe möglich gemacht? Ein kühner, komischer Gedanke? Ich meine, nicht.

Plötzlich wendet sich ein deutsches Aufklärungsschiff »Berlin«, das eigentlich beauftragt ist, Terroristen am Horn von Afrika zu jagen, in Richtung Südostasien, um eilig den Bedürftigen zur Seite zu stehen. Und da nimmt der Flugzeugträger »Abraham Lincoln« Kurs auf Sumatra. Nicht um wieder einmal einer nur krank zu nennenden Sicherheitslogik zu entsprechen. Nein, er ändert seinen Kurs – und würde Abraham Lincoln heute noch leben, es wäre ein stolzer Tag für ihn –, um Menschen in Not zu helfen. Beide Schiffe sind beladen mit Medikamenten, Nahrungsmitteln, Lazaretten und mobilen Krankentransportern. Was für ein Kurswechsel!

Die Welt spendet solidarisch und geradezu weltbürgerlich große Summen. In den betroffenen Ländern leisten die Überlebenden und Einheimischen schier unglaubliche Ersthilfe bis zur völligen Erschöpfung. Man leidet und fühlt mit den Menschen, ganz gleich, ob man sich zum Christentum, Hinduismus oder Islam bekennt.

Dabei erinnert sich so mancher urplötzlich der Tatsache, dass uns Menschen dieselbe Mutter und derselbe Vater gemein sind.

Seltsam schaurig-schöne Vorstellungen sind dies. Sie stehen so ganz im Widerspruch zu den Weltuntergangsbeschwörern und dem fanatischen Geschnatter so mancher religiöser Eiferer, die das Seebeben in ihrer ungebildeten Oberflächlichkeit als Strafe Gottes zu deuten versuchten, anstatt in ihm den tiefen Sinn und die große Bedeutung des Ereignisses für den Zusammenhalt der Menschheit zu erkennen.

Wir haben nur einen Gott – interreligiöser Dialog

Eine der Kernaufgaben des interreligiösen Dialogs ist es, Unterschiede festzuhalten und Gemeinsamkeiten aufzuzeigen. Im christlich-islamischen Dialog zum Beispiel ist das eindrucksvoll an Jesus und Maria möglich. Denn beide, der Prophet Jesus wie auch seine Mutter Maria, genießen ein ausgesprochen hohes Ansehen im Islam.

Der Prophet Jesus und seine Mutter Maria

Nach Maria ist ein ganzer Koranabschnitt – eine Sure – benannt. Der Prophet Mohammed sagt zu ihr: »Von den Frauen erreichte keine eine Vollkommenheit wie Maria, die Tochter Imrans« (Sahih Buchari und Muslim). Nach islamischem Verständnis ist Marias Schwangerschaft ein Zeichen Gottes. Erschrocken wendet sich Maria in Sure 3, Vers 45 an ihren Schöpfer: »Mein Herr, soll mir ein Sohn (geboren) werden, wo mich doch kein Mensch berührte?« Und so wird Jesus auf wunderbare Weise geboren – auf Befehl Gottes, der auch den ersten Menschen Adam ohne irdischen Vater hervorgebracht hat. Im Koran lesen wir: »Wahrlich, Jesus ist vor Gott gleich Adam; er erschuf ihn aus Erde, alsdann sprach er zu ihm: ›Sei!‹, und er war« (3:59).

Muslime respektieren und verehren Jesus, so wie sie auch den anderen Gesandten Gottes mit Hochachtung und Ehrerbietung begegnen. Die Gläubigen, so der Koran, »glauben an Gott und seine Engel, an seine Bücher und seine Propheten. Wir machen keinen Unterschied zwischen seinen Gesandten« (2:285). Mit »Bücher« sind hier die Thora und das Evangelium gemeint, an die Muslime in ihrer herabgesandten Form glauben.

Aus der hohen Wertschätzung, der Jesus im Islam zuteil wird, lässt sich auch erklären, warum Muslime sich verletzt fühlen, wenn Jesus zuweilen in Filmen und Karikaturen in beleidigender Weise dargestellt oder wenn sein Ansehen geschmäht wird. Viele Muslime empfinden bei der Verunglimpfung von Jesus genauso viel Trauer oder auch Empörung wie bei der Verunglimpfung Mohammeds.

Christen und Muslime glauben an den einen Gott, der uns Menschen erschuf, die Welt und den Kosmos formte und der Anfang und Ende kennt. Nach muslimischer Gottesvorstellung ist und bleibt Gott eins und ungeteilt (5:116). Jesus ist – entgegen der christlichen Lehre – nicht Sohn Gottes. »Es steht Gott nicht an, sich einen Sohn zu nehmen. Gepriesen sei er! Wenn er etwas beschließt, so spricht er nur: ›Sei!‹, und es ist« (Sure 19:35).

Jesus ist Gottes Gesandter für sein Volk, die Juden, und in diesem Sinne wird er Mahdi (Messias) genannt, der vor dem Tag der Auferstehung nochmals diese Welt betreten wird. Alle Propheten, so auch Jesus, sind mit Wundern bedacht worden. Im Koran spricht Jesus zu den Menschen: »Seht, ich bin zu euch mit einem Zeichen von eurem Herrn gekommen.« Zum Ende desselben Verses heißt es: »Ich heile den Blindgeborenen und den Aussätzigen und mache die Toten mit Gottes Erlaubnis lebendig« (3:49).

Wie Mohammed kam Jesus nicht, um die Grundlehre früherer Propheten – den Glauben an den einen Gott – zu ändern. Jesus kam, um sie zu bekräftigen und zu erneuern.

Es gibt noch einen wesentlichen Unterschied zwischen christlichem und islamischem Jesus-Verständnis. Nach islamischer Auffassung ist Jesus von Nazareth nicht am Kreuz gestorben. Die Feinde Jesu wollten ihm zwar schaden, doch, so heißt es im Koran, »sie machten Pläne, und Gott macht Pläne, und Gott macht die besten Pläne« (8:30). »Sie sprachen: ›Wir haben den Messias, Jesus, den Sohn der Maria, den Gesandten Gottes getötet‹, während sie ihn doch weder erschlagen noch gekreuzigt hatten, sondern dies wurde ihnen nur vorgetäuscht« (4:157). Die meisten Koranauslegungen erklären diesen Vers als »er schien ihnen so«, das heißt, der Mann, der von den Feinden Jesu getötet und gekreuzigt wurde, schien nur Jesus zu sein, war es aber tatsächlich nicht. Und schließlich heißt es »Vielmehr hat Gott ihn zu sich emporgehoben, und Gott ist Allmächtig, allweise« (4:158).

Wenn die Christen an Weihnachten die Geburt von Jesus feiern, so ist das auch für Muslime ein Freudentag wegen der hohen Wertschätzung die Isa – so das arabische Wort für Jesus – im Islam genießt.

Christlich-islamischer Dialog

Heute wird der christlich-islamische Dialog von Kirchen und islamischen Religionsgemeinschaften geführt, aber auch von Theologen und Gemeinden beider Dialoggruppen. Er findet zunehmend auch in Kindergärten, Schulen und Universitäten statt, rückt also näher an die Basis. Nicht selten kommen Moschee und Kirchengemeinde zu einem aktuellen und für den muslimischen wie christlichen Nachbarn gleichermaßen wichtigen Thema zusammen. Das ist gut so, denn der interreligiöse Dialog ist wichtiger Motor für Versöhnung und Kraftquelle für den Frieden unter den Völkern und Religionen. Es gibt mittlerweile viele christlich-muslimische Frauengruppen, oder die Jugend verschiedener Konfessionen trifft sich zu gemeinsamen Seminaren oder Bildungsreisen. Muslimische, jüdische und christliche Stipendiaten organisieren mit ihren jeweiligen Studentenwerken gemeinsame Wochenenden. Erfreuliche Entwicklungen, die sich mit den nachwachsenden Generationen sprachgewandter und in der deutschen Kultur beheimateter Muslime fortsetzen werden

Die christlich-islamischen Dialogpartner in Deutschland haben sich im Koordinierungsrat des christlich-islamischen Dialogs (KCID) zusammengeschlossen. Zu dessen Mitgliedsorganisationen gehören unter anderem die 1982 gegründete Christlich-Islamische Gesellschaft (CIG), in der ich beinahe von Anbeginn Mitglied sein durfte, sowie das Bendorfer Forum, woran maßgebend die Deutsche Muslimliga in Bonn mitwirkt.

Beobachtet, untersucht und dokumentiert wird der christlich-islamische Dialog von der Christlich-Islamischen Begegnungs- und Dokumentationsstelle, kurz CIBEDO, einer Fachstelle der Deutschen Bischofskonferenz. Muslime haben eine ähnliche Anlaufstelle aus fehlenden strukturellen und finanziellen Möglichkeiten noch nicht.

Zudem gibt es das aus dem Interkulturellen Rat hervorgegangene Abrahamitische Forum; außerdem eine Plattform, die der Arbeitskreis Christlicher Kirchen (ACK) und KRM im Rahmen des Projektes »Lade deinen Nachbarn ein« seit vielen Jahren betreibt. Seit einigen Jahren treffen sich auch die Muslime und evangelischen Christen zweimal im Jahr auf Spitzenebene, und Muslime sind traditionell auf den Kirchentagen präsent. Gerade in Krisenzeiten müssen wir die rechtsstaatlichen, sozialen und humanitären Errungenschaften unserer Gesellschaft bewahren und als Religionsgemeinschaften in Aktionen Flagge zeigen. Aber so wichtig ich diese Aktionen finde, wir dürfen nicht übersehen, dass es um mehr geht. Als Rupert Neudeck und ich die interreligiösen und humanitären Grünhelme 2003 gründeten, wollten wir gemeinsam Taten an die Stelle von Papier, Studien und Absichten setzen. Wir wollten Häuser und Dörfer, Schulen und Straßen, Hospitäler und Ambulanzen, Baumschulen und Gotteshäuser aufbauen – und das haben wir später auch getan. Unser Ziel: Menschen ein wenig Frieden zu bringen und dabei die Kraft des Glaubens, jedes Glaubens, einzusetzen. Christen und Muslime, Juden und Humanisten, darunter vor allem junge Menschen, bauen gemeinsam auf, was andere widerrechtlich zerschlagen haben.

Thora, Evangelium, Koran: Wetteifert in den guten Taten

Spricht man vom interreligiösen Dialog, so geht es nicht nur um trennende und verbindende Aspekte des Glaubens, es geht auch um den Status quo der Religionen in der gegenwärtigen Gesellschaft. Diesbezüglich bleibt festzuhalten, dass wir in der Vergangenheit zu wenig hingeschaut, zu wenig verstanden und zu wenig mitempfunden haben. Wir haben nicht wahrhaben wollen, dass die rassistischen Übergriffe auf andersgläubige Menschen, Moschee- und Synagogen-Attentate, Anschläge auf türkische Wohn- und Geschäftsstraßen nur die Spitze eines Eisberges sind. Von diesem Eisberg ist in den letzten Jahren immer mehr sichtbar geworden. Und mit ihm eine beklagenswerte Haltung des Wegschauens und Verharmlosens. Dabei sind diese Anschläge im Grunde genommen Anschläge auf unsere gesamte Gesellschaft, ja, sie stellen eine große Gefahr für unsere gesamte Demokratie dar. Dies ist an den über ein Jahrzehnt den Opfern angelasteten Morden des rechtsextremen NSU überdeutlich geworden.

Wir brauchen heute mehr denn je die Stimmen aller Religionsgemeinschaften, der Kirchen, der Christinnen und Christen, ja, aller Menschen guten Willens, der Bürgerinnen und Bürger mit humanistischer Gestaltungskraft, die die Stimme der Solidarität, des Füreinandereinstehens, des Mitgefühls für den Fremden und für den Nachbarn erheben.

Denn fehlendes Verantwortungs- und Mitgefühl, ein sich ausbreitender Egoismus, der Werte wie Nächstenliebe, Hilfsbereitschaft und Empathie für den Schwächeren verdrängt, bedroht unsere Gesellschaft von innen heraus.

Jesus wie auch der Prophet Mohammed und alle anderen Propheten sind gekommen, den Frieden in der Gemeinschaft wiederherzustellen. Und so sollten wir im religiösen Dialog wetteifern um Frieden mit Gott, mit unseren Mitmenschen und mit uns selbst.

Albert Einstein hat einmal gesagt: »Die Welt ist viel zu gefährlich, um darin zu leben – nicht wegen der Menschen, die Böses tun, sondern wegen der Menschen, die daneben stehen und sie gewähren lassen.«

Wir brauchen jetzt mehr denn je eine Gesellschaft, in der Solidarität wieder das bedeutet, was es ist: Verlässlichkeit. Wir brauchen eine Gemeinschaft, in der man sich empört über alltägliche Ungerechtigkeit, über Elend und Menschenverachtung. Und da sind die Religionen in der Pflicht. Heute heißt es zivilgesellschaftliches Engagement oder Solidarität, früher sprach man von Geschwisterlichkeit (Brüderlichkeit), Nachbarschaftshilfe oder Nächstenliebe. Mit allem ist Ähnliches gemeint: Einsatz für den Frieden, für Gerechtigkeit, Wohlfahrt und Wohlergehen in meiner unmittelbaren Umgebung. In einem Ausspruch des Propheten heißt es: »Keiner von euch ist gläubig, bis er für seinen Bruder wünscht, was er für sich selbst wünscht.«

Und Jesus sagt: »Liebe deinen Nächsten wie dich selbst« (Lukas 10:27 und Matthäus 22:39 u. a.).

Es wäre an der Zeit – und hier wiederhole ich mich gerne –, dass wir allesamt (Juden, Christen, Muslime) die Lessing'sche Gelassenheit an den Tag legen, zu der uns der Koran (5:48) ermuntert: »Und hätte Gott es gewollt, er hätte euch – Juden, Christen und Muslime – zu einer einzigen Gemeinde gemacht. Doch wollte er euch prüfen in dem, was er jedem von euch gab. Wetteifert darum in den guten Taten.«

Der Islam geht von der Einheit der Menschheit aus und betrachtet die Menschen als eine Gemeinschaft. Die Menschen sind Geschöpfe des einen Schöpfers und Kinder eines gemeinsamen Vaters und einer gemeinsamen Mutter, Adam und Eva. Der Islam betrachtet sich nicht als eine besondere Gesellschaft mit Vorrechten unter den Menschen, sondern ist ausdrücklich verpflichtet, Gerechtigkeit und Güte allen Menschen, der Tierwelt und der gesamten Umwelt entgegenzubringen.

Der Islam garantiert die Freiheit der Religionsausübung, manifestiert im Koranvers: »Es gibt keinen Zwang im Glauben« (2:256) und: »Euch eure Religion und mir meine Religion« (109:6). Daraus leitet der Zentralrat der Muslime in Deutschland in seiner im Jahre 2002 herausgegebenen Islam-Charta ab: »Daher akzeptieren sie auch das Recht, die Religion zu wechseln, eine andere oder gar keine Religion zu haben.«

Es ist wichtig, dass Deutschland ein Zeichen setzt, dass wir zum Beispiel bereit sind, den Flüchtlingen zu helfen, dass wir bereit sind zu teilen, so wie dies unsere christliche, humanitäre, ja, aber natürlich auch humanistische, jüdische und muslimische Tradition uns nahelegt. Und ich bin mir sicher: Deutschland kann anders, Deutschland ist anders.

Tausende engagieren sich bei der Integration und Verständigung zwischen den Kulturen und Religionen. Ihnen rufen wir zu: Wir sind mit euch. Wir lassen es nicht zu, dass Hass und Zwietracht zwischen den Bevölkerungsgruppen gesät werden, dass mittels billiger Vorurteile und Ressentiments Islamfeindlichkeit und Ängste geschürt, Minderheiten kriminalisiert und als Sündenböcke missbraucht werden. Hier kommt den Religionen eine besondere Verantwortung zu. Denn Thora, Evangelium, die humanistischen Traditionen und der Koran, sie alle sprechen von der Würde des Menschen – jedes Menschen –, die es zu achten und zu verteidigen gilt. Das ist ein hohes Gut unserer freiheitlich-demokratischen Ordnung, deshalb ziert es auch unsere Präambel im Grundgesetz.

Werte der Demokratie, der Rechtsstaatlichkeit, der Gerechtigkeit und Menschenrechte müssen stets aufs Neue erkämpft und verteidigt werden gegen jede Art von Rassismus, religiösem Extremismus, politischem Fundamentalismus. Muslime haben hier ein vitales Interesse, dass religiöser Extremismus in ihren eigenen Reihen erkannt, ihm vorgebeugt und er bekämpft wird.

Die Erkenntnis der notwendigen Trennschärfe kam in Norwegen übrigens auch nicht von ungefähr, und sie war im wahrsten Sinne mörderisch und teuer bezahlt worden. Beim brutalsten Anschlag, den Norwegen je erlebt hat, ermordete der islamfeindliche Anders Behring Breivik, der sich selber als den wahren Christen bezeichnet, im Juli 2011 in Oslo und auf der Insel Utoya 77 Menschen. Ähnlich wie die Pariser Attentäter hat der Mörder sich nicht direkt über eine Gruppe radikalisiert, sondern galt als typischer Einzeltäter. Der damalige Ministerpräsident Jens Stoltenberg hat international Anerkennung für seine Reaktion erhalten, als er betonte: »Unsere Antwort lautet: mehr Demokratie, mehr Offenheit, mehr Menschlichkeit.«

Das muss auch unsere Antwort als Gläubige sein, gleich welcher Religion. »Nicht um die Wette leben, sondern unsere gemeinsamen Werte leben«, könnte das, an die im besten Sinne europäische Tradition angelehnte, Credo sein.

»Generation Allah« – Prävention, Integration, Toleranz

Seit Jahrzehnten gleicht die Situation der Muslime jener von Don Quijote und dessen ausweglosem Kampf gegen die Windmühlen. Wie kaum eine andere Religion auf dem Globus sind der Islam und die Muslime Zuschreibungen ausgesetzt, die den Islam leichtfertig zu einem Feindbild stilisieren.

Viele Muslime werden sich erinnern, wie lapidar der Begriff Dschihad hierzulande mit Heiliger Krieg wiedergegeben wurde und oftmals noch wird, gleichwohl schon die Vorstellung, ein Krieg könne heilig sein, dem Koran fremd ist. Manche Frustrierten wähnten schon, man solle doch einfach die missverständlichen Termini wie Dschihad und Scharia nicht mehr verwenden. Doch damit wäre der Aufklärung über den Islam nicht gedient, vielmehr würde dies bedeuten, Muslime müssten grundlegende Begriffe ihrer Religion verleugnen, nur weil sogenannte Islamexperten genauso wie fehlgeleitete muslimische Gruppierungen ihnen die Deutungshoheit über diese Begriffe streitig machen.

Paradigmenwechsel und Aufklärung

Die islamische Religionsgemeinschaft befindet sich seit geraumer Zeit in einer Umbruchphase vom Paradigma des Mittelalters hin zu einem Modernisierungsparadigma. Ein Umbruch, der sich bedauerlicherweise nicht friedlich vollzieht – wie es solche Umbrüche selten tun, man denke nur an die Geschichte der christlichen Religionsgemeinschaft. Dort, wo der Islam zu einer gewaltbereiten und gewaltverherrlichenden Ideologie umgedeutet wird, die andere Religionen und Lebensweisen abwertet, müssen Muslime hörbar einschreiten. Der Zentralrat der Muslime zum Beispiel tut dies seit Jahren – auch zum Ärger einer latent gewaltbereiten muslimischen Minderheit.

Die Aufklärungsarbeit des ZMD richtet sich an die muslimischen Jugendlichen, denen mit Verweis auf den Koran und auf die prophetische Überlieferung deutlich gemacht wird, dass ein Extremismus, der Gewalt gegen Andersdenkende und Zwangsmissionierung beinhaltet, dem Geist des Islam als Religion und zugleich dem deutschen Grundgesetz widerspricht.

Zugleich haben wir gesagt, dass es falsch sei, den Islam verallgemeinernd als repressiv und gewalttätig darzustellen. Dann wenden sich die jungen Leute aus Frust erst recht dem Fanatismus zu. Seit Jahren werbe ich dafür, den jahrelangen Einsatz der islamischen Religionsgemeinschaften im Kampf gegen religiösen Extremismus stärker anzuerkennen und die Verbände in Politik und Gesellschaft als Partner zu sehen. Wir müssen weg von dieser Spaltung in ›wir‹ und ›ihr‹. Der Islam ist, richtig verstanden, wie das die Mehrheit der Muslime zeigt, kein Hindernis für Integration. Im Gegenteil: Der richtig verstandene Islam immunisiert gegen Extreme, gegen Fanatismus. Unser Prophet betonte: »Die Völker, die sich dem Fanatismus hingeben, sind dem Untergang geweiht«, und ergänzte: »Ich warne vor dem Fanatismus – im Sinne der Übertreibung in der Religion.« Und er wiederholte diesen Satz dreimal hintereinander.

Den Kampf gegen Extremismus jeglicher Couleur müssen wir gesamtgesellschaftlich angehen und verstehen. Jahrelang haben wir dafür geworben: Unser Glaube ist Teil der Lösung und nicht Teil des Problems. Die internationalen Gallup-Umfragen oder das Religionsmonitoring der Bertelsmann-Stiftung untermauerten das mehrfach eindrucksvoll. Ihr Fazit: Je mehr ein Muslim sich in seinem Glauben auskennt, desto toleranter, ausgeglichener und moderater geht er mit Andersdenkenden, mit seiner Umwelt um. Desto leichter fällt es ihm, anzuerkennen, dass er in den Grundfesten der Demokratie, der Menschenrechte, der Religionsfreit, der Gleichheit von Mann und Frau ebenbürtige Positionen hat, die er nicht nur bejahen kann, ja eigentlich muss, sondern stets mit Wort und Tat unterstützt wird.

Moscheen als Heimat gefährdeter Jugendlicher

Diese Art der Herangehensweise würdigt die resozialisierende Rolle der Moscheegemeinden, ohne dabei die Mängel außer Acht zu lassen. Zum Beispiel die Tatsache, dass radikalisierte Jugendliche sich kaum in den Moscheegemeinden der etablierten muslimischen Religionsgemeinschaften radikalisiert haben und dass die Bildungseinrichtungen in den Gemeinden bisher noch äußerst dürftig und sie in der Ansprache an die Jugendlichen noch stark verbesserungswürdig sind. Dabei müssen wir bei unserer Arbeit auf eines besonders achten: Wenn muslimische Jugendliche von ihrer Moscheegemeinde zu Aufklärungs- und Präventionsprojekten eingeladen werden, sollte bei ihnen keinesfalls das Gefühl des latenten Generalverdachts entstehen, dem sie in Öffentlichkeit, Medien und zunehmend auch in der Schule ausgesetzt sind und den sie dann auch noch in der Moschee fürchten müssen. Die fatale Folge wäre, dass sie die Moschee meiden, weil sie sich selbst von der eigenen Moscheegemeinde ausgegrenzt fühlen.

Was uns, unserer Gesellschaft fehlt, ist Empathie für die Probleme der Jugendlichen. Und dem begegne ich nicht, indem ich das ohnehin schon angeknackste Selbstwertgefühl noch weiter schwäche, etwa wenn ich andeute: Erst wenn du dich von deinem Glauben lossagst, bist du frei beziehungsweise kannst du erst frei von Extremismus sein. Dahinter verbirgt sich die ebenso falsche wie fatale These: Religion ist das Grundübel allen Extremismus und Terrors. Doch Extremismus und Terror haben keine Religion. Wir müssen also Fragen stellen, die nicht auf eine Diffamierung der Religion hinauslaufen. Wir müssen im wahrsten Sinne des Wortes – und was die Wissenschaft schon immer gesagt hat – soziologisch, psychologisch darangehen. Nicht die Probleme islamisieren, wie das leider einige Protagonisten fälschlicherweise machen, sondern muslimische Jugendliche schichtenspezifisch, bildungsspezifisch und von ihren familiären und biografischen Bindungen her verstehen lernen und den Islam als Halt, nicht als Hindernis begreifen.

Was macht sie also anfällig für radikale Haltungen? Sind es negative Erlebnisse in der Familie, unter den Freunden, im Beruf, in der Gesellschaft? Sind es erlebte physische oder psychische Gewalterfahrungen? Wurde diese Person aufgrund ihrer religiösen Zugehörigkeit ausgegrenzt, oder wurde sie von ihrem Freundeskreis abgewiesen, weil sie den äußerlichen Ansprüchen der Clique nicht nachkommen wollte? Inwieweit spielen erlebte, empfundene oder bezeugte Ungerechtigkeitserfahrungen eine Rolle? Warum konnte diese Person in solch einer Situation nicht aufgefangen werden? Wie kann es sein, dass Sicherheitsbehörden von der Ausreiseabsicht eines Jugendlichen eher erfahren als ihre Familien? In welchem Stadium der Radikalisierung spielt die Religion eine Rolle?

Das sind die Fragen, denen wir uns in den nächsten Jahren widmen werden. Die Antworten werden hoffentlich in Lösungsangeboten mit den Gemeinden, aber und vor allem mit den Jugendlichen und den Eltern entwickelt und nicht gegen sie. Dabei sollten wir stets im Blick haben, dass ein guter Bürger, ein guter Muslim einen gesamtgesellschaftlichen Ansatz erkennen möge: Seine Gemeinde im weitesten Sinne endet nicht an den Toren der Moschee, sondern geht dort weiter. Er trägt Verantwortung für die Belange auch und gerade außerhalb seiner Moschee. Er ist Teil der deutschen Gesellschaft.

Vor diesem Hintergrund ist das Programm »Safer Space – Respekt und Teilhabe« des ZMD (seit November 2015) zu sehen. Über Partizipation und die Ethik der Religion will das Programm den Jugendlichen zu mehr Selbstbewusstsein verhelfen, indem sie erkennen, dass sie ihren Glauben nicht verleugnen müssen und dass ihr Handeln nicht im Gegensatz zu unserer freiheitlich-demokratischen Grundordnung steht. Der Islam wird dabei als Teil eines immunisierenden Schutzes gegen extremistische Strömungen und Gewalt begriffen. Den Jugendlichen werden Perspektiven eröffnet, und durch Bildung, Arbeit und gesellschaftliche Selbstverwirklichung wird ihnen das Gefühl vermittelt, dass sie wichtig für unser Land sind und zum Gemeinwohl aktiv beitragen können.

Das Programm, das auf vier Jahre vom Bund gefördert wird, erkennt erstmal ausdrücklich den Wert der muslimischen Gemeinden im Kontext der Prävention an und will sie bei ihrer Arbeit als Partner unterstützen.

Der muslimische Citoyen – Ummah statt Leitkultur

Heute neigen wir Muslime dazu, der sinnfreien Politik der Angst, der sich einige politische Parteien verschrieben haben, mit einem reflexartigen Re-Aktionismus zu begegnen. Wir schlittern von einer Reaktionsblase in die nächste Reaktionsblase und von einer Erregung in die nächste, um den Ideologen der Angst zu widersprechen. Die gestalterische Kraft der eigenen Initiative entgleitet uns dabei zusehends. Die Frage sei gestellt, ob tatsächlich alle öffentlich oder privat agitierenden Maulhelden die Anerkennung, Aufmerksamkeit und Beachtung, die sie durch unseren Widerspruch erfahren, verdienen.

Auch mir gelingt es zu selten, die uns vor die Füße geworfenen Fehdehandschuhe eben nicht aufzunehmen, selbst wenn dies mit unverhohlenen Hetztiraden oder subtilen, gegen den Islam gerichteten Untertönen geschieht. Der Agent provocateur genießt die ihm durch Aufmerksamkeit geschenkte Kurpackung, die ihm Muslime mit ihrer Neigung zum Re-Aktionismus gewähren.

Ein qualifizierendes Moratorium könnte vielleicht als praktische Option zur Überwindung einer in Sachen Islam weit verbreiteten und von Hochmut getragenen Debattenkultur, die sich auch in Form von geschwätzigen Talkshows präsentiert, ins Auge gefasst werden. Muslime werden so zu Akteuren. Sie sind nicht mehr Getriebene der selbst ernannten nichtmuslimischen »Experten« und sogenannten Islamkritiker, die von zwei Dingen überhaupt nichts verstehen: nämlich vom Islam und wie man Kritik betreibt.

Muslimische Bestandaufnahme

Ein flüchtiger Blick auf die aktuelle Qualität des Diskurses lässt auf-
merksame und interessierte Beobachter nicht selten zu dem Schluss
kommen, dass dieser vielerorts nur dazu dienen soll, der verschreck-
ten Öffentlichkeit ein Islambild zu vermitteln, das den Islam als für
die Moderne ungeeignet betrachtet, als unfähig, auf die Komplexi-
tät der heutigen Welt zu reagieren. Nun hascht der Kritiker nach
Aufmerksamkeit, und wie kann man das am besten? Seine populistischen, pauschalen – und inhaltlich wider besseres Wissen formulierten – Aussagen über den Islam sind schäbig und eines Philosophen solchen Ranges unwürdig. In einem Artikel heißt es allen
Ernstes: »Mit dem Islam lässt sich keine authentische Zivilgesellschaft führen.« Diese Aussage tätigte Peter Sloterdijk unlängst. Zudem billiger Alarmismus: »Asylanten überrollen uns.« Solche Ein-
würfe haben ihm zu Recht Kritik eingebracht. Schmallippig warf er
seinen Widersachern vor, eine zunehmend reflexartige Debattenkultur in Deutschland zu pflegen. Als der »Staatsphilosoph« Peter
Sloterdijk damals noch das *Philosophische Quartett* moderierte, habe
ich einige seiner Auftritte bewundert. Auf die Bitten Martin Wal-
sers, den er in seiner letzten Sendung eingeladen hatte, er möge
doch weitermachen, sagte er, er freue sich, sich nun wieder nur auf
die Philosophie zu konzentrieren und dass nun die Neider in einem
erheblich kleineren Umfang auf ihn eindreschen würden. Das fand
ich bemerkenswert. Scheinbar hat ihm das Abtauchen in nicht-
populäre Gefilde aber nicht so gutgetan.

Fortwährend ist die Rede von der Notwendigkeit einer »islamischen
Aufklärung«, als ob die Mechanismen der historischen Konfronta-
tion zwischen Aufklärung und kirchlichem Christentum auf den
Islam überhaupt angewendet werden können. Ein selbst auferlegtes
Moratorium, aber kein Dialog des leeren Stuhles könnte langfristig
den scheinheiligen Diskurs, der der breiten Öffentlichkeit gegenwärtig als Versuch der Annäherung präsentiert wird, als Scharade
demaskieren.

Dennoch, Muslime müssen eingestehen, dass die Notwendigkeit einer – keinesfalls in der durch das Christentum vorgegebenen Bedeutung – Aufklärung nicht von der Hand zu weisen ist. Aber nicht der Islam trägt Verantwortung für die derzeitige Misere in der muslimischen Welt, sondern es sind, neben einer Vielzahl von externen Faktoren, Subjekte, Menschen, Muslime eben selbst, die ihren Anteil zu dieser Misere beitragen. Eine selbstkritische Nabelschau in dieser Situation wird zeigen, dass der Allgemeinzustand des gegenwärtigen muslimischen Geistes in fast allen Belangen überholungsbedürftig ist. Negative Bewertungen des Islam in Gesellschaften mit nichtmuslimischen Mehrheiten ausschließlich dem erfolgreichen Wirken der professionellen nichtmuslimischen Hassprediger zuzuschreiben, wäre zu kurz gegriffen und heuchlerisch.

Der Islam lehrt den Muslim, sich in seinem gesellschaftlichen Umfeld vorbildlich zu verhalten, dies gilt vor allem in Gesellschaften, in denen sich Muslime in der Minderheit befinden. Das Geschwätz der selbst ernannten und auf Bestsellerlisten schielenden Islamexperten, die dieses Verhalten als Täuschungsmanöver beziehungsweise Taqqiya diskreditieren, können Muslime dabei getrost ignorieren.

Muslime, die in europäischen Gesellschaften beheimatet sind, müssen aus ihrem bisweilen tiefen Schlummer aufwachen, sich von ihrem gelegentlichen Selbstmitleid verabschieden und damit aufhören, einer glorreichen Vergangenheit nachzutrauern. Die nostalgische Erinnerung an eine eindrucksvolle muslimische Vergangenheit, die sich in Europa zum Beispiel in Cordoba, Granada, Malta, auf dem gesamten Balkan oder auch in Istanbul in großer Vielfalt manifestiert, kann uns vielmehr helfen, Energien zu entwickeln, um die bittere Wirklichkeit von heute, in der sich Muslime verfangen haben, zu verstehen. Das Zeitalter der ausgeprägten zivilisatorischen, wissenschaftlichen und kulturellen Blüte in den muslimischen Ländern war das Ergebnis von harter Arbeit und ebenso leidenschaftlicher wie auch fleißiger, gottergebener Bemühung. Das Wissen um eine prächtige Geschichte, die zum festen Bestandteil des kollektiven muslimischen Gedächtnisses geworden ist, kann eine, aber eben nicht die einzige Grundlage sein für die erfolgreiche und konstruktive Gestaltung unserer Zukunft in einem multikulturellen, multireligiösen Europa. Gerade Europa bildet und bietet aufgrund seiner geografischen, ethnischen, religiösen und kulturellen Vielfalt die beste Voraussetzung für einen konstruktiven, fruchtbaren Umgang mit Vielfalt und Multikulturalität.

Muslime in der Verantwortung

Muslime sind aufgefordert, die Gegenwart mitzugestalten. Die muslimische Gemeinschaft entwickelte sich auf der Basis der reformatorischen Kraft in der menschlichen Geschichte. An ihrem Anfang stand das Wort »Iqra«, das erste dem Propheten Mohammed hinabgesandte Wort des Koran; es ist das arabische Wort für »Lies«, und ist damit eine unmissverständliche Aufforderung zur Wissenserweiterung. Doch die muslimische Wissensgemeinschaft hat sich von diesem Auftrag weit entfernt. Die Zahl der Haushalte in muslimischen Mehrheitsgesellschaften, die über Bücher verfügen, geschweige denn über eine kleine Bibliothek, ist enttäuschend gering. Der Mangel oder das Fehlen von authentischem Wissen ist der muslimischen Welt und auch der deutschen Muslime größtes Handicap. Im Gegensatz zu den grundlegenden, Veränderung fordernden Lehren des Islam neigen Muslime nicht selten dazu, ihre Religion auf eine mechanische Praxis der Rituale zu reduzieren. Dies macht es schwierig, Verständnis zu entwickeln und Nichtmuslimen die Angst vor dem Islam zu nehmen.

Die berechtigte Forderung, in nichtmuslimischen Mehrheitsgesellschaften objektiv und vorurteilsfrei beurteilt und nicht aufgrund von Religionszugehörigkeit verurteilt beziehungsweise auf ein gesellschaftliches Abstellgleis geschoben zu werden, kann nur schwer in Abrede gestellt werden, wenn Muslime auch Vertrauen durch Klarheit im Handeln erlangen.

Dies ist mitnichten ein Aufruf zum Opportunismus oder zur Unterwürfigkeit, sondern ein Aufruf zur zuverlässigen Partnerschaft im Sinne der Lehren des Islam, eine Aufforderung zur analytischen Loyalität, ein Appell, den inneren Maßstäben der Gerechtigkeit zu dienen, eine Befürwortung der Praxis uneingeschränkter Gerechtigkeit und Aufrichtigkeit.

Der muslimische Citoyen

Das islamische Konzept der Ummah kann einem Muslim das Verständnis für die Konzeption eines Citoyen in der Moderne vermitteln, eines lokal wie auch global denkenden und agierenden Individuums, das sich darum bemüht, seiner Verantwortung im Leben lokal wie auch global gerecht zu werden. Ein muslimischer »global citizen«, der sich zum Beispiel gleichermaßen für Umweltschutz und gegen jede Form von Rassismus vor seiner Haustür wie auch für die Einhaltung der Menschenrechte im Mittleren Osten einsetzt. Mit dieser Haltung und diesem fundamentalen Verständnis von Ummah werden Muslime in Europa mittel- wie auch langfristig mehr Anerkennung für ihre gerechten Anliegen erlangen können. Dieses Verständnis von Ummah ist keine Errungenschaft modernen muslimischen Denkens. Es knüpft vielmehr an die vom Propheten des Islam begründete erste Ummah im Stadtstaat Medina an. Es ist aber ebenso der Tradition der »Fraternité« der Französischen Revolution oder des Schiller'schen Gedankens »alle Menschen werden Brüder« verhaftet. Diese Ummah war multikulturell und multireligiös aufgestellt, und nur aus diesem Grund war sie in der Lage, den jahrelangen Diffamierungen erfolgreich zu widerstehen. Eine so definierte Basis eines neuen Verständnisses von WIR wäre auch heute vollkommen auf der Höhe der Zeit.

Wir stehen vor der großen Herausforderung, diesen vielversprechenden Geist wieder zu entdecken und zu beleben. Die kreative und selbststabilisierende, den Charakter formende Kraft wird uns aus der Lethargie, in die wir uns schon seit so vielen Jahren verirrt haben, führen. Muslime müssen wieder begreifen, dass der Islam in seiner ganzen intellektuell anspruchsvollen Tiefe und seiner zivilisatorischen Kraft keineswegs in einem Konflikt mit den weltlichen Gesetzgebungen ihrer europäischen Heimatgesellschaften steht.

Europa bietet Muslimen, die bereit sind, die Herausforderungen in der Ummah anzunehmen, den intellektuellen Freiraum, um nicht nur aktiv an einer Neuausrichtung dieses Denkens mitzuwirken, sondern diese auch einzuleiten. Dabei können wir Muslime in Europa um das ideologische und schwammige Schlagwort »Integration« einen großen Bogen schlagen.

Nach Oslo und nach mehr als tausend registrierten Gewalttaten rechtsradikaler Täter in Deutschland allein im Jahr 2015 müssen sich die Verfechter der sogenannten Leitkultur zudem fragen, ob es nicht langsam an der Zeit ist, die fortwährende Diffamierung des Begriffes Multikultur zu beenden. Der Massenmord von Oslo, der europaweite Wildwuchs rechtsnationaler Parteien, die wie ein Katalysator für unzählige mörderische Gewalttaten wirken, muss als Fanal für einen uniformierenden Leitkulturalismus angesehen werden. Diese besorgniserregenden Entwicklungen, die Europa verraten, ist auch das Resultat einer sich in Europa seit Jahren bahnbrechenden ideologisch geprägten Verhetzung von Islam und Muslimen.

Muslime müssen nicht vor allem integriert werden, sie sind bereits ein unbestreitbarer Teil der europäischen Gegenwart und der Geschichte Europas, eine Tatsache, die viele Agitatoren in ihr beschränktes Verständnis von Europa nicht integrieren können und wollen. Muslime sind nicht zu Gast in den europäischen Gesellschaften, sie sind integraler Teil dieser –, ihrer europäischen Heimat. Jenseits des materiellen Beitrags, den Muslime in ihren europäischen Heimatgesellschaften leisten, fordert der Islam Muslime dazu auf, ihre Umgebung mitzugestalten, weiterzuentwickeln und ihr Angebote zu machen. Auch hier muss ein Umdenken unter Muslimen stattfinden.

Die langjährige zähe und weiterhin ergebnisoffene Auseinandersetzung zwischen Muslimen und staatlichen Institutionen hinsichtlich der rechtlichen Verortung des Islam im Gefüge des Gemeinwesens sollte Muslimen in Europa Anlass sein, sich zum Beispiel der großartigen Tradition des »Waqf«, des Islamischen Stiftungswesens, zu erinnern. Nur auf diese Weise kann die Unabhängigkeit der Islamologie gewahrt werden, eine Grundvoraussetzung, um in der muslimischen Lehre und der Lebenspraxis Tradition und Moderne jenseits jeglicher politischer Einflussnahmen wieder miteinander in Einklang zu bringen.

Muslimen in Europa wird eine Atmosphäre von Freiheit und Unabhängigkeit des Denkens geboten, um die sie Muslime in Ländern mit muslimischen Mehrheiten beneiden. Muslime in Europa sollten diese optimalen Bedingungen nutzen, doch weder im Interesse eines obskuren, konturlosen und entmündigten »Euro-Islam« noch eines Neo-Salafismus, der in Wirklichkeit eine folkloristische und bisweilen gefährliche Protestbewegung ist.

Muslime in Europa sollten erkennen, dass sie eine Verantwortung gegenüber der Gesellschaft, in der sie leben, tragen. Sie müssen sich dem Wettbewerb der Ideen stellen, im Interesse einer neuen Nachdenklichkeit und Nachhaltigkeit, um den »Islam als Barmherzigkeit« im Herzen von Europa zu entwickeln und zu positionieren. Zum Nutzen Europas und zum Wohle der Schöpfung im Allgemeinen und nicht zuletzt im Dienst ihrer Träume von einer besseren Zukunft. Jenseits politischer Grabenkämpfe, von denen Muslime sich nicht allzu sehr irritieren lassen sollten, können sie das auch in Deutschland sehr gut tun. Muslime sind freie Bürger dieses Landes, die sich ihrer Pflichten und ihrer Rechte bewusst sind, Pflichten, denen sie nachkommen müssen, und Rechte, die sie selbstverständlich in Anspruch nehmen dürfen.

Muslime bereichern Deutschland und machen dieses Land lebenswerter. Muslime sind Teil der Zivilgesellschaft, sie gestalten und verändern diese Gesellschaft. Manchmal fordern sie diese auch heraus. Und natürlich müssen sie die Gegenwart konstruktiv und positiv herausfordern, denn nur so können Muslime die Zukunft Deutschlands und Europas mit aufbauen und mit gestalten, und exakt das ist auch gut so.

Mut zum »Gutmenschen«: Ausblick

ANS LICHT

(Die Engel sprachen)
Sag deiner Seele,
sie soll ihr
schönstes Kleid tragen
heute Abend noch.
Sag ihr,
es ist soweit:
GOTT gab Seinen Segen
Was nun geschieht,
führt näher heran ans Licht.

Aiman Mazyek

Blick auf eine unruhige Welt

Das Jahr 2015 stellte mir mit der Flüchtlingskrise und mit dem Terror muslimischer Attentäter in Europa eine Vielzahl von Aufgaben. Mit den Anschlägen von Brüssel kündigte sich auch 2016 mit neuen Herausforderungen an. Oft wurde ich getrieben von einem Terminkalender ohne Erbarmen, der sich wiederum an Geschehnissen und Katastrophen orientierte, die noch unbarmherziger waren. Wie zum Beispiel der auf die völlige Vernichtung einer Zivilisation hinauslaufende Krieg in Syrien, der Heimat meines Vaters. Infolge dieses und vorausgegangener Kriege, die insbesondere im Nahen Osten geführt werden, wurden 60 Millionen Menschen weltweit in die Flucht getrieben. Viele sind zu uns nach Deutschland gekommen. Die Terroranschläge in Paris und Brüssel in den Jahren 2015 und 2016 haben mich zutiefst erschüttert. Wieder einmal sind vollkommen irregeleitete, kriminelle (mutmaßlich) Muslime ihrem wilden und blinden Hass gefolgt und haben sich zu Taten hinreißen lassen, die keine Religion der Welt rechtfertigt. Die Auseinandersetzung mit diesen Geschehnissen und die damit zusammenhängenden notwendigen Reaktionen auf der politischen und medialen Ebene, die von einem Vorsitzenden einer muslimischen Religionsgemeinschaft erwartet und ihm abverlangt werden, haben mich viel Kraft und Geduld gekostet.

Vieles davon würde ich genauso wieder tun, manches würde ich korrigieren. »Es gibt nichts Gutes, außer man tut es«, sagte dazu Erich Kästner. Doch wer etwas tut, macht Fehler. Und wer nichts tut, macht bekanntlich den größten Fehler.

Ich habe mir vorgenommen, mich gegen die Zyniker und Quacksalber – also die Experten, wie sie auch genannt werden wollen – mehr zur Wehr zu setzen. Jene, die alles zerreden, bevor etwas überhaupt das Licht der Welt erblickt. Die Bedenkenträger, die sich in ihrer Boshaftigkeit, ihrem Nihilismus und ihrem Argwohn genüsslich suhlen und die mit so wenig Herz, Liebe und Barmherzigkeit ausgestattet sind. Die jeden als »Naivling« und »Gutmenschen« – ja, warum soll man sich eigentlich nicht darum bemühen, ein guter Mensch zu sein? Schlechtmenschen gibt es doch zur Genüge! – bezeichnen, der versucht, in einer Welt mit so viel Krieg und Leid jeden noch so abwegigen Glauben an den Frieden nicht zu verlieren, nichts unversucht zu lassen und nicht gleich die Flinte ins Korn wirft, wenn es mal wieder hart auf hart kommt.

Realismus nennen sie das auch, diese Anti-Gutmenschen. Gut gemeint ist nicht gleich gut gemacht. Stimmt. Aber die Welt weint derzeit, nicht weil es zu wenig Realisten gibt, sondern weil es zu viele von jenem hartherzigen, nur nach Gewinn und Profit strebenden Homo oeconomicus gibt. Die Welt ächzt derzeit unter der Last der Verantwortungslosen, derer, die nie einen Fehler, nie irgendeine Schuld bei sich sehen, aber mit brillanter Diagnostik die Fehler der anderen glauben entlarven zu können. Die überall Verschwörung und Ideologie vermuten, sobald sie ihre eigenen Interessen gefährdet sehen, selbst aber als Ideologie-Bulldozer alles plattmachen. Wie war das noch einmal mit dem Splitter und dem Balken im Auge?

Gutes tun und Schlechtes wehren

Lasst uns denen, die es gut meinen, wieder mehr zutrauen und sie ermutigen weiterzumachen; lasst uns ihnen noch mehr Sympathie und Unterstützung schenken. Ohne die vielen FlüchtlingshelferInnen, die meisten Guten in der Polizei, in den Ausbildungsstätten und an den Arbeitsplätzen dieser Republik, ohne das große Herz der wohlmeinenden Gutmenschen könnte Deutschland die Arbeit für die vielen Schutzsuchenden, die zu uns kommen, nicht stemmen. Anstatt aber »realistisch« jeden Tag mit einem Blick auf den Ladezustand der gesellschaftlichen Batterie die Tagesleistung auszurechnen und zu mutmaßen, wann die Grenze der Belastbarkeit erreicht sein wird, heißt das Zauberwort für unsere Zeit: tun. Also selbst Hand anzulegen, die Ärmel hochzukrempeln und so die Batterie wieder aufzufüllen, den anderen zu entlasten und so neue Kräfte zu mobilisieren.

Der Prophet Mohammed sagte einmal, dass jede Tat ursprünglich aus einer Absicht besteht. Wenn diese gut ist, wird sie vom Schöpfer schon als gute Tat angenommen.

»Gutes tun und Schlechtes verwehren«, so heißt es im Koran. Möge dies weiterhin unser Leitspruch sein. Geben wir der Hoffnung auf Frieden stets eine Chance, und lassen wir uns nicht vom Zynismus und Nihilismus der Anti-Gutmenschen – der Schlechtmenschen – in die Irre und ins Verderben leiten. Sie wollen uns weismachen, dass diese Hoffnung auf Frieden nur etwas für Träumer ist. Das ist naiv, das ist völliger Quatsch.

Ich weiß, die Erfahrung des eigenen Scheiterns, das Erleben des Scheiterns der Anderen könnte gegen diesen Mut zur Hoffnung sprechen. Aber wir sollten stets aufs Neue Hoffnung in uns keimen lassen, damit etwas Gutes entstehen kann. Nur so werden und bleiben wir Menschen. Nur so werden Veränderungen zum Guten sich ergeben. Wer in den Menschen keine Hoffnung mehr setzt, der setzt letztlich auch keine Hoffnung und kein Vertrauen in Gott. Er hat uns als Menschen geschaffen, die Fehler machen, die aber auch bereuen und sich aufrappeln und sich gegen den eigenen »inneren Schweinehund« wenden können. Ja, genau dies ist Dschihad, und nichts anderes. Trotz der Erfahrung des Scheiterns erneut die Kraft zu finden, wieder aufzustehen. Nach der Flut sein Haus wieder aufzubauen, auch wenn es Mühe und Kraft kostet. Das Scheitern, der Versuch, den Krieg hinter sich zu lassen und das Pflänzchen des Friedens und der Versöhnung zu hegen und zu pflegen. Das ist wahrer Dschihad. Doch das ist mühselig, oft sehr schmerzhaft, wird selten anerkannt, und es braucht einen langen Atem und echten Mut. Das ist kein kurzweiliger Wochenendtrip. Das Leben ist also kein 100-Meter-Sprint, sondern ein Marathonereignis. Diese Herausforderung kann nicht mit einem kurzweiligen Interesse an der Sache bewältigt werden, und sie verspricht selten den Heldentod. Gutmensch zu sein ist nicht einfach, da haben es die Schlechtmenschen zugebenermaßen leichter.

Und schließlich: Die Kraft der Versöhnung und des Friedens in uns wachzuhalten, bedeutet, neben dem Mut, das eigene Scheitern einzukalkulieren, auch unserer Umgebung, unseren Mitmenschen und Freunden, ja, selbst unseren Widersachern die Chance einzuräumen, dass sie ihre Position korrigieren, sich verändern, ihre Fehler einsehen und sich so ändern können. Schließlich nehmen wir das für uns doch auch in Anspruch.

Dank

Als hoffentlich gläubiger Mensch danke ich zunächst meinen Herrgott. Ihm verdanke ich in erster und letzter Linie, dass ich meinen Weg bis hierher gehen konnte. Gott ist mir näher als meine Halsschlagader (Koran 50:16). Im Heiligen Buch verspricht er, dass er keiner Seele mehr aufbürdet, »als sie zu tragen vermag« (2:286.) Und für dieses Versprechen möchte ich ihn erneut preisen.

Natürlich danke ich meinen Eltern, ohne die ich nicht das geworden wäre, was ich bin, die mir bis heute Liebe, Geduld, Ausdauer und Gottvertrauen mitgeben und vorleben.

Ich danke meiner Familie, insbesondere meiner Frau und meinen Kindern, die sich viel zu oft meinem Terminkalender beugen und auf ihren Ehemann oder Vater verzichten müssen, die mir stets Trost und Unterstützung spenden und auch kritische Wegbegleiter sind.

Ich danke allen meinen Lebenslehrerinnen und Lehrern, meinen Freunden aus Schule, Studium, Gemeindeleben, Beruf und Alltag, darunter viele Muslime, eine ganze Reihe Christen, nicht wenige Juden und Atheisten, deren Namen ewig in meinem Herz eingraviert sind. Ihnen habe ich so viel zu verdanken, dass die wenigen Zeilen der Danksagung dafür nicht ausreichen würden. Zudem habe ich bewusst – aus Rücksicht vor ihrer Privatsphäre in unruhigen Zeiten und insbesondere im Kontext von »Islam, Integration und Gedöns«, wie ich es manchmal etwas flapsig beschreibe, – auf ihre Namensnennung verzichtet.

Ich danke meiner Lektorin Eva Rosenkranz; ohne sie hätte das Buch nie das Licht der Welt erblickt. Das gilt ebenso für Belal El-Mogaddedi. Dem C.-Bertelsmann-Verlag danke ich herzlich, dass dessen Team die Realisierung des Projekts von Anfang an unterstützt hat.

Anhang

Muslime stehen auf gegen Hass und Gewalt

Aktion und Rede am Brandenburger Tor
Berlin, 13. Januar 2015

Vom Brandenburger Tor ging am 13. Januar 2015 ein wichtiges, klares Signal in die Welt. Viele tausend Menschen kamen auf den Pariser Platz, Vertreter aller muslimischer Verbände, des Zentralrats der Juden in Deutschland, der Kirchen, aus Zivilgesellschaft und Politik haben bei der Mahnwache nach den Anschlägen auf die Redaktion von *Charlie Hebdo* und in einem jüdischen Supermarkt in Paris deutlich gemacht: Wir stehen hier alle gemeinsam zusammen, um gegen jede Form von Terror und Gewalt und für ein weltoffenes, tolerantes Land zu demonstrieren.

Der Impuls, so auf die Ereignisse zu reagieren, entspricht seit Jahrzehnten der gesellschaftlichen Verantwortung als Muslime und unserem Selbstverständnis als Religionsgemeinschaft in Deutschland. Bereits drei Monate zuvor, am 19. September 2014, haben wir übrigens zusammen mit den anderen muslimischen Verbänden – DITIB, Islamrat und VIKZ – nach dem Freitagsgebet in mehr als 1500 Moscheen mit der Aktion »Muslime stehen auf gegen Hass und Unrecht« bereits in ähnlicher Weise alle Formen von Gewalt öffentlich verurteilt. Damals begrüßten dies Spitzen der Kirchen, der Politik und der Zivilgesellschaft und nahmen aktiv Teil durch den Besuch des Freitagsgebets und der anschließenden Mahnwachen in etwa zwanzig deutschen Städten.

»Wir alle sind Deutschland!«

Nachfolgend die Rede, die ich an jenem Tag am Brandenburger Tor gehalten habe:

»Sehr geehrter Herr Bundespräsident Gauck, sehr geehrter Herr Altbundespräsident Wulff, sehr verehrter Herr Bundestagspräsident Lammert, sehr geehrte Partei- und Fraktionsvorsitzende, sehr geehrte Abgeordnete des Deutschen Bundestages, sehr geehrte Frau Bundeskanzlerin Merkel, sehr geehrte Mitglieder der Bundesregierung, sehr geehrte Vertreterinnen und Vertreter europäischer Organe und Organisationen, sehr geehrter Herr Regierender Bürgermeister Müller, sehr geehrte Herren Ministerpräsidenten, sehr geehrte Abgeordnete des Abgeordnetenhauses, Vertreterinnen und Vertreter der Parteien und alle politisch Verantwortlichen, die Sie hier sind, – seien Sie alle herzlich gegrüßt.

Eine besondere Ehre und Freude ist es mir, unter uns den französischen Botschafter, Seine Exzellenz Philippe Etienne, zu begrüßen. Mit ihm heiße ich alle Vertreter der Botschaften willkommen.

Ebenso herzlich begrüße ich die Vertreter aller Kirchen und Religionsgemeinschaften, die hier sind, stellvertretend den Vizepräsidenten des Zentralrats der Juden, Herrn Abraham Lehrer, Herrn Bischof Markus Dröge und Herrn Weihbischof Matthias Heinrich. Und ich freue mich, dass mit mir und hinter mir Vertreterinnen und Vertreter aller wichtigen muslimischen Verbände in Deutschland stehen, die Herren Erol Pürlü, Sprecher des Koordinationsrates der Muslime, Nevzat Yaser Asikoglu, Präsident der DITIB, Ali Kizilkaya, Vorsitzender des Islamrates und Seyfi Ögütli, Generalsekretär des VIKZ. Ich freue mich, dass so viele Vertreterinnen und Vertreter von wichtigen Organisationen der Gesellschaft, aus Kultur und Medien hier sind und natürlich viele, viele aus der Zivilgesellschaft. Viele müsste ich noch nennen, doch stattdessen heiße ich Sie alle, die hier sind, willkommen und sage von ganzem Herzen Dank, indem ich Ihnen den Friedensgruß entbiete: Assalamu alaikum – Der Friede sei mit Ihnen.

Vergangene Woche hat uns alle der Schock der brutalen Terroranschläge in Paris erreicht.

Heute wollen wir alle unsere Solidarität mit dem französischen Volk zum Ausdruck bringen. Wir trauern, geehrter Herr Botschafter Philippe Etienne, mit Ihnen und den Familien der Opfer! Wir trauern mit den Hinterbliebenen, den Freunden und Kollegen der 17 Ermordeten! Und wir trauern mit den Hinterbliebenen, die durch Terror weltweit in diesen Tagen und Wochen ihre Angehörigen und Liebsten verloren haben.

Ihr Schmerz ist ein Appell an uns, Verbundenheit zu zeigen.

Meine Damen und Herren, ich bitte Sie deshalb: Lassen Sie uns gemeinsam der Toten mit einer Schweigeminute gedenken. Vielen Dank.

Als Muslime, die in Deutschland leben, haben wir zu dieser Mahnwache eingeladen. Die Tatsache, dass heute Abend so viele Menschen zusammengekommen sind, die Tatsache, dass der Bundespräsident, die Bundesregierung, die Opposition, ein Großteil des Kabinetts, die Partei- und Fraktionsspitzen, alle wichtigen Vertreter der Muslime, der Kirchen, die Vertreter der Juden und der zivilen Gesellschaft unserer Einladung Folge geleistet haben, dass Sie hier alle so geschlossen zusammenstehen und Gesicht zeigen, ist ein unbeschreibliches Gefühl. Es erfüllt uns mit Demut. Ich danke Ihnen, ich danke Gott für dieses gewaltige Zeichen des Respektes, der Solidarität und Anerkennung. Dadurch machen wir gemeinsam sichtbar:

Die Terroristen haben nicht gesiegt. Und Terroristen werden auch in Zukunft nicht siegen!

Heute sagen wir mit den Franzosen und ganz vielen Menschen in Europa und in der Welt: »Je suis Charlie.« Redakteure und Zeichner der Zeitung *Charlie Hebdo* wurden ermordet. Bei aller Kritik am Inhalt: Journalist/innen, Künstler/innen und Satiriker/innen müssen die Freiheit haben, das Wort zu erheben und das Bild sprechen zu lassen. Für Einschüchterung und Gewalt gibt es keine Rechtfertigung! Wir müssen jeden schützen, der in Freiheit lebt!

Kaltblütig erschossen wurde auch der Polizist Ahmed Merabet, ein Franzose mit tunesischen Wurzeln, der an den Tatort kam, um zu helfen. Wir danken ihm und allen Polizisten und Sicherheitskräften, die ihr Leben einsetzen, um unsere Grundrechte, die Grundrechte einer offenen Gesellschaft, zu verteidigen. Deshalb sagen wir auch: »Je suis Ahmed.«

In einem jüdischen Supermarkt wurden ebenfalls Menschen kaltblütig ermordet. Dort arbeitete auch Lassana Bathily, ein junger Mann, der in einem Flüchtlingsheim in Frankreich aufgewachsen ist. Ein Muslim, der seine jüdischen Kollegen als seine Familie bezeichnet. Es muss wie Hohn für die Attentäter klingen, dass ausgerechnet ein Muslim durch seine Geistesgegenwart vermutlich viele jüdische Menschenleben gerettet hat. Deshalb will ich auch sagen: »Je suis Juif«, »je suis Musulman«.

Für uns Muslime ist es so, als ob unsere Geschwister in dem jüdischen Supermarkt, in den Redaktionsräumen von *Charlie Hebdo* oder als Polizist auf der Straße von Paris getötet worden sind.

Wir haben eben eindrucksvoll Verse aus dem Koran gehört, darunter den Vers, welcher sich auch in der Thora und im Alten Testament wiederfindet: Wer einen Menschen ermordet, tötet die gesamte Menschheit.

Die Thora, das Evangelium, der Koran, Humanismus und Aufklärung, sie alle sprechen von der Würde des Menschen – **jedes Menschen** –, die es zu achten und zu verteidigen gilt. Das ist ein hohes Gut unserer freiheitlich-demokratischen Ordnung, damit beginnt unser Grundgesetz.

Die Terroristen wollten den Propheten rächen? **Nein**, sie haben mit ihrer Tat die größte Gotteslästerung begangen. Unser Prophet hat einmal gesagt: »Der Beste unter euch ist der, der den Menschen am nützlichsten ist.« Das muss unser aller Ziel sein!

Die Täter haben den Islam mit ihrem fürchterlichen Akt verraten und seine Prinzipien in den Schmutz gezogen. Der Bruder des getöteten muslimischen Polizisten sagte: »Der Islam ist Liebe. Mein Bruder ist von Terroristen getötet worden. Es waren falsche Muslime.«

Die Terroristen wollten unserer freiheitlichen Gesellschaft einen Schlag versetzen? Nein, wir sagen heute unmissverständlich an die Adresse dieser Attentäter, an die Adresse aller Terroristen, ihrer Rädelsführer und Anstifter, wir sagen den religiösen Extremisten und geistigen Brandstiftern:

Wir werden es nicht zulassen, dass unsere Religion missbraucht wird. Wir werden es nicht zulassen, dass unsere Gesellschaft von Extremisten, die nur das Ziel haben, Hass und Zwietracht zu stiften, auseinandergerissen wird.

Es muss euch Attentäter wirklich wehtun, zu sehen, dass ihr damit scheitern werdet, einen Keil in unsere vielfältige Gesellschaft zu treiben. Denn wir stehen umso stärker zusammen, wie man unter anderem hier und heute sehen kann.

Und wir Nichtmuslime und Muslime werden uns noch mehr bemühen, gerade jetzt. Wir werden uns noch mehr engagieren, aktiv sein und kritische Mitglieder unserer Gesellschaft und Gemeinschaften sein. Viele junge Menschen werden sich noch stärker in Bildung und Ehrenamt einbringen und dieses unser Deutschland weiter voranbringen.

WIR STEHEN ZUSAMMEN UND ZEIGEN GESICHT.

Heute setzen wir hier gemeinsam mit den Muslimen ein starkes Zeichen des Friedens und der Toleranz, ein klares Bekenntnis gegen Hass und Gewalt. Wir senden eine klare Botschaft aus Berlin, nach Deutschland und in die Welt hinaus:

Ob religiös oder nicht, ob Jude, Christ, Muslim oder mit einem anderen Glauben: Uns eint, dass wir der Gewalt und Intoleranz entgegentreten.

Gemeinsam stehen wir für ein weltoffenes, herzliches Deutschland ein, welches die Meinungs-, Presse- und Religionsfreiheit in Ehren hält, achtet und schützt.

Wir alle sind Deutschland!«

Bei einer Friedenskundgebung zur Erinnerung an Marwa El-Sherbini in Dresden sagte ich im Jahr 2009:

»Marwa El-Sherbini ist das bisher tragischste Opfer unserer muslimischen Schwestern, die unter Demütigungen, Verdächtigungen und Diskriminierungen zu leiden hatten. Marwa ist auch Opfer der Hetze und Verleumdungen, die spätestens seit der Zeit der Entscheidung zum Kopftuchverbot im öffentlichen Dienst und auf einschlägigen Internetseiten betrieben werden. Die insbesondere an ihrer Kleidung erkennbaren muslimischen Frauen sind unterdessen weitgehend gesellschaftlich und menschlich abgewertet. Wir appellieren an das Gute und die Gerechten in unserem Land, dass jeder an seinem Platz für die Liebe unter den Menschen und die Achtung vor der Glaubensüberzeugung jedes Einzelnen werben möge. Marwas Tod hat uns in Angst und Schrecken versetzt. Die Politik muss endlich die Islamphobie in unserem Land ernst nehmen.«

Die Pharmazeutin und Doktorandin Marwa El-Sherbini wurde am 1. Juli 2009 im Dresdner Gerichtssaal vor den Augen der Richter, ihres Mannes und ihres dreijährigen Sohnes mit 18 Messerstichen brutal ermordet. Der Täter, das geht aus seinem Brief an das Gericht hervor sowie aus den Äußerungen, die er gegenüber dem Opfer mehrfach gemacht hatte, handelte aus antimuslimischem Rassismus. Der Ehemann, der seiner Frau zu Hilfe eilte, wurde ebenfalls vom Mörder und von einem später herbeieilenden Polizisten, der ihn fälschlich für den Täter hielt, lebensgefährlich verletzt. Der Täter wurde zu lebenslanger Haft verurteilt. Mitten in der Verhandlung vor dem Landgericht Dresden hatte der Angeklagte Alexander W. (28) eine 32 Jahre alte Zeugin, die ägyptische Apothekerin Marwa El-Sherbini, mit einem Messer getötet. Er konnte zuvor ungehindert die Tatwaffe in den Gerichtssaal mitbringen. Offensichtlich war die Tat im Vorfeld geplant. Der 28 Jahre alte Täter, ein Deutscher, dessen Familie in den späten Achtzigerjahren im Rahmen des Programms »Eingliederung der Deutschen aus der ehemaligen Sowjetunion« nach Deutschland kam, wurde erst nach der Tat überwältigt. Die zu spät hinzu gerufene Polizei hat wegen des Handgemenges zudem unglücklicherweise das Feuer auf den Ehemann eröffnet, der im Begriff war, seine im dritten Monat schwangere Ehefrau vor dem Mörder zu schützen. Marwa arbeitete seit 2005 als Apothekerin, und ihr Mann Ali W. war Stipendiat am renommierten Max-Planck-Institut. Alexander W. hatte das Opfer als »Islamistin, Terroristin und Schlampe« bezeichnet, weil die kopftuchtragenden Frau ihn auf einem Drednder Kinderspielplatz gebeten hatte, die Kinderschaukel für ihren Sohn frei zu machen.

Ich habe in einer der Trauerreden im Dresdener Landgericht gesagt:
»Schwester Marwa, du bist auch gestorben für unser Recht und für unsere Freiheit in diesem Land. Du duldetest nicht die Angriffe deines späteren Mörders, und deshalb hast du dieses Gericht hier angerufen. Du hast dich auf unsere Verfassung und unseren Rechtsstaat berufen, welche dir Schutz bieten sollten vor rassistischen Attacken.

Schwester Marwa, du bist für uns darin ein Vorbild an Zivilcourage, und du hast am Ende sogar mit deinem Leben dafür bezahlt.

Dein Vermächtnis ist das Eintreten für die uneingeschränkte Freiheit des Glaubens, die in unserem Grundgesetz verankert ist; diese gilt es zu verteidigen. Dazu zählt Toleranz gegenüber dem Andersdenkenden, Andersaussehenden. Auch das religiöse Tragen eines Kopftuches gehört dazu.

Es heißt im Koran – und ähnliche Verse finden Sie auch in der Thora und im Evangelium:

»Wer ein menschliches Wesen tötet, so ist es, als ob er alle Menschen getötet hätte. Und wer es am Leben erhält, so ist es, als ob er alle Menschen am Leben erhält.«

Liebe Dresdnerinnen und Dresdner, sorgt bitte, dass die Pluralität, die bunte Vielfalt unserer Gesellschaft in Deutschland eine Chance erhält, lasst uns gemeinsam davon profitieren und nicht aus einer unbegründeten Angst davor wegrennen. Muslime gehören zu diesem Land – das hat der Mörder von Marwa nicht so sehen wollen –, aber ich bin mir sicher, das werden viele DresdnerInnen erkennen und sich dafür mit der vorbildlichen Zivilcourage einer Marwa El-Sherbini einsetzen. Das ist ihr Vermächtnis. Zeigen wir alle allen in Deutschland, dass wir verstanden haben … dass wir verstanden haben.«

Der Zentralrat der Muslime
in Deutschland (ZMD)

Der Zentralrat der Muslime in Deutschland ist eine Dachorganisation von derzeit 36 muslimischen Dachorganisationen, Gemeinden und auch Einzelmitgliedern.

Der ZMD, vormals Islamischer Arbeitskreis, wurde 1987 gegründet und umfaßt heute neben Zivilorganisationen rund 300 Moscheegemeinden. Die Zusammensetzung des ZMD bildet die Vielfalt der Muslime in Deutschland ab. So sind im ZMD Türken, Araber (Marokkaner), Deutsche, Albaner, Iraner und Bosnier und viele andere Nationalitäten sowie Sunniten und Schiiten integriert.

Die Vereinssprache ist deutsch. Vorstand und Gremien haben einen beträchtlichen Frauenanteil – etwa ein Drittel. Ein Beirat aus Einzelpersonen, wie zum Beispiel Yusuf Islam, Murad Wilfried Hofmann, Bodo Rasch oder Nadeem Elyas, arbeiten dem Vorstand zu.

Der ZMD und seine Mitglieder betrachten sich als Teil dieses Landes und dieser Gesellschaft. Wir sind hier beheimatet. Die Integration des Islam und der Muslime in die deutsche Staatsordnung und Gesellschaft ist eine unserer größten Herausforderungen und Anliegen. Deswegen schickte sich der ZMD an, seine Satzung und Struktur dem föderalen Gegebenheiten anzupassen. Inzwischen haben wir in Hessen und Nordrhein-Westfalen, Berlin, Niedersachsen und Rheinlandpfalz unsere Landesverbände gegründet, weitere werden folgen. Als Teil des deutschen Volkes in Deutschland fühlen wir uns gegenüber allen Problemen und Themen der Gesamtgesellschaft verantwortlich, das gilt auch für Deutschlands Geschichte und sein Selbstverständnis als Staat in der Welt.

Der Tag der offenen Moschee in Deutschland ist seit 1997 fester Veranstaltungstag, der am 3. Oktober, dem Tag der Deutschen Einheit, stattfindet. Wir haben damals das Datum bewusst gewählt, um das Selbstverständnis der Muslime, Teil des 1990 wiedervereinigten deutschen Staates zu sein, und die Verbundenheit mit allen Bürgern zum Ausdruck zu bringen. An der vom ZMD 1997 ins Leben gerufenen Initiative beteiligen sich heute alle wichtigen Moscheen.

Darüber hinaus fördern wir den Zusammenhalt und die Solidarität unter den Muslimen und bilden so eine Gemeinschaft im weitesten Sinne. Der ZMD ist immer der Einheit der Muslime verpflichtet gewesen und ist deswegen auch Gründungsmitglied des Koordinationsrates der Muslime (KRM).

Wir achten darauf, dass wir sowohl von ausländischen Regierungen als auch von irgendwelchen Ideologen und Bewegungen unabhängig bleiben und nicht von Interessengruppen und Parteien vereinnahmt werden. Die Finanzierung des ZMD beruht auf Mitgliedsbeiträgen und privaten Spenden.

Unser Verhältnis zu Staat und Gesellschaft haben wir im Jahre 2002 in unserer Islamischen Charta erklärt. Sie ist Angebot und Verpflichtung unserem Staat und unserer Gesellschaft gegenüber. Dort, wo uns Gott verortet hat, sind wir verpflichtet, unser Bestes zum Wohle aller zu geben. Die gute Tat und das bessere Beispiel lehren mehr als tausend Worte. Unsere Islamische Charta hat sich in der Geschichte des ZMD auch in der Tat bewährt. Der ZMD bietet mit Wort und Tat die Gewähr der Rechtstreue.

Darüberhinaus will der ZMD, ohne den Islam zu verbiegen, »ein zeitgenössisches Verständnis der islamischen Quellen, welches dem Hintergrund der neuzeitlichen Lebensproblematik und der Herausbildung einer eigenen muslimischen Identität in Europa Rechnung trägt«, erreichen (siehe Islamische Charta des ZMD § 15).

Unsere wichtigste Aufgabe ist es, das muslimische Leben und die islamische Spiritualität in Deutschland zu fördern und den Muslimen die Ausübung ihrer Religion zu ermöglichen und zu erleichtern. Dazu gehören die Berechnung der Gebetszeiten und des islamischen Kalenders einschließlich des Festtagskalenders, das Aufstellen von Regeln für das islamische Schlachten, die Errichtung islamischer Friedhöfe und Begräbnisstätten, die Verbesserung des Koranunterrichts in den Gemeinden und Aufklärungsarbeit in Sachen Sicherheit und Bekämpfung von Extremismus jeglicher Couleur. Dort, wo die Gemeinden als einzelne überfordert sind, übernehmen wir wesentliche Aufgaben, wie zum Beispiel bei der Erstellung von Lehrplänen für den islamischen Religionsunterricht an öffentlichen Schulen und die Entwicklung der Didaktik und Unterrichtsmaterialien. Wir beraten unsere Gemeinden und Einzelpersonen in theologischen Fragen durch unsere Fachreferate und Beauftragten zu unterschiedlichsten Themen, wie Frauen und Familie, Religionsunterricht, Dialog, Recht, Tierschutz, Umwelt, wissenschaftlichen Expertisen und Mondsichtung. Der ZMD ist Herausgeber von theologisch verbindlichen und von unseren Gelehrten verabschiedeten Positionen zum Beispiel zu Fragen der Präimplantationsdiagnostik(PID), Organtransplantation oder Sterbebegleitung – um nur einige wenige Beispiele zu nennen.

Das gemeinsame Bekenntnis und die Pflege des Glaubens stehen dabei im Zentrum unseres verbandlichen Handelns. Wir helfen den Muslimen seelsorgerisch und beim Aufbau von sozialen Einrichtungen innerhalb ihrer Gemeinden, wie die Gefängnisseelsorge oder Jugendarbeit. Besonders am Herzen liegt uns die Familien-, Frauen- und Elternberatung. Deshalb engagieren wir uns bei der Errichtung und beim Betrieb von Kindertagesstätten und Kindergärten und arbeiten in entsprechenden öffentlichen Gremien mit. Unsere Bildungsarbeit richtet sich neben einer allseitigen islamischen Bildung und Allgemeinbildung auch darauf, selbstverantwortliche, mündige Muslimahs und Muslime zu fördern und heranzubilden.

Selbstverständlich sind wir auch Dialog- und Ansprechpartner für die Politik und die verschiedenen gesellschaftlichen Gruppen –

insbesondere für die Religionsgemeinschaften. Seit nunmehr drei Jahrzehnten sind wir im christlichen und jüdischen Dialog aktiv. Der ZMD ist Kooperationspartner vieler staatlicher Stellen, Ministerien und zivilgesellschaftlicher Organisationen und Initiativen. Zu nennen wären die Beteiligung an der Deutschen Islamkonferenz, am Integrationsgipfel der Bundeskanzlerin, an Gremien des Bundesamtes für Integration und Flüchtlinge, am Dialog auf Leitungsebene im Bundeskriminalamt, beim Deutschen Verfassungstag, im Bündnis für Demokratie und Toleranz (BfDT), im Forum gegen Rassismus (Bundesinnenministerium), in verschiedenen Landesbeiräten (Länder) und Institutionen sowie in anderen Islamforen in Deutschland. Schließlich ist hier auf unsere deutschlandweit geachtete und bewährte Informations- und Öffentlichkeitsarbeit hinzuweisen, wie der eigene Werbeauftritt www.zentralrat.de und zahlreiche weitere, zwar redaktionell unabhängige, aber vom ZMD gehostete Seiten wie www.islam.de, wo diese Informationen stets aktuell aufbereitet werden.

Islamische Charta

Grundsatzerklärung des Zentralrats der Muslime in Deutschland (ZMD) zur Beziehung der Muslime zum Staat und zur Gesellschaft (siehe auch http://zentralrat.de/3055.php. Hier nur Auszüge).

1. Der Islam ist die Religion des Friedens
2. Wir glauben an den barmherzigen Gott
3. Der Koran ist die verbale Offenbarung Gottes
4. Wir glauben an die Propheten des einen Gottes
5. Der Mensch muss am Jüngsten Tag Rechenschaft ablegen
6. Der Muslim und die Muslima haben die gleichen Lebensaufgaben
7. Die fünf Säulen des Islam
8. Daher ist der Islam Glaube, Ethik, soziale Ordnung und Lebensweise zugleich
9. Dem Islam geht es nicht um Abschaffung von Reichtum
10. Das Islamische Recht verpflichtet Muslime in der Diaspora
11. Muslime bejahen die vom Grundgesetz garantierte gewaltenteilige, rechtsstaatliche und demokratische Grundordnung
12. Wir zielen nicht auf die Herstellung eines klerikalen »Gottesstaates« ab
13. Es besteht kein Widerspruch zwischen der islamischen Lehre und dem Kernbestand der Menschenrechte
14. Vom jüdischchristlichislamischen Erbe geprägt
15. Die Herausbildung einer eigenen muslimischen identität in Europa ist notwendig
16. Deutschland ist Mittelpunkt unseres Interesses und unserer Aktivitäten
17. Abbau von Vorurteilen durch Transparenz, Öffnung und Dialog
18. Wir sind der gesamten Gesellschaft verpflichtet
19. Integration und Bewahrung der islamischen Identität
20. Eine würdige Lebensweise mitten in der Gesellschaft
21. Parteipolitisch neutral

Literaturhinweise

Scheich Abdullah As Samit / Nadeem Elyas (Hrsg.): Der edle Qur'an und die Übersetzung seiner Bedeutungen in die deutsche Sprache. 1424 n. H./2003 n. Chr.
Die Hadithe (Adith) stützen sich zum überwiegenden Teil auf Sahih-Überlieferungsketten.

Edmund Bercker / Reinhard Abeln (Hrsg.): Die Welt nach dem 11. September. Kevelaer 2002.

Hartmut Brenneisen / Dirk Staack / Harald Olschok / Karsten Wulff / Frank Esser

Jahr (Hrsg.): Zwischen Wissenschaft und Praxis. 40 Jahre Fachbereich Polizei der FHVD Schleswig-Holstein. Berlin 2015.

Das Islamische Worte. Diverse Beiträge (u. a. Aiman Mazyek). SWR, Stuttgart, 2011.

Nadeem Elyas: Das weiche Wasser wird besiegen den harten Stein. Angst, Gewalt, Terror. Aachen, 1997.

Mouhammad Zouhair Safar Al Halabi: Sterbehilfe bzw. Sterbebegleitung und Palliative Care aus islamischer Sicht. Eine Handreichung des Zentralrats der Muslime in Deutschland (ZMD). Köln, 2013.

Murad W. Hofmann: Der Islam im 3. Jahrtausend. Eine Religion im Aufbruch. München, 2000

Sylvia Horsch: Der Islam – eine europäische Tradition. Vortrag vom 6. Februar 2008, während der Islam-Woche in Berlin.

Benjamin Idriz: Grüß Gott, Herr Imam! Eine Religion ist angekommen. München, 2011.

Albert Käuflein / Thomas Macherauch (Hrsg.): Religion und Gewalt. Die großen Weltreligionen und der Frieden. Würzburg, 2008.

Navid Kermani: Zwischen Koran und Kafka. West-östliche Erkundungen. München, 2014.

Navid Kermani: Wer ist Wir? Deutschland und seine Muslime. München, 2015.

Mouhamad Khorchide: Islam ist Barmherzigkeit. Grundzüge einer modernen Religion. Freiburg i. Br., 2015.

Jürgen Miksch (Hrsg.): Antimuslimischer Rassismus. Konflikte als Chance. Frankfurt a. M., 2009.

Dietmar Molthagen, FES Forum (Hrsg.) Handlungsempfehlungen zur Auseinandersetzung mit islamistischem Extremismus und Islamfeindlichkeit. Berlin, Jahr 2015.

Katharina Mommsen / Peter Anton von Arnim: Goethe und der Islam. Berlin, 2001.

Rupert Neudeck: Es gib ein Leben nach Assad. Syrisches Tagebuch. München, 2013.

Ders.: Abenteuer Menschlichkeit. Erinnerungen. Köln, 2007.

Bernd Neuser (Hrsg.): Dialog im Wandel. Der christlich-islamische Dialog; Anfänge, Krisen, neue Wege. Neukirchen, 2005.

Oberbürgermeister der Bundesstadt Bonn (Hrsg.): Jahrhundert der Migration. Gedichte, Erzählungen & Berichte. Bonn, 1997.

Tariq Ramadan: In the Footsteps of the Prophet. Oxford, 2007.

Annemarie Schimmel: Muhammad Iqbal – Prophetischer Poet und Philosoph. München, 1989.

Hilal Sezgin (Hrsg.): Deutschland erfindet sich neu. Manifest der Vielen. Berlin, 2011.

Franz Sommerfeld (Hrsg.): Der Moscheestreit. Eine exemplarische Debatte über Einwanderung und Integration. Köln, 2008.

Bülent Ucar (Hrsg.): Imamausbildung in Deutschland. Islamische Theologie im europäischen Kontext. Göttingen, 2010.

Amir Zaidan (Islamologisches Institut Hrsg.): At-Tafsiir. Wien, 2009.

Register

9/11 (11. September 2001) 15 ff., 19

Abdessamad, Cheikh Abdelbasset 114

Abendland 29, 32 ff.

Abtreibung 154

AfD 20

Afghanistan 16 f., 69 f.

Ägyptische Revolution 233

Ahadit 59, 117

Aischa 162

Al-Assad, Baschar 26, 71, 248

Aleppo 21, 27, 30, 71

Al-Kaida 9 f., 248 ff.

Alkoholverbot 173

Allah 55, 80, 114, 119, 166 ff.

Al-Raschid, Harun 44 f.

Al-Wahhab, Mohammed Ibn Abd 40

Ängste 28

Aquin, Thomas von 43

Arabischer Frühling 11, 95, 160, 230

Asad, Mohammed 47 f.

Auferstehung 138

Aufklärung 44, 52, 66 f., 242, 283 f.

Aufnahmegesellschaft 197

Avicenna 66

Azaan 148

Aziz, Ali 45 f.

Bagdad 44

Barmherzigkeit 50, 55 ff., 75 ff., 109 ff., 140, 148, 164, 179, 213, 216, 246, 251 f., 289, 294

Bekleidungsgebote 156

Beschneidung 150 f.

Bilderverbot 118

Bildung 219

Bin Laden, Osama 15

Bittgebete 93 f., 104

Blaue Moschee 93

Bosnien, Völkermord 70 f.

Brandt, Willy 71

Bubis, Ignaz 198, 202

Cehitlik-Moschee 45 f.

Christentum 33, 62, 68, 85, 181, 283 f.

Christlich-Islamische Begegnungs- und Dokumentationsstelle (CIBEDO) 273

Christlich-Islamische Gesellschaft (CIG) 272

Damaskus 27, 46

Demokratie 10, 26, 32, 52, 73, 222, 233

Demütigung 10

Dhikr 61

Dialog, interreligiöser 270

Diskriminierung 211 ff.
Dschellaba 51
Dschihad 9, 73, 123 ff., 184
Dschihadismus 235
Dultz, Bashir Ahmad 62

Ehe 153, 163 ff.
El-Husseini, Amin 49
Eliacik, Ihsan
Eltern 26
Erbsünde 131
Ernährung 173
Erster Weltkrieg 46 ff.
Euro-Islam 288
Europa 39, 47 ff., 68 ff.
Europäische Union 39, 47
Extremismus 16, 73, 86, 152, 196,
    248, 250 f., 276, 279, 311

Fasten 82, 101 ff.
Fatwa-Gremien 171
Flüchtlinge 32, 117, 189, 211
Flüchtlingskrise 211, 291
Französische Revolution 50, 239,
    287
Frauen 123, 131, 155 ff.
Freiheit 10, 209, 212, 220 f., 227,
    230 ff., 248 f., 275, 289
Freitagsgebet 57, 95, 162, 200, 233,
    289
Fremdenangst 202
Freud, Sigmund 51
Frieden 16 f., 21, 56, 73 ff., 89,
    123 ff., 246 ff., 274, 294 f.224 ff.
Friedensgruß 78
Friedrich der Große 30

Friedrich Wilhelm I 47
Fundamentalismus 10, 242
Fünf Säulen des Islam 84 ff.

Gabriel, Sigmar 236
Gaza 243
Gebet 87 ff.
Gebetstabellen 68
Gebetsteppich 93
Gebetszeiten 68, 90
Geburt 148 ff.
Genesis 129 ff.
Gerechtigkeit 20, 50, 73 ff., 123 ff.,
    138 ff., 216 f., 228 ff., 240, 275 f.
German Angst 34
Gewalt 16 f., 21, 61, 237
Glaubensartikel 84
Glaubensbekenntnis 82, 86, 148,
    166
Goethe, Johann Wolfgang von
    45, 77, 110
Gorki, Maxim 51
Gottesbild 80
Gottesdienst 60, 81, 84, 91, 101 ff.,
    145, 199, 228
Gregorianischer Kalender 179 f.
Grundrechte 220 f.
Grünhelme 273

Hadith 117 f.
Hadith-Wissenschaft 162
Hadsch 83 ff.
Hidschra 39, 59, 185
Hisbollah 248
Hobohm, Muhammad Aman 50
Hofmann, Murad Wilfried 50 ff.

Höhle Hira 115
Hölle 77, 141
Hugenotten 30, 162

Ibada → Gottesdienst
Idriz, Benjamin 52, 164
Idschtihad 63
Imam 162, 193 ff.
Iman 197, 219
Inquisition 42 f.
Integration 15, 28, 279
Irak 27
Iran 17, 40 f.
ISIS 249
Islam, Yusuf 47, 309
Islambashing 202
Islamfeindlichkeit 20, 28, 211, 250
Islamindustrie 249
Islamische Charta 79, 120, 275, 317
Islamischer Staat (IS) 10, 27 f.,
    70 ff., 211, 226, 244 ff., 250
Islamismus 9, 234 f., 247 ff.
Islamologie 193 f.
Islamologische Gutachten 122
Islampolitik, integrative 17
Islamrat für die Bundesrepublik
    Deutschland 190 (IR)

Jenseits 82 ff., 91, 264
Jerusalem 39 f.
Judentum 33, 181
Jüngster Tag 133 ff.
Jüngstes Gericht 141 f.

Kaaba 39, 55, 59, 107
Karl der Große 47

Käßmann, Margot 18
Kermani, Navid 34, 43, 96, 109,
    152
Khadidschah 54, 156 ff.
Khitan → Beschneidung
Kolonialismus 10
Konfessionen 62
Koordinationsrat der Muslime
    (KRM) 190, 205
Koordinierungsrat des christlich-
    islamischen Dialogs (KCID)
    272
Kopftuch 155
Kopftuch-Urteil 18
Koran 17, 21, 32, 39, 47, 55 ff., 62,
    73, 78 ff., 94, 98, 109 ff., 119 ff.,
    127 ff., 147, 150, 154, 166, 176 f.,
    184, 192 f., 198, 212 ff., 222,
    224 ff., 242, 264, 267, 270 f.
Koranschule 201
Koscher-Konzept 173
Kreuzzüge 9, 39

Leitkultur 32
Lessing, Gotthold Ephraim 44, 46
Locke, John 44

Madina-ul-Nabi 60
Maria 32, 137 f., 159, 270 ff.
Medina 39, 55, 60 f.
Mekka 39 f., 50 f., 54 ff., 58 f., 82,
    88, 92 f., 106 ff., 115, 156, 169,
    179
Merkel, Angela 236, 302
Menschenrechte 11, 27, 73, 119 f.,
    211 ff., 286

Migrationshintergrund 30 f.
Minarett-Debatte 206
Mohammed 39, 54 ff., 58 ff., 80,
    84 ff., 102, 106 ff., 113 ff., 137 f.,
    156 f., 169, 179, 258, 263
Moltke, Helmuth von 48
Moschee 162 f., 185, 190 f., 193, 195,
    199 ff., 203 ff., 280 f.
Mossadegh, Mohammed 40
Murnau, F. W. 51

Nationalismus 10
Neonazis 28
Nicolai, Friedrich 44
NPD 20, 249
NSU-Morde 29

Obama, Barack 231
Offenbarungen 55
Opferfest 182, 184
Opus-Dei 248
Organisation für Islamische
    Zusammenarbeit (OIC) 62
Orientophilie 51

Paradies 77, 130, 140 ff.
Pegida 20, 30
Pflichtgebet 88 ff.
Philosphie, islamische 43 f.
Pilgerfahrt 82, 106 ff., 124

Qalat 25

Radikalisierung 280
Ramadan 101 ff., 147, 179, 182 ff.
Rassismus 202

Rasterfahndung 17
Rau, Johannes 268
Rechtsradikalismus 28
Rechtsschulen 59 ff.
Rechtsstaatlichkeit 10, 261
Reconquista 39, 42, 45
Reinhardt, Max 51
Religion, monotheistische 33
Religionsfreiheit 120, 215, 261, 275
Ringparabel 46
Roter Halbmond 181
Rückert, Friedrich 149
Ruschd, Ibn 43 f.

Säkularisierung 10
Salat 82
Sarrazin, Thilo 18
Saum 82
Scharia 9, 20, 62 ff., 77, 119 ff., 145
Schia-t-Ali 60
Schiiten 60 ff., 150
Schmidt, Helmut 32
Schnitzer, Eduard 47
Schweiz 201 ff.
Selbstmord 238
Selbstmordattentate 126, 237 f.,
    244
Shahada 82
Shoa 34, 71
Sira 56
Sloterdijk, Peter 283
Solidaritätsdemonstrationen 17
Souk 25
Sozialneid 28
Stellung der Frau 155 ff.
Sterbebegleitung 168

Sterbehilfe 168 ff.
Sufismus 61 f.
Sunna 150
Sunniten 60 ff.
Syrien 16, 25 ff., 31, 33, 243
Syrienkrieg 211

Takfir 241
Talib, Ali bin Abu 60
Tarawih-Gebet 101
Teror 16 f., 19, 21, 250
Terroranschläge 21, 244
Terrorismus 126, 237 f.
Thailand 266 ff.
Tiere 175 ff.
Tod 138, 166, 170 f.
Tufail, Ibn 44
Türkisch-islamische Union der
    Anstalt für Religion (DITIB)
    190
Ukraine 34
Unterdrückung 21

Verband islamischer Kulturzenren
    (ViKZ) 190
Verdrängungsmechanismus 47
Verhütung 154
Vernunft 81

Versöhnung 11, 71, 231, 237 ff.,
    251 ff., 272, 295 f.
Voigtel, Gustav 48
Völkermord 70 f.
Völkerwanderungen 31

Wahhabiten 40
Walser, Martin 29, 284
Wehrmachtsmuslime 49
Weihnachten 11, 29, 182 ff.
Weis, Leopold → Asad,
    Mohammed
Wickert, Ulrich 15
Wissenschaft 66 f.
Wittgenstein, Ludwig 51
Wulff, Christian 69, 116
Würde des Menschen 73

Zakat 82, 97 f., 218
Zentralrat der Juden 198
Zentralrat der Muslime in
    Deutschland (ZMD) 15 f., 26,
    50, 62, 120, 169, 171, 180, 190,
    245, 309 ff.
Zinsen 97 ff.
Zinsverbot 122
Zivilrechte 221
Zweiter Weltkrieg 49